Mihaels Laitmans, Irina Jakoviča, Iļja Vinokurs

MŪSDIENU BĒRNI:
kā augt kopā?

INTEGRĀLĀS AUDZINĀŠANAS METODIKA

Mihaels Laitmans, Irina Jakoviča, Iļja Vinokurs

MŪSDIENU BĒRNI:
kā augt kopā?

INTEGRĀLĀS AUDZINĀŠANAS METODIKA

No krievu valodas tulkojusi
Valda Brazauska

UDK 159.9+133
La 265

Copyright © 2023
All rights reserved
Laitman Kabbalah Publishers

Atbildīgā redaktore *Ieva Heimane*
Literārā redaktore *Marita Freija*
Korektore *Brigita Šoriņa*
Maketētājs *Ivars Vimba*

ISBN 978-1-77228-108-8

SATURS

Priekšvārds   7
Iepazīsimies ar sarunu dalībniekiem   11

Pirmā daļa
CILVĒKA ATTĪSTĪBA NO 0 LĪDZ 20

Integrālā pasaule   15
Antenatālā attīstība   21
Piedzimšana   27
Barošana ar krūti un pirmā saikne   32
Vecumposms no trim līdz sešiem gadiem   36
Skola pašiem mazākajiem   45
Vecumposms no sešiem līdz deviņiem gadiem (sākums)   53
Vecumposms no sešiem līdz deviņiem gadiem (turpinājums)   60
Dzimumbrieduma sākums   69
Pusaudža vecumposms   77
Skaudība un vardarbība   86
Partnera un profesijas izvēle   93
Jaunības perioda problēmas   100
Pareiza pieeja dzīvesbiedra izvēlei (sākums)   104
Pareiza pieeja dzīvesbiedra izvēlei (turpinājums)   108
Virtuālā saikne   117
Vecākais māca jaunāko   123
Viens un sabiedrība   130

Otrā daļa
INTEGRĀLĀ AUDZINĀŠANA —
ATTĪSTĪBAS GARANTIJA

Baiļu avots	139
Baiļu veidi	145
Fantāzijas un burvestības (sākums)	154
Fantāzijas un burvestības (turpinājums)	161
Hiperaktivitāte	167
Depresija	175
Labais un ļaunais	182
Meiteņu audzināšana	192
Audzināšana atsevišķi un kopā	201
Audzināšanas metodikas īstenošana no mazotnes (sākums)	209
Audzināšanas metodikas īstenošana no mazotnes (turpinājums)	214
Tiesa (sākums)	221
Tiesa (turpinājums)	230
Vecākie audzina jaunākos	238
Sods (sākums)	247
Sods (turpinājums)	258
Facebook	269
Cieņa un novērtējums	278
Grupa	287

PRIEKŠVĀRDS

Bērni ir mūsu nākotne. Rīt pasaules saimnieki būs viņi, un tad mēs neko vairs mainīt nespēsim, taču šodien tas ir iespējams — viņu attīstība daudzējādā ziņā ir atkarīga no mums. Grāmatā "Mūsdienu bērni: kā augt kopā?" aplūkota cilvēka attīstība no antenatālā posma aizsākumiem līdz 20 gadu vecumam, kad sākas pieauguša cilvēka dzīve. Grāmatā pausta ļoti neparasta un interesanta pieeja audzināšanas jautājumiem. Tajā apspriesti bērna uztveres attīstības, sevis un apkārtējo cilvēku apzināšanās jautājumi, pirmo kontaktu veidošana ar citiem cilvēkiem u. c. jautājumi. Soli pa solim izstaigāti galvenie posmi un lūzuma punkti cilvēka attīstībā un pieaugšanā.

Grāmata "Mūsdienu bērni: kā augt kopā?" sadalīta divās daļās. Pirmajā daļā sistemātiski un secīgi aplūkota cilvēka attīstība līdz 20 gadu vecumam, sniegtas praktiskas rekomendācijas par daudzām sarežģītām problēmām, ar kurām mūsdienās saskaras vecāki, audzinātāji un skolotāji. Pie tādām pieder gan bērnu hiperaktivitāte, gan nevēlēšanās mācīties, gan vardarbība bērnu kolektīvā, kā arī daudzas citas. Darbs atspoguļo padziļinātu skatījumu uz bērna attīstības iedabu, un tajā ir runa par palīdzību, kas bērnam nepieciešama, lai sevi izpaustu, kļūtu par pilnvērtīgu sabiedrības daļu un tādējādi būtu laimīgs.

Grāmatas otrā daļa veltīta kopējām dažādu vecumu kategoriju problēmām mūsdienu rakursā, atklājot to dziļākos cēloņus, un sniedz izsmeļošu atbildi uz izaicinājumu, kas mests audzināšanas sistēmai. Turklāt grāmatā ir aizsāktas tādas svarīgas un interesantas tēmas kā sociālie tīkli, bērnu bailes, zēnu un meiteņu savstarpējās attiecības, iztēles spēks, labā un ļaunā, kā arī soda izpratne, hiperaktivitāte un daudzas citas.

Sarunu gaitā iezīmējas mūsdienu reālijām atbilstošas aprises jaunajai audzināšanas un mācību sistēmai. Īpaša uzmanība šai sistēmā pievērsta bērnu savstarpējām attiecībām. Aplūkotas metodes, kā veidot jauna tipa bērnu un pusaudžu apvienības, kurās vecākie bērni māca un audzina jaunākos, uzņemas atbildību par saviem draugiem un atbalsta cits citu.

Grāmata "Mūsdienu bērni: kā augt kopā?" iepazīstina mūs ar pilnīgi jaunu pieeju apkārtējai pasaulei. Runa ir par vitāli svarīgu nepieciešamību ievērot, nediskutējot — gribam to vai negribam —, dabas likumus, lai sev nenodarītu ļaunumu. Mūsu labklājība ir atkarīga tikai no tā, cik labi mēs pārzinām šos likumus un to darbības sekas.

Mūsu acu priekšā atklājas jauns likums — visas dabas un cilvēces vienotības likums. Mēs to dēvējam par globālās un integrālās pasaules likumu. Mūsu pasaule milzīgā ātrumā virzās uz priekšu, lai atklātu totālu saikni starp visām tās daļām, un ar katru jaunu dienu mēs par to uzzinām arvien vairāk.

Šis process turpināsies, līdz mēs visi sajutīsim absolūtu visu atkarību no visiem un katra — no visiem. Tādā mērā, ka nevienam nebūs labi tik ilgi, kamēr visi pārējie cilvēki uz planētas arī nejutīsies labi.

Tā būs jauna pasaule, cits kvalitatīvs veidojums, kas balstīts uz absolūtās mīlestības principiem. Pagaidām mums vēl nav skaidrs, kā var eksistēt tādā veidā. Mēs izrunājam vārdus "globāla", "integrāla", taču vispirms jānoskaidro, kāda īsti ir šīs globālās un integrālās sistēmas būtība.

Bērnu, mūsu nākamo paaudžu, kurām būs jādzīvo jaunajā pasaulē, audzināšanas principi kopumā saglabājušies nemainīti. Tagad mēs sākam apjēgt, ka šie principi ir iznīcinoši, to dēļ mūsu sabiedrība ir sašķelta, apjukusi un bezpalīdzīga. Mēs nezinām, ko darīt, un totālā apjukumā vērojam, kā mūsu bērni, galīgi nepieņemot tādu pieeju, rada sev alternatīvas internetā vai ārpus mājas, savrup no vecākiem.

Ja mēs savus bērnus maksimāli iesaistīsim šai jaunajā pasaulē, mēs līdz ar to radīsim viņiem maksimālu drošību. Tādam cilvēkam nekas pasaulē nekaitēs, viņam nebūs ienaidnieku, viņš būs normāli nodrošināts, izjutīs pilnību, harmoniju dabā, pirmām kārtām — cilvēku savstarpējās attiecībās, — tātad viņš patiešām jutīsies laimīgs.

Grāmatā "Mūsdienu bērni: kā augt kopā?" ir runāts par to.

Vai varat iztēloties, ka tas patiešām ir iespējams?

Grāmatas saturu veido profesora Mihaela Laitmana sarunas ar rakstnieku Iļju Vinokuru un psihologi un psihoterapeiti Irīnu Jakoviču.

Mihaels Laitmans — ontoloģijas un izziņas teorijas profesors (doktora grāds filozofijā, maģistra grāds biokibernētikā), nekomerciālās organizācijas *Ashlag Research Institute* dibinātājs un prezidents, organizācijas mērķis — inovatīvu ideju īstenošana izglītības politikā, lai atrisinātu mūsdienu izglītības un audzināšanas sistēmiskās problēmas. Viņš ir vairāk nekā 40 grāmatu autors, kuras tulkotas 17 valodās.

Iļja Vinokurs — humanitāro zinātņu doktorants, lektors par audzināšanas tēmām, rakstnieks, Integrālās audzināšanas nodaļas vadītājs un asociācijas "Augam priekā" menedžeris.

Irīna Jakoviča — profesionāla praktizējoša psiholoģe, beigusi M. Lomonosova Maskavas Valsts universitātes Psiholoģijas fakultāti, Profesionālās psihoterapeitiskās līgas locekle, sertificēta psihodrāmas psihoterapeite, strādā televīzijā un radio.

Pirmā daļa

CILVĒKA ATTĪSTĪBA NO 0 LĪDZ 20

INTEGRĀLĀ PASAULE

— Es daudzus gadus savā praksē nodarbojos ar bērniem un vecākiem. Strādāju jau trīspadsmit gadus, mācos, pasniedzu un mēģinu savienot visas iespējamās cilvēka attīstības teorijas un metodikas. Visvairāk mani jūsu metodikā pārsteidz tās universalitāte, kuras pamatā ir principi un jēdzieni, kas attīstās un turklāt nav pretrunā cits ar citu. Mani pārsteidz metodikas viengabalainība. Es ļoti gribētu uzzināt, kā vienas metodikas ietvaros var izskaidrot parādības, kuru traktējumā ir tik daudz dažādu pieeju.

— Lieta tā, ka jebkurā mūsu vērstībā pie pasaules mēs atklājam pasauli, ar kuru neesam pazīstami. Jebkurš pētījums ir atkarīgs no cilvēka specifiskām īpatnībām, viņa uztveres, saskarsmes loka, laika un vietas, kur viņš to veic. Tāpēc jebkurš pētījums ir pakļauts laika un vietas nosacījumiem. Mūsu pētījums iziet no visiem kopēja pamata, — un šis pamats ir daba —, kurā izpaužas visaptveroša, universāla vēlme gūt baudu, vēlme gūt piepildījumu. Esmu tam guvis apstiprinājumu visā dabas attīstībā: vispirms izpaudās dabas nedzīvā līmeņa vēlmes — un tās radīja visus nedzīvās matērijas veidus. Tad attīstījās nedzīvā līmeņa vēlmes — tika radīti visi nedzīvās matērijas veidi, bet pēc tam tapa augu valsts līmeņa vēlmes. Tās radīja visus iespējamos augu veidus. Savukārt augu līmenis pārtapa dzīvnieku līmenī, un izveidojās dzīvnieku pasaule. Bet pēc tam parādījās cilvēka līmeņa vēlmes. Tādējādi mēs redzam, ka dabā viss ir balstīts uz egoismu, baudītvēlmes attīstību, tā piemīt katram cilvēkam un attīstās cilvēku dzimumā no paaudzes paaudzē.

— Tātad tas nozīmē, ka mūsu izmantotā pieeja izskaidro ne tikai cilvēka attīstību, bet arī visas dabas attīstību?

— Pētot cilvēces attīstību, mēs redzam, ka līdz pat mūsdienām attīstība ritējusi, pamatojoties uz egoismu, uz baudītvēlmi. Cilvēka egoisms lika mums visiem attīstīties, apgūt jauno, atklāt pasauli, radīt jaunas sabiedrības. Taču patlaban mēs atrodamies jaunā attīstības posmā — mēs attīstāmies tālāk ne vairs egoisma radītā spiediena dēļ: mūsu egoisms ir sasniedzis kulmināciјas punktu, tas ir, mūsu attīstība virzās nevis kvantitatīvā, bet gan kvalitatīvā gultnē. Mūsu egoisms it kā noslēdzas, kļūst globāls un integrāls. Mēs arvien biežāk neviļus atklājam, ka esam iekļauti vienotā savstarpēji nesaraujami saistītu elementu sistēmā. Tāpēc mūsu pasaule kļūst arvien neprognozējamāka. Tagad mēs, kas esam radīti kā egoisti, negaidot esam nokļuvuši vietā, kur ir spēkā pilnīgas savstarpējās saistības likumi. Agrāk cilvēkam jau iepriekš bija skaidrs, kā viņš dzīvos: ceļš bija zināms un iepriekšējo paaudžu iestaigāts. Viss bija zināms jau iepriekš. Vīrietis zināja, ka aprecēsies ar kaimiņa meitu, zināja, kurā vietā atradīsies viņa māja utt. Taču mūsdienu paaudzes ir pilnīgi atrautas viena no otras, vecāki nezina, par ko domā viņu bērni, ko tie vēlas, un nespēj saprast savu bērnu attieksmi pret dzīvi. Taču mūsdienu bērni ir ne tikai vairāk attīstīti kā iepriekšējās paaudzes, bet viņi ir arī kvalitatīvi citādi — daba viņus sagatavojusi dzīvei integrālā pasaulē. Mēs atrodamies pārejas stadijā, tāpēc cilvēka sagatavošana dzīvei integrālā pasaulē pagaidām vēl pilnībā nav noslēgusies.

— Tagad vērojams pacietības trūkums. Es redzu bērnus, kuriem no mazotnes trūkst pacietības, tostarp arī attiecībā uz skolas lietām.

— Viņu egoisms ir ne tikai izaudzis, bet kļuvis citāds, un mūsu pasaule to nespēj apmierināt. Bērni nezina, kā gūt piepildījumu: kurp doties, kādu profesiju izvēlēties, ar ko nodarboties, ar ko veldzēt savas slāpes. Bērns atrodas tādā situācijā, ka nekam neredz jēgu.

— Vecāki uzskata, ka tagadējā paaudze ir "slikta paaudze", — tai neko nevar iemācīt, tā nevēlas mācīties, darbā tai pietrūkst uzcītības…

— Pat ja bērns tiešām gribēs vecākiem kaut ko paskaidrot, ko viņš sacīs? "Par ko, jūsuprāt, man jākļūst: par ārstu, arhitektu, advokātu, finanšu kontrolieri?" Jau tagad viņš darbā saskata tukšumu, pat ne vienkārši tukšumu, bet cietumu. Viņš ieiet dzīvē, kur vajag 10–12 stundas dienā strādāt, un, pat ja var saņemt pieklājīgu materiālo atalgojumu, viņam tas šķiet bezjēdzīgi!

— Viņi tā arī saka: "Es negribu smagi strādāt, lai pēc tam atpūstos. Es gribu atpūsties tagad, es negribu piepūlēties!" Vai tad to var saukt par daudz augstāk attīstītu paaudzi? Manuprāt, iepriekšējā paaudze bija attīstīta vairāk! Mēs domājām, attīstījāmies, vēlējāmies kaut ko sasniegt, pēc kaut kā tiecāmies... bija mērķis... Bet te viss otrādi, nav tieksmju, nav vēlēšanās... Tā taču degradācija.

— Mūsu bērnu vēlmes ir augstākas par mūsu vēlmēm, kurās bērni atklāj tukšumu. Visa attīstība raksturojama kā hiperbola, jaunie mēģina saprast, pēc kā vajadzētu tiekties, bet skolotāji un vecāki ir apjukuši. Viņi nezina, kā problēmu atrisināt.

— Nevaru ieteikt nevienu tam piemērotu sistēmu. Ar tām, kuras pastāv, nav apmierināti ne bērni, ne skolotāji, ne vadītāji, ne speciālisti. Vispār nav metodikas...

— Metodikas meklējumu vietā mēs cenšamies samazināt zaudējumus, nomierināt. Mūsu ierocis ir "Ritalīns" (psihostimulatoru grupas medikaments). Ja mēs savu jauno attieksmi pret pasauli pamatosim ar individuālā egoisma vietā radušos globālo egoismu, mēs secināsim, ka mums nepieciešams apvienoties, — un šajā stāvoklī atklāsim labo un jaunu pasauli. Nepieciešams noskaidrot, kāda ir mūsu jaunā būtība. Mēs redzam, ka jaunā paaudze — zaudēta, tā nesaskata nekādu nākotni. Pat narkotikas un alkohols drīz pārstās tai sniegt apmierinājumu. Pienāks laiks, kad cilvēks ne ar ko nespēs sevi piepildīt — viņā veidojas melna bezdibeņa un sāpju izjūtas...

— Mēs saprotam, ka būs vēl sliktāk.

— Lūk, tāpēc mums jau tagad nepieciešams popularizēt metodiku eksistēšanai jaunajā pasaulē. Izskaidrot, kādā veidā mēs varam iegūt dabas apslēptos spēkus, spēkus, kuri mūs radījuši un kuri var mūsu egoistiskās kvalitātes pārvērst par altruistiskām, — pie tā mums jānonāk globālajā un integrālajā sistēmā.

— Mēs redzam, cik viegli bērni apvienojas, bet ļoti bieži vecāki tam traucē, ieaudzinot sāncensības un godkāres tieksmes. Es vēlos pajautāt: ja pastāv kopēja metodika, kā tā izskaidro cilvēka attīstību? Kas vairāk ietekmē viņa attīstību — apkārtējā vide, iedzimtība? Kā ietekmē cilvēks attīstās?

— Cilvēks attīstās divu faktoru ietekmē: savu iekšējo īpašību un apkārtējās vides ietekmē. Viss atkarīgs no tā, cik lielā mērā cilvēka iekšējā pasaule un apkārtējā vide ir savstarpējā harmonijā. Cilvēka iekšējās īpašības ietver sevī viņa dabiskās iedzimtās tieksmes, kā arī to, ko viņš saņēmis vecāku mājās līdz 3–4 gadu vecumam, kad sāka uztvert sabiedrības ietekmi.

— Vai līdz tam laikam viņš ir kā dzīvnieks?

— Līdz 2–4 gadu vecumam bērns nejūt savu saikni ar apkārtni, ar biedriem un attīsta savas iedzimtās un no vecākiem iegūtās tieksmes. Tās veido viņa iekšējo pasauli. Bet no 2–4 gadu vecuma viņš nonāk apkārtnes ietekmē. Un, ja mēs pareizi organizējam viņam apkārt esošo sabiedrību, tā var izlabot visus agrākos audzināšanas trūkumus un iemācīt viņam pareizi izmantot savus dotumus. Tas nozīmē, ka pirmām kārtām mums jāaudzina nākamās mātes.

— Patlaban ir vērojams, ka vecākus pārņēmusi absolūtas nomāktības sajūta. Viņi nezina, ko iesākt.

— Audzināšanas sistēmai jāsākas ar vecākiem — no jaunā pāra rašanās brīža un līdz tam laikam, kad pāris kļūst par vecākiem. Viņiem jābūt lietaskursā par cilvēka vēlmēm, par egoismu un to, kas ir cilvēka attīstības pamats, ko mēs no sevis gribam, kāpēc savā dzīvē izjūtam vilšanos un tukšumu, kāpēc mūsu paaudzē tas tik ļoti spilgti izteikts, pēc kā tiecas jaunā paaudze salīdzinājumā ar iepriekšējām paaudzēm. Turklāt jāatceras, ka cilvēki, kas kļūst par vecākiem, it īpaši vīrieši, pārdzīvo psiholoģisku apvērsumu.

— Jā, viņā norisinās dramatiskas pārmaiņas!

— Tiklīdz es kļūstu par tēvu, bet mana sieva — par māti, mēs abi nolaižamies no cilvēciskā līmeņa dzīvnieku līmenī! Pret savu bērnu mēs izturamies tāpat kā dzīvnieki — un tas viņu sargā. Daba modina mūsos dzīvniecisku aizsardzības spēku. Un tālab mums viņiem jāiemāca pareizi novērtēt to, ka viņu rokās aug pilnīgi jauns cilvēks, kas prasīs, lai viņi pareizi attīstītos. Ja vecāki grib dot bērnam iespēju apliecināt sevi jaunajā globālajā pasaulē, attīstīt un realizēt savus iekšējos dotumus un tieksmes, viņiem jāpārspēj pašiem sevi.

— No jūsu skaidrojumiem izriet, ka tā nav vecāku vaina. Esmu piedalījies daudzās televīzijas programmās vecākiem, kuras veltītas bērnu audzināšanas un mācīšanas tēmām. Vecāki apzinās, ka dara kaut ko ne tā, un vēlas iemācīties darīt labāk, jo problēmas nemitīgi rodas.

— Vispirms jāsagatavo materiāls, pareizs izskaidrojums, skaidra metodika, bet pēc tam vajag organizēt sistēmu, kas novadīs šīs zināšanas līdz vecākiem un iemācīs viņus. Šeit ļoti svarīga nozīme ir plašsaziņas līdzekļiem, citādi mēs zaudēsim nākamo paaudzi.

— Ko jūs ieteiktu jaunajiem vecākiem? Kā es varu iesaistīties šai procesā? Kas man jālasa, kas man jāiemācās? Pieņemsim, ka esmu sagatavošanās procesā bērna dzemdēšanai...

— Mēs dzīvojam tādā laikā, kad mums visiem būs jāapgūst globālās integrālās pasaules iedaba. Tas nenozīmē, ka mums vajag pamatīgi iedziļināties visās zinātnēs. Jūs mācījāties psiholoģiju, bet tas nenozīmē, ka jums vajag mācīt vecākiem, saviem pacientiem visu psiholoģiju. Jums vajag, izmantojot psiholoģijas atziņas, sniegt vecākiem skaidrus, praktiskus padomus. Arī mums vajag dot ļaudīm koncentrētus, vienkāršus padomus, visiem saprotamas zināšanas par cilvēka iedabu, viņa globālo attīstību — kādam posmam mēs tuvojamies, kas īpaši raksturīgs ir mūsu paaudzei, kādu iekšēju apvērsumu tā pārdzīvo salīdzinājumā ar iepriekšējām. Mēs esam pirmā no visām paaudzēm, kurai jāpaceļas tādā līmenī, ko raksturo savstarpējā saikne starp cilvēkiem, nevis egoistiska citam cita izmantošana. Tā liek rīkoties daba, demonstrējot mums, ka mēs esam cits ar citu saistīti ar globālām, integrālām saitēm. Mēs stāvam uz globālās krīzes sliekšņa — un tā ir cilvēku savstarpējo attiecību krīze. Mēs nevaram izveidot vienotu sabiedrību, nevaram pareizi izturēties ne pret ekoloģiju, ne paši pret sevi, ne pret cilvēku sabiedrību. To visu vajag apvienot vienā problēmā — un te mēs varam izmantot vecākus. Nav iespējams panākt, ka mūs sadzird parastais cilvēks, vēl jo vairāk — valdības un organizācijas, izglītības ministrijas; tās nav ieinteresētas ieklausīties. Taču vecāki, kam šis jautājums ir ļoti svarīgs, ir gatavi klausīties.

— Viņi ir visaugstāk motivēti.

— Vecāki grib redzēt savu bērnu veiksmīgu, dzīvespriecīgu, pārliecinātu, un, ja mēs viņiem izskaidrosim, kas jādara, es domāju, mēs gūsim panākumus.

ANTENATĀLĀ[1] ATTĪSTĪBA

— Es gribētu parunāt par audzināšanu un izglītošanu augļa attīstības periodā. Par šo periodu informācijas ir maz, un tā tiek publicēta ar lielu piesardzību. Pēdējā laikā ir parādījušies pētījumi, kas liecina par augļa uztveres spējām. Vispirms konstatēja, ka viņš uztver skaņas. Pēc tam atklāja: jo vairāk viņš dzird savu ģimeni, jo ātrāk atpazīst to pēc dzimšanas. Citiem vārdiem, ir sagatavošanas līmenis, kuru var īstenot ar dīgli, kas atrodas mātes miesās, proti, nodibināt ar viņu saikni, stāstot par ģimeni. Turklāt, pētot dvīņus, konstatēja, ka pastāv saikne starp augļiem — viņi jūt viens otru. Izrādās, ka auglis spēj uztvert diezgan daudz, bet mēs to vispār neņemam vērā.

— Par to nav ko brīnīties. Mēs dabu sašķeļam daļās, pieļaujam pārrāvumus, attīstības dalījumu posmos, jo tā mums ērtāk. Tāda vispār ir mūsu attieksme pret dabu — sadalīšana pa zinātnēm, kaut gan daba ir vienots veselums. Ķermeni sadalām pa daļām un ārstējam katru daļu atsevišķi. Arī savu dzīvi mēs iedalām periodos un pētām tos, nodalot citu no cita. Tam ir viens cēlonis — tādi mēs savā egoismā, kas mūs nošķir, esam radīti. Turklāt tāda pozīcija mūsu egoismam ir ērta: es taču jūtos augstāk par dabu un varu rīkoties ar katru daļu pēc saviem ieskatiem. Bet, ja es saku, ka daba ir vienots mehānisms, kas atrodas vienotā kustībā, tad tas pirmām kārtām liek man to pētīt visu un ievērot tās globālos un integrālos likumus. Tāpēc augļa attīstības periods mātes miesās, bērna barošana ar krūti un citi posmi līdz pat pieauguša cilvēka stāvoklim ir nenodalāmi cilvēka tapšanas posmi un pilnībā ietekmē cits citu.

---

[1] Antenatāls — medicīnisks termins, kura pamatā latīņu valodas vārdi — **ante** 'pirms' + **natalis** 'dzimšanas'; to lieto, norādot uz augļa attīstību pirms dzimšanas. (*Tulk. piez.*)

— Taču katru posmu mēs novērtējam citādi...

— Tomēr daba ir sistēma, kuras visas daļas saistītas ar tādām pašām nesaraujamām saiknēm kā mūsu ķermeņa orgāni, kur katra šūna ir saistīta ar pārējām. Tāpēc tad, kad runājam par dīgli, padomāsim, vai viņš pieder tikai mātei? Vai viņš ir zaudējis saikni ar savu tēvu?

— Psiholoģija liek lielu jautājuma zīmi par tēva lomu bērna pirmajā dzīves gadā.

— Taču vēstures gaitā cilvēce vienmēr tēvam piešķīrusi lielu nozīmi: uzvārdu deva pēc tēva, mantoja un tā tālāk. Tas nav nejauši...

— Es domāju, ka tāda attieksme ir saistīta ar vienas sistēmas pastāvēšanu citā. Lai mazulis saņemtu visu nepieciešamo, māte rada viņam pirmajos divos dzīves gados īpašu apkārtējo vidi. Mūsdienu pētījumi parāda, ka mazulis tēvu uztver kā ārēju vidi viņam un mātei. Proti, tēvs tomēr ir. Taču mēs esam nedaudz aizsteigušies uz priekšu. Kādos posmos jūs iedalāt augļa attīstību mātes miesās?

— Mans iedalījums ir tāds: trīs dienas sēklas absorbcija, kad tā piestiprinās dzemdes sienai. Pēc tam sākas embrija veidošanās periods. Pirmais attīstības posms aptver četrdesmit dienas, ieskaitot trīs dienas sēklas absorbcijai. Pēc četrdesmit dienām uzskata, ka auglis jau pastāv, viņš jau ir cilvēks. Viņam jau ir nākamā forma un ir ielikta nākamā patstāvība. Tāpēc pret viņu arī ir jāizturas kā pret cilvēku.

— Visā pilnībā?

— Jā, tāpēc ka viņam jau ir viss.

— Arī vēlmes un īpašības?

— Pilnīgi viss. Viņam trūkst tikai attīstības, lai stātos ar mums sakaros, bet viņš jau eksistē. Pret viņu vajag izturēties kā pret cilvēku.

— Taču parasti šai posmā mēs pat nezinām par viņa eksistenci.

— Mēs nezinām tāpēc, ka mūsu sajūtu orgāni viņu neuztver. Tomēr tā jau ir pabeigta nākamā cilvēka forma.

— Vai pastāv iespēja uz šo formu iedarboties tās veidošanās posmā?

— Var iedarboties ar visu: mūziku, dzeju un jebko citu — kā uz pieaugušu cilvēku. Pat viņu ieņemot un pat pirms tam.

— Tomēr pirmo četrdesmit dienu laikā sieviete nemaz nezina, ka ir stāvoklī.

— Tas nav svarīgi, jo tas attiecas uz pareizas vides organizēšanu auglim. Taču mēs runājam par to, kas norit saskaņā ar dabas likumiem. Cik lielā mērā mēs varam tos izprast un sagatavot māti — tā jau ir cita problēma. Kopumā augļa attīstība mātes miesās tiek iedalīta trīs periodos pa trim mēnešiem katrā. Skaidrs, ka mēneši tiek skaitīti pēc Mēness kalendāra, jo sievietes organisms, kā zināms, ir saistīts ar Mēnesi, bet vīrieša — ar Sauli.

— Kas tieši attīstās katrā no šiem trim periodiem?

— Pašas būtiskākās iezīmes attīstās pirmo triju mēnešu gaitā, pirmajā posmā noris vissvarīgākā attīstība.

— Tas saskan ar medicīnisko pētījumu secinājumiem par smadzeņu attīstību pirmo triju mēnešu laikā. Tāpēc tos uzskata par visbīstamākajiem, kas prasa piesardzību un uzmanību.

— Sievietei nepieciešams miers un līdzsvars. Lai auglis pareizi attīstītos, viņai par to jādomā un jāizturas pret viņu kā pret dzīvu būtni. Vajag ar viņu sarunāties, kā tagad iesaka ārsti, dziedāt, spēlēt, izraisīt viņa reakcijas, jo pēc četrdesmit dienām viņam parādās nākamā cilvēka aizmetņi. Vajag izjust viņa personību sevī.

— Kā sievietei pavērt iespēju iztēloties šo saikni, kura izpaužas tikai sajūtu līmenī?

— Pastāv iespēja uzturēt saikni ar augli — zināšanas, sajūtu, komunikācijas līmenī.

— Sajust, ka viņam ir slikti vai labi?

— Sajust viņu pat vairāk nekā sevi, jo māte dzīvo saskaņā ar viņa vēlmi!

— Jūs sacījāt, ka vajag ar augli sarunāties, ieslēgt viņam mūziku. Kāda žanra mūzikai dodama priekšroka?

— Māte to jutīs saistībā ar savu bērnu, viņa konkrēto stāvokli. Nepieciešams tikai, lai māte būtu gatava apzināties, ka viņa ir saistīta ar augli kā ar otru cilvēku. Tā ir dabiska un tik dziļa saikne, ka to nekas nespēj saraut. Pat neapzināta mātes doma ietekmē augli.

— Tātad viņai jāzina, ka viss, ko viņa dzird, iedarbojas arī uz bērnu. Ir zināms, ka visi mātes stāvokļi iedarbojas uz augli: stress, nepareizs uzturs, narkotikas, tāpat arī ikdienišķi pārdzīvojumi. Psiholoģijā ir tāda metodika, ko sauc "māte zina": ļaujiet mātei darīt to, ko viņa zina, un ar to pietiek. Pat ja viņa kļūdās, arī tas ir labi: no tā viņa gūst pieredzi.

— Dabā jēdziens "māte" nozīmē pilnīgu mātes organisma atdevi augļa attīstībai: visi viņas nodomi vērsti uz augļa labumu, viņa pilnībā ir noskaņota uz rūpēm par viņu un nedomā par sevi. Ja mēs jau skolā sniegsim informāciju par šādām nākamās mātes izjūtām, ja spēsim pirmām kārtām ieaudzināt viņās iejūtību pret otru cilvēku, tad viņas pareizi izies visus grūtniecības posmus. Tad viņas labāk sapratīs un izjutīs ne tikai savu augli, bet arī citus cilvēkus. Tādai jābūt attieksmei pret visu cilvēci, jo mēs visi atrodamies "cits cita miesās un citus iznēsājam sevī".

— Es vēlos pajautāt arī par tēvu kā ārējo faktoru.

— Dabā pakāpiens Tēvs atrodas augstāk par pakāpienu Māte. Tēvs daudz lielākā mērā ietekmē augļa iezīmes, bet māte tās attīsta. Viņa dod spēkus, tā saucamo miesu, bet no tēva auglim ir visas pamatiezīmes, dotumi. Runa ir par pieeju dzīvei. Daudzas lietas bērns apgūst jau mātes miesās un pēc tam laikā, kad tiek barots ar krūti. Taču no tēva viņš manto iekšējās iezīmes. Augļa attīstība sākas no pakāpes Tēvs, tad norisinās pakāpē Māte, no tās viņš piedzimst. Visādā ziņā Tēvs ir pirmais un noteicošais, tieši tēvs dod pilienu sēklas, kuru māte attīsta! Tēvs nosaka, kas būs pie Mātes, bet viņas mehānisms visu no Tēva saņemto pārvērš auglī. Tātad Māte ir starpnieks starp Tēvu un augli. Es nepazeminu mātes funkcijas nozīmi, bet tikai vēlos uzsvērt, ka nedrīkst neņemt vērā tēvu.

— Jūs viņu pacēlāt augstāk par visiem!

— Starp viņiem ir ļoti smalka un būtiska atšķirība — katrs izpilda savu funkciju un neskar otra jomu.

— Vai viens ir svarīgāks, bet otrs — mazāk svarīgs?

— Nav iespējams iztikt bez viena no viņiem. Bērna attīstībā ļoti liela nozīme ir tam, vai tēvs atrodas līdzās mātei vai ne, turklāt viņu attiecību raksturs nākotnē nosaka attiecības ar dzīvesbiedri bērna paša ģimenē.

— Par šo tēmu ir veikti pētījumi. Tēvam ir daudz netiešu funkciju.

— Tieši tēva iezīmes tiek nodotas bērniem, lai tās nākotnē izpaustos. Māte vairāk nosaka bērnību, bet tēvs vairāk izpaužas cilvēkā, kad tas pats ir pieaudzis un kļūst par tēvu.

— Pētījumi norāda uz mazuļa spēju jau kopš pirmajām dienām sajust, ka viņam ir divas vides. Māte — tā ir viena vide, kuru viņš sajūt, atrazdamies ar māti pilnīgā simbiozē: viņš un viņa ir viena pasaule. Taču ir arī otra vide — tēvs. Ir ļoti svarīgi, ka bērns dzird tēva balsi un ka tēvs ņem viņu rokās, jo tas viņam sniedz drošības sajūtu. Bērniem tēva klātbūtne vai tās trūkums ir saistīta ar aizsargātības sajūtu un sasniedzamā rezultāta līmeni. Pārsteidzoši, bet, spēlējot ar tēvu to pašu spēli, ko ar māti, — starp viņiem nepastāv sacensība — bērns sasniedz labākus rezultātus. To ir grūti izskaidrot, bet tā tas ir.

— Viss, ko māte prasa attiecībā uz bērnu, tēvam jāpilda. Taču pats viņš saistās ar bērnu pastarpināti, izmantojot māti, līdz bērns sasniedz triju gadu vecumu, kad sākas nākamais audzināšanas periods, kurā zēnam jāatrodas zēnu, vīriešu un tēva vidē.

— Vai ir atšķirība starp zēniem un meitenēm?

— Rūpes par meitenēm pilnībā ir mātes ziņā, bet aiz viņas jāstāv tēvam. Aprūpējot zēnus, bērnam jau kopš pirmajām dienām jāsajūt gan māte, gan viņas fonā arī tēvs, bet no triju gadu vecuma jānonāk tēva un audzinātāju ziņā. Tas, ka mūsu zēnu audzināšana skolā ir nonākusi sieviešu rokās, viņus sagrauj!

— Tam es pilnīgi piekrītu: viņi nejūtas kā vīrieši. Visu audzināšanas sistēmu vada sievietes, un psiholoģijas skatījumā tas rada zēnos vēlmi pretoties tādai kārtībai.

— Izdarīsim secinājumus. Mēs runājām par nepieciešamību izturēties pret dabu kā vienotu veselumu. Cilvēks, būdams egoists, realitāti sadala daudzos slāņos. Taču realitāte pati par sevi ir pilnīga un nedalīta — tikai mans egoisms to neredz. Mēs teicām, ka auglis veidojas pirmajās četrdesmit dienās. Vai mēs viņu sajūtam vai ne — tas jau ir cilvēks. Attīstība mātes miesās sastāv no trim triju mēnešu ilgiem periodiem, un attīstības procesa virzība ir no iekšienes uz ārieni. Mēs pieminējām mātes lomas svarīgumu: māte pilnībā velta sevi rūpēm par augli, izjūtot viņu kā daļu no sevis. Arī tēvs netika aizmirsts — viņš pievieno iekšējai mātes videi savu ārējo vidi. Tēvs dod auglim iekšējos dotumus, bet māte tos attīsta. Tādējādi viņi bērna attīstībā un audzināšanā viens otru papildina.

— Tēvs iezīmē apkārtējās vides robežas, un bērniem tas jāsajūt.

— Viss, ko sieviete prasa auglim, tēvam jāsniedz. Zēni jūt tēvu vairāk nekā meitenes, tēvs dominē attieksmē pret dēlu, bet māte — attieksmē pret meitu. Taču par to parunāsim turpmāk.

PIEDZIMŠANA

— Tagad mēs runāsim par to, kam ir tiešs sakars ar cilvēka dzīvi, par tās pirmo nozīmīgo notikumu — par piedzimšanu. Iepriekšējā sarunā jūs atzīmējāt, ka auglim piemīt uztveres spēja, ka starp viņu un māti veidojas saikne, ar kuras palīdzību auglim ir pieejama apkārtējā vide, lai gan tas joprojām atrodas viņas miesās.

— Jau atrodoties mātes miesās, auglim ir iespēja saistīties ar visu apkārtējo vidi un gatavoties brīdim, lai tiktos ar pasauli.

— Šāda izpratne veidojas pakāpeniski, jo zinātnieku aprindas ir skeptiskas par tādas brīnumainas saites pastāvēšanu. Bet psiholoģija uzsver mātes kā starpnieces lomu. Taču būtībā par starpnieci starp dīgli un pasauli viņa kļūst daudz agrāk.

— Labi, tad varbūt sāksim ar dzemdību kontrakcijām? Vai tām ir kāda īpaša nozīme garīgā aspektā? Mums ir zināms mediķu uzskats, ka dzemdības sāk auglis.

— Viņš atbrīvo īpašus hormonus, kas faktiski arī veicina viņa piedzimšanas procesa sākšanos.

— Es gribētu vēl piebilst dažus vārdus par dīgļa saikni ar ārējo pasauli, saikni, kas tiek nodrošināta ar mātes starpniecību. Runa ir ne tikai par apkārtējo vidi. Vēlākajā attīstībā, sākot no mazuļa vecuma un turpmākajos gados augot lielākam, viņš skata dzīvi sava tēva un mātes acīm, jo pieņem gan vecāku iespaidus par dzīvi, gan viņu vērtības. Atbrīvoties no tā vairs nav iespējams. Skaidrs, ka pēc tam apkārtējā vide, draugi, pagalms un varbūt vēl kaut kas viņu ietekmē, taču jebkurā gadījumā tas ir papildinājums tam, kas veidojis pamatu viņa uztverei.

— Psiholoģijā ir paralēlie jēdzieni, kas runā kā par tēva shēmu, tā par mātes shēmu. Taču nekad agrāk nav pieminēts periods līdz piedzimšanai. Šis skatījuma rakurss ir pilnīgi jauns.

— Es domāju, ka mēs to ātri konstatēsim, jo tagad šī zināšanu joma attīstās diezgan straujā tempā. Attiecībā uz dzemdību kontrakcijām jāteic, ka tās izraisa māte, kura it kā vēlas augli izdzīt. Taču viņa to vēlas ar nosacījumu, ka auglis ir gatavs eksistencei ārpusē. Patiesībā viņš izdala noteiktas vielas un jau atrodas stāvoklī ar galvu uz leju, izdarot spiedienu uz dzemdes kaklu, lai izkļūtu ārā. Viņš patiešām vēlas atbrīvoties no sava stāvokļa un pamest māti tāpēc, ka vairs nespēj saņemt no mātes savai eksistencei nepieciešamo.

— Lai arī atrodas apbrīnojamā vietā, ko sauc par mātes klēpi.

— Tas taču kļūst viņam naidīgs.

— Ja auglis nepamet mātes miesas pēc četrdesmit grūtniecības nedēļām, stāvoklis tiek uzskatīts par bīstamu.

— Negaidot sāk darboties izgrūdošie spēki, pretēji tiem, kuri viņu noturēja mātes klēpī visā grūtniecības laikā. Līdz šim mātes klēpis sargāja augli, nepārtraucot par viņu rūpēties, lai tikai viņš paliktu iekšā, bet tagad klēpis kļūst viņam naidīgs un tam vajag izvest viņu ārpusē. Nu mēs pirmoreiz redzam, ka augstākas (mātes) mīlestības spēks attieksmē pret zemāku (bērnu) nonāk tādā kā pretrunā pats ar sevi.

— Lai viņu izdzītu?

— Jā, un, pateicoties tam, auglis iegūst pretdarbības spēku, ko viņam dod māte, un ir spējīgs eksistēt patstāvīgi ārpus viņas. Tas notiek tieši tāpēc, ka viņš šo pamudinājumu saņem no viņas, mātes mīlestības spēks iemiesojas spiediena spēkā. Viņas atgrūšana kļūst it kā naidīga, taču vienlaikus māte sniedz viņam vēl vienu uzvedības līniju. Un arī šis noliedzošais (negatīvais) spēks nāk viņam par labu.

— Mazulis pārdzīvo milzum daudz iespaidu. Psiholoģiju ļoti saista mazuļa iespaidi. Tā piešķir lielu nozīmi tam, ka, atrodoties mātes miesās, mazulis ir saspiests un sajūt spiedienu no visām pusēm. Būtībā viņam nav citas izejas, kā cīnīties par sevi.

— Pateicoties tam, viņš ienāk pasaulē. Arī no mātes tas prasa daudz spēka, arī viņai jāizjūt milzīgs spiediens. Bērns iegūst egoisma piedevu, un tāpēc viņš var atrasties ārpus mātes miesām un stāties pretī naidīgajai videi. Arī viņš izcieš visas dzemdību mokas, uztver savas mātes attieksmi, viņas spēju tās pārvarēt un izjūt varena spēka pieplūdumu. Tas nozīmē, ka viņš ir gatavs eksistencei ārpus mātes organisma. Var vēl piebilst, ka dzemdību laikā vaļējā caurule (nabas saite) tiek noslēgta, bet mute, kas līdz tam bija slēgta, atveras. Auglim "mute" ir nabas saite, bet cilvēks barību uzņem ar muti. Tādējādi cilvēka ķermenī ir vairākas vietas — mute, nabas saite, dzemdību ceļš —, ar kuru palīdzību tiek īstenota saikne un saņemts papildinājums no citiem ķermeņiem. Auglis no vietas, kas atrodas starp mātes kājām, it kā paceļas augstāk — pie viņas krūtīm. Tur viņš barojas ar mātes pienu. Jā, viņš pāriet uz barošanu ar krūti, un aizsākas mazuļa saistība ar mātes krūtīm. Citiem vārdiem, krūšu līmenis ir pavisam cits saistības līmenis ar māti, šai līmenī viņas asinis pārvēršas par pienu. Saikne ar māti iegūst daudz augstāku informatīvo raksturu: mātē asinis pārvēršas par pienu, tas pāriet bērnā, un bērnā piens pārvēršas par asinīm.

— No teiktā nepārprotami izriet, ka dzemdībām jānoris dabiski.

— Jā, ir zināms, cik tas ir noderīgi gan mātes, gan bērna veselībai, par spīti visa šā procesa sāpīgumam.

— Kas tad notiek šā procesa laikā?

— Hormonu izdališanās, apmaiņa ar spēkiem. Par bērnu, kas ir nācis pasaulē ar ķeizargrieziena palīdzību, var teikt, ka viņš kaut kādā mērā nav pat piedzimis, jo nav piedzīvojis dabisko piedzimšanas procesu. Tādos gadījumos arī māte joprojām ir stāvoklī, it kā viņa vēl nebūtu dzemdējusi. Jo viņa neatbrīvojās no augļa patstāvīgi, neizdarīja uz viņu spiedienu un neizstūma ārpusē. Citiem vārdiem, viņi abi joprojām atrodas nepilnīgā saiknē.

— Ārējā saiknē?

— Nē, iznāk tieši otrādi, — ļoti iekšējā. Tas traucē bērna attīstībai un līdz ar to it kā atspoguļojas viņa turpmākajā attieksmē pret māti.

— Šai sakarā ir zināms arī psihologu viedoklis. Ir daudz procesu, kuri norisinās dzemdes ceļos. Pirms sievietei sākas sāpes, mazulis, pārvietodamies kā caur spīlēm, piedzīvo daudz dažādu stāvokļu. Ir šo prosesu, arī fizisko procesu, apraksti. Piemēram, kā atveras ādas poras vai kā dīglis iziet no stāvokļa "zivs" un sāk attīstīties viņa plaušas. Psihologi norāda, ka dzemdību kanāls ir pirmā vieta, kur viņš nokļūst, izejot no ūdens, kurā viņam vēl nebija sava ķermeņa robežu sajūtas. Pēc tam, kad viņš ir saspiests, mazulis ļoti labi sajūt sava ķermeņa robežas, pateicoties ciešai saskarei ar dzemdību kanāla iekšējo virsmu. Šis kontakts virzīšanās laikā izraisa viņā pirmo stāvokļa sajūtu, kad viņš jau atrodas ārpusē, ne vairs ūdenī, tas rada viņam pirmās iekšējās sajūtas un veido ķermeņa shēmu, kura vēlāk attīstās.

— Jā, tas iedarbina visus maņu orgānus.

— Un tad viņš piedzimst! Vai, jūsuprāt, vajag tūlīt pēc dzemdībām nošķirt jaundzimušo no mātes? Mūsdienās slimnīcās ir dažāda veida pieejas, arī pretējas dabiskajai: tūlīt uzlikt mazuli dzemdētājai uz vēdera.

— Pats par sevi saprotams, ka jaundzimušais uzreiz jāliek pie mātes, viņam jājūt tikai viņa, viņam jājūt māte, viņas smarža, turklāt nekavējoties, pirms visām procedūrām — vispirms nepieciešama pieskaršanās mātei. Tā bērnam pasaulē ir pirmā sajūta, mātes sajušana viņam ārkārtīgi nepieciešama kā dzīvniekam.

— Šai aspektā psiholoģija ar jums ir pilnīgi vienisprātis. Tā arī norāda uz nepieciešamību attīstīt mazulim ožas un garšas sajūtas. Daudzas sievietes interesē jautājums: "Vai jaundzimušajam jāguļ kopā ar māti?"

— Es iesaku ņemt piemēru no dzīvniekiem. Kāpēc mēs no tiem nemācāmies? Ar ko mēs atšķiramies? Ar savu ķermeni mēs piederam pie dzīvnieku līmeņa. Tāpēc ir skaidrs, ka mazulim jāatrodas līdzās mātei, jāguļ blakus. Līdz divu gadu vecumam viņam jājūt māte un varbūt arī viņas palīdzes.

— Kā mazulim jāuztver tēva loma?

— Tikai ar mātes starpniecību. Tēvs neietekmē mazuli ne grūtniecības laikā, ne arī pēc piedzimšanas. Tēvs var atrasties līdzās, bet tas arī ir viss.

— Vai ir kāda nozīme vīrieša atbalstam dzemdību laikā, pašā dzimšanas procesā?

— Dabā nekas tāds nav novērots. Mēs zinām, ka dzemdētājām kā palīdzes vienmēr bijušas sievietes akušieres, bet vīrieši nekad nav pat tuvojušies vietai, kur sieviete dzemdē.

— Pirmajā dzīves gadā bērnā norisinās ļoti būtiskas pārmaiņas...

— Skaidrs, ka, spriežot pēc sevis, varam pārliecināties, ka, augot lielākiem, mūsos notiek arvien mazāk pārmaiņu. Nenoliedzami, mēs dažādas pārmaiņas novērojam bērna pirmajā dzīves gadā dažu nedēļu vai pat dažu dienu vecumā. Mēs pat vēlamies šādas pārmaiņas pamanīt. Taču pēc tam, teiksim, līdz gada vecumam, tikai reizi nedēļā notiek kāda maza pārmaiņa, bet divu gadu vecumā pārmaiņas notiek daudz retāk, tikai reizi mēnesī.

— Psiholoģijā šī parādība ir pētīta, pamatpētījumus veicis psihologs E. Eriksons, kurš darbojies attīstības psiholoģijas jomā. Viņš raksturojis visu cilvēka attīstību, sākot no barošanas līdz pat vecumam, iedalot to astoņos posmos. E. Eriksons bija pirmais, kas par visu cilvēka dzīvi sāka runāt kā par attīstības veidu. Tomēr kā pirmos attīstības posmus viņš iedala gada, divu un triju gadu posmu.

— Barošana ar krūti — tas ir periods, ko mēs skaitām no dzimšanas līdz divu gadu vecuma sasniegšanai. Nākamie posmi sākas no triju un sešu gadu vecuma.

— Tātad šodien mēs runājam par dabisko dzemdību nepieciešamību, par sāpju svarīgumu dzemdību procesā, par stāvokļiem, kurus iziet dīglis, par viņa attīstību, par saikni ar māti, par pāreju uz daudz augstāku savstarpējās saiknes līmeni.

BAROŠANA AR KRŪTI
UN PIRMĀ SAIKNE

— Kāda ir būtība saiknei starp vecākiem un bērnu?

— Tā paver iespēju sniegt bērnam dzīves vērtības, kas veicina viņa zināšanu, sapratnes un sajūtu attīstību, apjēgu, ka pastāv kaut kas augstāks par mūsu dzīvi — dzīve ārpus mūsu dzīvnieciskā ķermeņa, dzīve saiknē ar citiem, kopējā sapratnes sajūtā, piekāpībā, kopībā un mīlestībā. Tādā gadījumā dzīve tiek sajusta kā bezrobežīga. Tāda audzināšana atver bērnam acis uz to, kas apslēpts pieaugušajiem. Viņš dzird par izvēles brīvību, par sabiedrības vēsturiskās attīstības perspektīvām, saprot un sasaista cilvēces un savus stāvokļus pagātnē un tagadnē. Viņš uz dzīvi raugās gudri un pašpaļāvīgi.

— Jautājums ir tāds — cik lielā mērā un kādā vecumā viņš to saprot?

— Patiesībā tas nav svarīgi, jo jebkurā gadījumā saikne ar vecākiem ietekmē bērnu. Varbūt viņš kaut ko nesaprot, bet viņam rodas iespaids, ka pasaule ir liela un visam atvērta. Viņš jūt, ka ir tai piederīgs, ka ar savu likteni ir iesaistīts pasaules liktenī. Viņš dzird par ekoloģiskām un ekonomikas problēmām, par pasaules krīzi, par to, ka attīstība sākusies pirms daudziem tūkstošiem gadu un tagad visam jāmainās.

— Tas ir ļoti plaša spektra pasaules redzējums.

— Ļoti plašs. Tādējādi viņš citādi skatās arī uz citām parādībām: kā jebkurš bērns viņš tiecas pēc rotaļām un izklaidēm, taču iespaidi par plašajām iespējām neļauj pašam dzīvot šauri.

— Vai mazu bērnu tas nebaida? Pirmajos dzīves gados mēs cenšamies bērnu norobežot no kairinājumiem, ar kuriem viņš nespēj tikt galā.

— No kuriem tieši?

— Piemēram, no vardarbības. Svarīgi, lai viņš tādus piemērus neredzētu. Ir pieņemts, ka zināšanas par pasauli mēs bērnam sniedzam pakāpeniski, atbilstoši viņa spējām tās saprast. Mēs viņam visu uzreiz neatklājam. Taču jūs runājat par kaut ko tik plašu...

— Mūsu pieredze liecina, ka pakāpeniskā bērna mācīšanā nepastāv nekādi ierobežojumi. Bērns informāciju par pasauli uztver un pieņem dabiski.

— Jūs iesakāt bērnu barot ar krūti līdz pat divu gadu vecumam. Visas psiholoģiskās metodikas ir vienisprātis, ka barošana ar krūti ir dabiska, jo tā veido saikni starp māti un bērnu. Mūsdienās atklāts, ka māte, kas viņu baro, ir tas attālums, kuru zīdainis uztver, viņas balss un smarža ir fenomeni, kurus viņš atceras. Taču gada vai pusotra gada vecumā bērns no mātes fiziski attālinās — viņš jau pats staigā, skrien, satver. Ko tad viņam sniedz barošana ar krūti?

— Tieši tad viņam jābūt cieši saistītam ar māti, jo var sākties attālināšanās.

— Taisnība, tas ir tieši tāds attīstības posms.

— Taču nepieciešamība un patstāvīgas saiknes īstenošana pēc tam viņus vieno uz visu mūžu. Divi gadi — tas ir nevis vienkārši kalendārais laiks, bet 24 mēneši, kuriem ritot bērnā norisinās lielas pārmaiņas. Šis periods ir ļoti svarīgs, un tas, ka barošanu ar krūti pārtrauc, pirms pagājuši 24 mēneši, izraisa bērnam negatīvas sekas nākotnē.

— Tomēr arī ārsti iesaka pārtraukt barošanu ar krūti, jo tas traucējot zobu attīstībai. Neesmu pārliecināta, ka tas ir pareizi, taču tādi argumenti ir. Vai nav tā, ka daba prasa, lai bērns no mātes attālinās, bet mēs ar varu atgriežam viņu atpakaļ? Mūsdienu pasaulē mēs diezgan agri no bērna pieprasām patstāvību. Taču saskaņā ar to, ko jūs sakāt, ir iespējams, ka bērnam patiešām līdz divu gadu vecumam nepieciešams saglabāt ciešu saikni ar māti.

— Lai kāda būtu mūsdienu pasaule, tā taču nemaina dabu. Mēs esam izgudrojuši dažādus sakaru līdzekļus, piepildījuši pasauli ar visvisādām ierīcēm, taču paši neesam mainījušies.

— Vai jūs domājat mūsu būtību?

— Jā. It īpaši tas attiecas uz mūsu morālās attīstības virzību no egoisma uz altruismu. Es domāju, ka bērnam periods no dzimšanas līdz divu gadu vecumam nepieciešams, lai nostiprinātu savas pamatsajūtas. Ja viņu attālina no mātes, viņš šai ziņā ļoti cieš. Atšķiršana no mātes viņam par labu nenāk, jo līdz diviem gadiem bērns nesaprot, ka eksistē arī citi bērni.

— Taču tagad bērnu jau trīs mēnešu vecumā atdod silītē. Daudzām ģimenēm nav citas izejas.

— Smagi ir skatīties uz to, kas šobrīd notiek, uz to, kā cietsirdīgā pasaule spiež mūs izrīkoties ar mūsu bērniem. Tas nav pareizi — nedrīkst bērnu atraut no mātes vismaz līdz divu gadu vecumam.

— Ko viņš saņem šai periodā?

— Viņš no mātes saņem to, ko netika saņēmis antenatālajā attīstībā. Daba paredzējusi, ka barošana ar krūti ir tiešs turpinājums grūtniecībai. Attīstoties antenatālajai saitei, viņš vienlaikus saņem no ārienes, t. i., no mātes un caur māti, ļoti daudz ārējās informācijas, kā arī smaržas, skaņas, sajūtas. Starp viņiem abiem ir dziļa bezvārdu iekšējā komunikācija. Viņam blakus daba nav paredzējusi vietu nevienam citam, izņemot māti. Tikai pēc diviem gadiem bērns ir gatavs informācijas uzņemšanai, saiknei ar svešiem cilvēkiem. Līdz tam viņš visu uztver ar mātes starpniecību.

— Un ne agrāk? Vai jāpaiet tieši 24 mēnešiem?

— Jā. Viņš tikai ir iznācis ārpusē, taču joprojām ir saistīts ar māti tā, it kā atrastos viņas miesās.

— Ko lai dara māte, kura nevar bērnu barot ar krūti? Vai šo trūkumu var novērst ar zīdītājas palīdzību?

— Jā, taču bērnam nepieciešams atrasties saskarsmē ar māti.

— Ko lai iesāk mūsdienu pasaulē, ja nav zīdītājas, bet ir speciālā bērnu pārtika?

— Esmu pārliecināts, ka tā izraisa vēl neatklātas negatīvas sekas. Bez šaubām, bērnam tas par labu nenāk. Iespējams, ka tāpēc pēdējās paaudzēs ir tik daudz problēmu. Māte un tās piens, un ārkārtējā gadījumā arī zīdītājas piens, — nav aizvietojami.

— Izdarīsim secinājumus. Mēs runājām par to, ka integrālā audzināšana nodrošina bērnu ar īpašiem iespaidiem, kuri pēc tam pavada viņu visu mūžu un izpaužas attieksmē pret pasauli — kā savdabīga imunitāte, lai neveidotos nepareiza attieksme pret visu apkārtējo. Viņš nav atrauts no dzīves, bet — tieši otrādi — iekļauts tajā kā darbīga daļa, turklāt viņam piemīt zināms "iekšējs kodols", kas viņu pareizi virza pa dzīvi. Pat ja viņš krīt, tad ātri pieceļas kājās, jo zina kustības virzienu. Integrālā audzināšana sniedz bērnam plašu pasaules uzskatu, jo kopš pirmajiem gadiem atver viņam pasauli. Tā ir dabiska audzināšana, tā norit saskaņā ar dabu, tāpēc bērns to uztver viegli un pašsaprotami. Mēs arī atzīmējām, cik svarīgi bērnu barot ar krūti līdz divu gadu vecumam, jo tā bērns, pateicoties tiešai saiknei ar māti, saņem no viņas to, ko nesaņēma, atrazdamies mātes miesās. Bez fiziskā guvuma viņš gūst arī ciešu saikni ar māti, bet tās tik ļoti pietrūkst mūsdienu pasaulei.

VECUMPOSMS NO TRIM LĪDZ SEŠIEM GADIEM

— Mēs aplūkojam integrālās audzināšanas metodikas izmantošanu, analizējam bērna attīstību no nulles vecuma un cenšamies saprast, kā pareizi pret viņu izturēties, kādi iekšēji procesi viņā norisinās. Mēs vēlamies paskatīties uz realitāti caur mazā cilvēciņa attīstības prizmu. Mēs esam izanalizējuši bērna attīstību līdz triju gadu vecumam un nonākuši līdz brīdim, kad viņš sāk apjēgt, ka viņam apkārt ir pasaule. Daudzi vecāki šai bērna vecumā saskaras ar robežu noteikšanas problēmu. Psiholoģijā ir tāds jādziens, ko apzīmē angļu valodas vārdi *terrible two* — "briesmīgais divu gadu vecums". Tas ir pirmais sarežģītais vecums, kad bērns nemitīgi saka "negribu" un nevienam nepiekrīt. Pēc tam tas atkārtojas pusaudža vecumā. Vecāki atzīst, ka ir spiesti nepārtraukti bērnam teikt "nē", ierobežot viņu un ka tā ir nepatīkama sajūta salīdzinājumā ar to "paradīzi", kas bijusi pirms tam. Vecākiem nav viegli, un jautājums ir — kā pareizi izturēties? Kā risināt bērna ierobežošanas un vecāku autoritātes atzīšanas jautājumu 2–3 gadu vecumā?

— Es domāju, ka jāsāk agrāk. Bērns tādas lietas saprot un jūt no pirmās dienas šai pasaulē. Ja vecāki atliek kādu īpašību vai iemaņu ieaudzināšanu līdz zināmam vecumam un tikai pēc tam sāk tās veidot, bērns tam negrib piekrist, viņa prātā un ieradumos daba ir fiksējusi, ka jābūt citādi, dabiski, bet mēs nezinām, kā tas ir. Bērns nesaprot, kāpēc cilvēki, kuri agrāk atļāva viņam kaut ko darīt, tagad pēkšņi to vairs neatļauj. Viņš jūtas kā citā pasaulē nonācis, kur tagad no viņa prasa ko tādu, ko viņš nespēj saprast.

— Vai tas nozīmē, ka jāsāk agrāk? Vai jūs iesakāt noteikt bērniem ierobežojumus daudz agrāk?

— Ja vēlies bērnu kaut kā ierobežot, tad tas jādara jau no paša sākuma, kad notiek viņa pirmā saskare ar priekšmetu vai parādību. Ja bērns ir pieradis kaut ko aiztikt un tad pēkšņi viņam saka: to nedrīkst darīt, viņš nesaprot, kāpēc tagad nedrīkst, jo iepriekš viņam mācīja šo lietu gan aizskart, gan izmantot. Ja jau reiz atļāva, tad tas nozīmē, ka pieradināja pie domas, ka drīkst to darīt un pat vajag.

— Tātad jūs apgalvojat, ka nevajag baidīties likt lietā savu autoritāti daudz agrākā vecumā?

— Tieši pretēji, ar to jūs atvieglojat viņam dabisku ierobežojumu pieņemšanu. Ja bērns zina, ko drīkst un ko nedrīkst, tas viņam vairs nešķiet ierobežojums, viņš ar to sadzīvo. Taču tad, kad tas, kas bija atļauts, negaidot kļūst par aizliegtu, rodas sašutums. Mēs to neatbalstām. Ja es esmu sasniedzis piecpadsmit sešpadsmit gadu vecumu un man saka: "Tev jāiet dienēt armijā! Tev jāstrādā! Tev vajag darīt to un šito..." Kāpēc gan man tas būtu jādara? Es zinu, ka man jāiet skolā, bet pēc nodarbībām skolā es esmu brīvs, daru, kas labpatīk. Un te pēkšņi man sevi jāpabaro, jāapmazgā, jāceļ sev māja, jādibina ģimene... Vai tas ir mans pienākums? Es nevēlos dzīvot tādā pasaulē.

— Kādā vecumā bērns sāk saprast, ka viņam kaut ko aizliedz vai liek darīt?

— Tad, kad saskaras ar problēmu: agrāk tas bija atļauts, bet tagad — aizliegts. Ierobežojumi viņam jādzird visos vecumos saistībā ar jebkuru jaunu parādību viņa dzīvē. Varbūt bērns vēl nespēj saprast, bet viņam jau no paša sākuma, no pirmajiem dzīves mēnešiem jādzird attieksme pret to, ko viņš dara. Visu laiku ar bērnu jāsarunājas, lai viņš dzird: "Tas ir pareizi, bet tas ne, tas ir labi, bet tas — slikti, to drīkst, bet to ne," — un kāpēc. Tādā veidā tu būvē ap viņu žogu, radi apkārtni, apvalku, kurā viņš dzīvo, un viņš tam piekrīt. Tu veido viņa attieksmi pret pasauli, parādi, ko var darīt un kādā veidā, un tas skar absolūti visu. Tad robežu esamība vēlāk viņam nešķitīs dīvaina, sveša un cietsirdīga, viņam neliksies, ka agrāk viņš ir bijis brīvs, bet nu viņu negaidot liek cietumā.

— Šis jautājums ir daudzpusīgs, tas atspoguļojas daudzās teorētiskās pieejās. Vai uzskatāt, ka tās mums var tikai sajaukt galvu?

— Vispirms jau attieksmei pret jebkuru jautājumu jābūt līdzsvarotai, nemainīgai un secīgai.

— Patiesībā tas ir loģiski. Ja bērns pie kaut kā pierod, tad vēlāk tas viņam nebūs nepatīkams pārsteigums.

— Viņš vispār nejūtīs grūtības nekādu ierobežojumu situācijās.

— Būtībā jau grūtības rodas vecākiem. Tā ir vēlme dot bērnam visu — radīt viņam "paradīzi", apmierināt visas viņa vajadzības.

— Atceros, ka pie mums ciemos atbrauca mana brāļa ģimene. Viņa dēls — manas jaunākās meitas vienaudzis. Mana meita, viņai bija divi gadi, augstā bērnu krēsliņā sēdēja kopā ar visiem pie galda divas stundas, kā tas pie mums bija pieņemts, bet mana brāļa dēls draiskuļoja, nezināja, kur likties, un apgrieza visu ar kājām gaisā. Ciemiņi skatījās uz manu meitu un dēlu, kuram bija septiņi vai astoņi gadi un nesaprata, kā bērni var tik ilgi mierīgi nosēdēt pie galda? Tas ir ieradums, viņiem tas nebija grūti, bet mana brāļa dēls ne minūti nespēja mierīgi nosēdēt. Kam tad tādā situācijā, kad jābūt pacietīgam, ir grūti?

— Bērnam. Tāpēc ka nav ieraduma.

— Tāpēc mums jāizveido bērniem ieradums izpildīt to, kas pēc tam viņiem būs jādara dzīvē.

— Kādā veidā integrālā audzināšana iesaka to ieaudzināt bērniem? Sodīt?

— Nekādā gadījumā nedrīkst būt nekādu sodu — tikai ieradumi. Bērnam ir jāmācās no pieaugušajiem.

— Bet ja viņš negrib?

— Tā nevar būt. Bērns vēlas atdarināt pieaugušos, un, ja viņš zina, ka tā rīkojas pieaugušie, un viņi liek tam saprast, ka tā ir labi, viņš pakāpeniski to pieņem. Saprotams, ka tu viņu nenosēdini sev blakus un neaudzini visu dienu, tomēr viņš zina, ka tas notiek tādā formā un viņam nav citas izejas. Viņš mācās no pieaugušajiem un pieņem to, ko viņam māca, viņš to neuztver kā ierobežojumu, necīnās pret to, viņa iedaba sāk to pieņemt un izpildīt. Citādi viņš cietīs. Organisms pieņem ierobežojumus.

— Bet, ja bērns kaut ko izdarījis nepareizi vai ja tu vēlies pieradināt viņu pie noteiktas uzvedības, — kā jārīkojas, ja neizmanto sodus?
 — Vajag atkārtoti "izspēlēt" notikušo, apspriest to un izskaidrot. Viņam jāsaprot, ka tas nav vēlams.
 — Ko viņam teikt? "Tu rīkojies slikti, nepareizi, tu visiem traucēji?" Kādu paskaidrojumu viņam sniegt?
 — Vajag situāciju atkārtot.
 — Vai atkārtots izskaidrojums ir pareizs izskaidrojums?
 — Jā, protams, citādi bērns nesapratīs.
 — Tas nozīmē, ka nepieciešams secīgums.
 — Es varu bērnam kaut ko skaidrot kaut tūkstoš reižu, viņš nesapratīs. Man jāatgriežas pie viņa rīcības un jāpaskaidro, kas pareizi un kas ne. Ja es "izspēlēju" tieši tādu situāciju, tad viņš saprot, ko es vispār viņam saku. Mēs taču runājam par triju gadu vecumu.
 — Tomēr 2–3 gados bērni bieži vien pieaugušo prasībām nepakļaujas.
 — Tas liecina, ka pieaugušie pēkšņi ir pieprasījuši no bērniem kaut ko tādu, kam iepriekš nav sagatavojuši. Nevajag gaidīt pārsteigumus. Protams, bērns sasitīs glāzi, kaut ko salauzīs — tie ir piemēri, no kuriem viņš mācās. Taču lai viņš izrādītu nepakļāvību?! Tā nav jābūt. Mums jāmācās no apkārtējo piemēriem. Ja mēs pareizi izmantojam apkārtējo sabiedrisko vidi, bērns sāk aptvert, ka viņa rīcība patīk vai nepatīk vecākiem vai apkārtējiem, viņam nav citas izvēles. Parādiet viņam to iejūtīgi, bet secīgi, norādiet uz piemēriem apkārtējā vidē. Tas līdzinās higiēnas iemaņu mācīšanai, viņš redz, ka tas patīk pieaugušajiem, un tā rīkojas.
 — Vai bērns būtu kaut kā stimulējams? Vai teikt viņam, ka patīk, kā viņš uzvedas?
 — Jā, jāslavē un jāatbalsta, lai viņš zinātu, ka tev tas patīk.
 — Bet, ja viņš uzvedas nepareizi, vai vajag izrādīt, ka esi apbēdināts?
 — Jā, vajag paust nožēlu, taču nevajag sodīt. Bērns sodu nesaprot, viņš nespēs sasaistīt to ar savu rīcību. Vajag nemitīgi atgriezties

pie incidenta un izskaidrot visu notiekošo. Bērnam ir jāsaprot sava darbība, citādi tā nav audzināšana.

— Tas ir ļoti svarīgi vecākiem. Visi psiholoģijas virzieni 2–3 gadu vecumu uzskata par ļoti grūtu, taču jūs sakāt, ka viss ir atkarīgs no iepriekšējās audzināšanas.

— Tas ir atkarīgs no iepriekšējās audzināšanas un no tā, vai pret bērnu izturas kā pret pieaugušo.

— Ir amerikāņu metodikas, kuras runā par dienas režīmu, par striktu robežu noteikšanu un par to, ka bērnam jāpierod pie zināmiem aizliegumiem. Taču ir metodikas, kuras apgalvo, ka visu nosaka bērns pats.

— Nē, tas nav pareizi. Ierobežojumi bērnam jāsajūt nepārtraukti, ne par velti ir teikts: "Kas rīkstes žēlo, tas neieredz savu dēlu."

— Ko jūs domājat par saikni starp brāļiem šajā vecumā?

— Vajag pareizi izmantot viņu sabiedrību un ietekmi vienam uz otru, taču tā ir pavisam cita tēma. Kas attiecas uz bērnu, mums jāizveido ar viņu tādas attiecības, lai viņš mūs uzskata par saviem biedriem.

— Par savu vecāku biedriem?

— Lai viņš izjustu nožēlu, ka viņi ir uztraukušies, un priecātos, ka viņi priecājas. Citādi viņu starpā būs pastāvīga konfrontācija.

— Ja vecāki nostāda sevi augstāk par bērnu, vai tad viņi to ietekmē daudz mazāk? Kā vecāki, no vienas puses, var būt bērnam autoritāte un, no otras puses, — viņa biedri?

— Kā skolasbiedri. Es izturos pret bērnu kā pret sev līdzvērtīgu, mācu viņu un gaidu no viņa to pašu, ko viņš saņem no manis: uzmanību, mīlestību un cieņu. Jūs pārliecināsities, cik lielā mērā triju gadu vecumā bērns var būt pieaudzis, saprast, ko teikt, ko atbildēt un kā jāuzvedas. Un nevajag baidīties, ka mēs veidojam viņu par kaut kādu samākslotu tipu. Viss atkarīgs, kā mēs izturēsimies. Starp citu, ļoti svarīgi diferencēt attiecības ar meitenēm un zēniem.

— No kāda vecuma?

— Jau no trijiem gadiem, varbūt pat agrāk. Zēni jāaudzina vīriešiem, bet meitenes — sievietēm. Bērni sāk sajust, ka vīriešiem un sievietēm ir atšķirīga attieksme pret dzīvi, atšķirīga uzvedība, dažādi ir viņu stāsti — viss pilnīgi citāds.

— Vai tiešām stāstos izpaužas atšķirība starp zēniem un meitenēm, sievietēm un vīriešiem?

— Stāsti, ko bērnam stāstīs māte un tēvs vai audzinātājs, skanēs pilnīgi atšķirīgi. Mūsu paaudzes problēma ir tā, ka, par nožēlu, gan bērnudārzā, gan skolā zēnus līdz pilngadībai audzina sievietes.

— Tas zēniem par labu nenāk, bet meitenēm jau tāpat visapkārt ir sievietes. Kādu ļaunumu tas nodara bērnam?

— Zēnu jau no triju gadu vecuma vajag audzināt nevis mātei, bet gan tēvam, viņam jālīdzinās pieaugušam vīrietim. Viņš jau arī pats pēc tā tiecas, viņš nevar spēlēt tās pašas spēles, ko meitenes, viņš nošķir spēles pēc dzimuma skatpunkta. Zēns citādi izturas pret pasauli. No šā vecuma un turpmāk mums bērni jāšķir. Jauktie bērnudārzi un skolas bērnus kropļo.

— Šeit sākas personīgā piemēra aktualitāte...

— Jā, audzinātāja personīgais piemērs zēniem un audzinātājas — meitenēm. Tāpēc ka audzināšanai jānorit apspriešanas formā, sēžot aplī, bet ne moralizēšanas veidā.

— Cik lielai, jūsuprāt, jābūt bērnu grupai vecumposmā no trijiem līdz sešiem gadiem?

— Ne vairāk par desmit.

— Ieskaitot instruktorus?

— Ieskaitot instruktorus, jo tie ir kopējā apļa sastāvdaļa. Viņiem jārāda par vienu līmeni augstāks piemērs salīdzinājumā ar bērniem, bet ne vairāk, lai viņiem būtu ko atdarināt.

— Pamatojoties uz to, ko jūs sakāt, mūsu bērnudārzi, ja neņem vērā to, ka tie ir jaukta tipa, darbojas diezgan labi? Tur visi sēž aplītī, sarunājas savā starpā, spēlējas, taču nav apmācības, kura, kā jūs sakāt, šajā vecumā ir obligāta.

— Mācībām noteikti jābūt. Nepieciešama vecumam atbilstoša programma, kas ietver sevī valodas (retorikas) mācīšanu, mūziku, dejas, dziedāšanu, zīmēšanu, lasīšanu un rakstīšanu, aritmētiku, pasaules izziņu (botānika, zooloģija). Mācībām visās disciplīnās jānotiek katru dienu. Protams, atbilstoši 3–6 gadu vecu bērnu līmenim. Diferencēti zēniem un meitenēm.

— Vai šajā vecumā bērniem jau rodas jautājumi par dzīvi?

— Protams, un tam nav gadījuma raksturs. Mēs esam tā veidoti, ka šie jautājumi rodas katram cilvēkam, tāpēc mums bērni jāattīsta un pakāpeniski jāsagatavo šiem jautājumiem. Bet dejas, gleznošana, mūzika, lasīšana, rakstīšana, zinātne par pasauli, dzīvi un dabu — tas bērniem nav obligāti jāzina, bet dzirdēt par to no audzinātājiem viņiem vajag.

— Jūs reiz minējāt, ka meiteņu grupās var būt nevis desmit, bet gan vairāk bērnu, jo meitenēm ir citāda sabiedrības uztvere. Kāda tieši tā ir?

— Lieta tā, ka zēni tiecas apvienoties grupā, komandā. Starp viņiem pastāv patiešām cieša savdabīga saikne, viņi sajūt biedru, viņiem ir dabiska iekšēja saikne. Bet meitenēm kā jau mazām sievietēm nav tieksmes pēc iekšējas apvienošanās, bet tikai — pēc kopējas spēles. Tāpēc meiteņu skaitam grupā nav tādas nozīmes kā zēnu grupā.

— Tātad meiteņu grupās var būt daudz vairāk dalībnieču. Vai jums nešķiet, ka meitenes ir vairāk tendētas uz sadarbību nekā zēni?

— Tā ir ārēja sadarbība. Viņas ir gatavas apvienoties un kopā spēlēties, vienlaikus katra paliekot par sevi. Taču zēniem vairāk raksturīga vēlme apvienoties un būt saistītiem grupā. Tāpēc tas izpaužas ļoti spilgti.

— Vai ir kāda sakarība starp vardarbības izpausmēm bērnu vecumā un jaukto audzināšanu?

— Vardarbība jāapkaro jau no mazām dienām, sabiedrībā tai nav vietas! Mums jāmāca bērni dzīvot sabiedrībā, jo no trijiem līdz sešiem gadiem — tā jau ir sabiedrība. Viņiem sevi jāpārbauda un jānovērtē, viņiem jāprot sapulcēties, apspriest savu rīcību un pieņemt lēmumus tāpat, kā to pieņemts darīt starp labi audzinātiem pieaugušajiem cilvēkiem. Viņiem jāprot atbildēt par savu rīcību. Tā it kā ir un nav spēle...

— Vai tas 3–6 gadu vecumā jau ir iespējams?

— Jā. Protams, tas notiek, piedaloties audzinātājam, izmantojot jautājumus "kāpēc tā notika?", "ko jūs par to domājat?" un tā tālāk.

— Vai tas jādara uzreiz, tiklīdz kaut kas notiek, vai vēlāk? Pieņemsim, ka tagad ir izraisījies kāds inicidents, bērni ir uzbudināti...

— Svarīgi, lai notikušais grupā būtu svaigs, lai bērni to atcerētos.

— Tam nevajadzētu būt laika ziņā pārāk attālinātam notikumam. Psiholoģiskā prakse rāda, ka no triju gadu vecuma bērns sāk saprast, ka viņam apkārt atrodas citi cilvēki, sāk iziet no sava egocentrisma rāmjiem un uztvert tuvāko, bet līdz tam viņš uztvēra tikai sevi. Bet rīcības apspriešana? Vai tā viņiem nav pārāk sarežģīta lieta?

— Mums vajag viņus nosēdināt kopā ar audzinātāju un sākt runāt par to, ko bērns ir izdarījis.

— Vai tas var notikt spēles formā?

— Var to nospēlēt kā teātri, atkārtojot notikušo.

— Bērniem nav pacietības. Varbūt labāk to darīt stāsta formā?

— Un lai katrs pasaka, ko viņš domā. Vajag veidot viņos prasmi paust domas par savu rīcību, attīstīt uzmanību, kritisku pieeju.

— Jūs runājat par spēju izstrādāt savu spriedumu ļoti agrā bērnībā. Tas ir interesanti. Kad psiholoģijā runā par spēju vērtēt, balstās uz citu teoriju, kura atzīst, ka katrs attīstības posms ir kā atsevišķs zars. Taču daži psihologi, kuri pētījuši tikumisko attīstību (Žans Žaks Piažē un citi), uzskata: jo ātrāk tu to dari, jo ātrāk tas attīstās. Vai jūs arī tā uzskatāt?

— Tas jādara no triju gadu vecuma.

— Varbūt ir vērts to darīt arī mājās?

— Tāda attieksme — apspriešana, notikušā pārrunāšana, izvērtēšana — bērnam jāmāca no mazām dienām mājās, bērnudārzā, skolā.

— Un kāds secinājums jāizdara? Es saprotu, ka tādai apspriešanai jāaizved pie kāda augstāka līmeņa secinājuma, bet ne vienkāršiem konstatējumiem — "mēs sakāvāmies, viņš iesita man, bet es — viņam". Kā jūs domājat, kāds lietderīgs secinājums izriet no tādas apspriešanas?

— "Tev būs savu tuvāko mīlēt kā sevi pašu."

— Kā to izdarīt 3–6 gadu veca bērna līmenī?

— Tā nav problēma. No trim gadiem bērni ir tādā attīstības stadijā, kad sāk saprast attieksmi pret citiem. Tāpēc mēs nedrīkstam palaist šo periodu garām, mums pastāvīgi jārunā par tuvākā mīlestību un jāmāca viņiem pareizi analizēt savu rīcību.
— Vai jūs to uzskatāt par jaunu audzināšanas iespēju?
— Tas ir mūsu pienākums, kāds gan tam sakars ar iespēju?
— Labi, pienākums. Taču kas notiks, ja to nedarīs?
— Tad saņemsim to, kas mums tagad ir šodien.
— Tātad paaudzi, kurā neviens nejūt un nerēķinās ar otru.
— Ne tikai to. Mēs pat nezinām, kādu paaudzi mēs varētu iegūt.
— Taču ja mūsu audzināšana būtu citāda?
— Protams! Tad ļaudis būtu pavisam citādi. Viņi citādi skatītos cits uz citu, atšķirīgāk uzvestos uz ceļiem...
— Jā, tās ir ļoti būtiskas izmaiņas.
— Pats galvenais — "tiesas apspriešanās". Ja mēs spēsim organizēt "tiesas apspriedes" visjaunākajā vecumā, mums tās nebūs nepieciešamas pieaugušajiem...
— Tāds arī ir šodienas sarunas galvenais secinājums. Mēs runājām par nepieciešamību izstrādāt ieradumu, par sarunām ar bērnu, par vecāku autoritāti. Mēs runājām par to, cik svarīgi, lai prasības ir noturīgas, ja mēs kaut ko vēlamies panākt, kā arī atzīmējām, ka sava attieksme nav jāmaina, citādi bērns sajutīs atšķirību starp tavu šodienas un vakardienas attieksmi, viņš nesapratīs, ko tu no viņa gribi, un viņam būs taisnība.
— Tikpat plūstoši un pakāpeniski, kā bērns aug, mums jāveic savs audzināšanas darbs.
— Mēs runājām par zēniem, kuriem jāmācās grupās pa desmit cilvēkiem, par meitenēm, kurām iespējamas plašākas grupas, jo viņas sabiedrību uztver citādi kā zēni. Ar bērniem visu vajag apspriest un visu viņiem izskaidrot, radīt bērnā sava tuvākā sajūtu, kuras mums nav, un, ja mēs to izdarīsim pareizi, izaudzināsim pavisam citas kvalitātes paaudzi.

SKOLA PAŠIEM MAZĀKAJIEM

— Iepriekšējās sarunās tikām pieminējuši tiesas apspriešanās metodi, kurai jākļūst par audzināšanas sistēmas sastāvdaļu. Vai tas attiecas arī uz mazajiem bērniem 3–6 gadu vecumā?

— Bērna personības attīstība, proti, viņa individualitātes attīstība, noris, viņam apzinoties, ka ir tiesa un ir žēlsirdība, pastāv ierobežojumi, izbaudot vai izjūtot, tāpēc reakcija uz viņa uzvedību ir dažāda. Tādēļ viņam jāvērtē sava uzvedība un jāpievērš uzmanība citu vērtējumam. Izejot šos procesus, bērnam veidojas pašaudzināšanas iekšējie pamati.

— Ko jūs domājāt, pieminēdams tiesu un žēlsirdību audzināšanā?

— Mēs atrodamies pasaulē, kuru vada divi spēki: tiesas un žēlsirdības spēks. Gaisma un tumsa, pluss un mīnuss, siltums un aukstums ir divu pretēju dabas pamatspēku izpausme, kuri mūsu pasaulē sadalās veselā spektrā cits citam pretējos spēkos un parādībās. Arī cilvēkā darbojas divas sistēmas: tiesa un žēlsirdība pret sevi un citiem. Mēs nevaram nevienu no tiem novērtēt bez otra, jo mūsu jūtas, prāts, kā arī attieksme pret kaut ko veidojas kā vidusceļš starp šiem abiem spēkiem — mēs nevaram aprobežoties tikai ar vienu no tiem. Piemēram, mēs neko nevaram pateikt par gaismu, ja neesam bijuši tumsā, mēs nejūtam saldumu, ja to nesalīdzinām ar skābumu utt.

— Vai audzināšanā tas tiek pausts ar jēdzieniem "atļauts" un "aizliegts"?

— Tā var teikt. Tās ir robežas, kurās mēs veidojam cilvēku: kā nevar būt tikai žēlsirdība, tā nevar būt tikai tiesa. Šīm abām iedarbībām jābūt vienādi nozīmīgām un precīzi izsvērtām vienai pret otru.

Tāda sistēma tiek veidota mazajā cilvēciņā, sākot no trim gadiem. Tieši 3–6 gadu vecumā vajag kopējo apspriešanu procesā izmantot kritikas un pašanalīzes metodi un apkārtējās vides faktora audzinošo sistēmu. Mums bērnam jāparāda, kādā veidā viņš ir saistīts ar sabiedrību: kā no tās ir atkarīgs un kā to var ietekmēt. Mums jāieliek pamats nākamajai pareizajai saiknei ar sabiedrību. Visas negatīvās parādības sabiedrībā, kuras šodien vērojam — kā terors, vardarbība —, notiek tādēļ, ka neviens šiem cilvēkiem nav iemācījis pareizi veidot attiecības ar sabiedrību. Reizēm mēs esam cietsirdīgi tāpēc, ka apkārtējie uz mums nekādi nereaģē. Cilvēks alkst uzmanību, gaida atbildes reakciju, un viņš pūlas to panākt visos iespējamos veidos, reizēm pat cietsirdīgos, jo citus veidus viņš gluži vienkārši nezina. Viņam pat negatīva sabiedrības attieksme ir labāka nekā vienaldzība.

— Vai tādā gadījumā viņa attieksme kļūst arvien cietsirdīgāka?

— Jā. Dažreiz agresija tiek veikta tāpēc, ka ļaudis vēlas kaut kā izcelties, panākt, lai viņiem pievērš uzmanību, bet nezina citus veidus, jo tas viņiem nav mācīts. Sabiedrība cilvēku augstu nevērtē un nevar tam veltīt nepieciešamo uzmanību. To atklāj zemapziņa, un tas liek cilvēkiem krist galējībās. Man ne reizi vien ir gadījies sarunāties ar noziedzniekiem, un es varēju pārliecināties, ka viņi pat lepojas ar savu stāvokli sabiedrībā, uzskata, ka viņus ciena, jo baidās, bet citu veidu, kā izpelnīties cieņu, viņi neredz.

— Saikne ar sabiedrību viņiem ir, tikai tā viņu sabiedrība ir citāda.

— Viņi vēlas ieņemt savu vietu sabiedrībā, taču neviens viņiem nav mācījis, kā to izdarīt pareizi. Viņiem liekas, ka tādā veidā viņi iemanto cieņu.

— Tātad — ja es savu nevaru panākt ar labu, tad es to panāku ar ļaunu?

— Jā, taču liksim malā pieaugušo uzvedību, jo visa mūsu dzīve ir pārpilna ar nepareizām cilvēku, sabiedrības, ģimenes u. c. attiecībām. Tāpēc no visagrākā vecuma mums jāveido bērnos pareiza attieksme pret apkārtējo vidi, vienlaikus veidojot šo vidi, tad viņi augs harmonisko savstarpējo attiecību vidē. Tā mēs varēsim nodrošināties pret agresijas izpausmēm, ko vērojam patlaban.

— Vai arī pret noziedzību?

— Jā, tāpēc ka cilvēks apzināti izturēsies pret sabiedrību un savu saikni ar to. Ir nepieciešams spēļu procesā pavērt viņam iespēju iejusties visās lomās: tiesneša, aizstāvja, policista, noziedznieka un noziedznieka vecāku lomā.

— Vai jūs domājat tādu tiesu, kurā bērnam ir kāda noteikta loma?

— Jā, tieši tā.

— Tai taču nav jābūt kā reakcijai uz notikumu, tā ir vienkārši spēle?

— Jā, tā ir spēle. Darbā ar vecākiem bērniem var izmantot piemērus no avīzēm, televīzijas u. c., bet milzum daudz piemēru var vērot pagalmā, kur bērni spēlējas, un skolā. Vajag tikai labi ieskatīties, uzreiz pamanīsi lepnuma un varaskāres, melu, sāncensības, apmāna, intrigu un daudz kā cita izpausmes. Vesela jūra piemēru audzinātāja darbam.

— Tās ir tā dēvētās dzīves spēles. Viss, kas ir dzīvē, atspoguļojas spēlēs.

— Jā, viss, kas raksturīgs pieaugušajiem, piemīt arī bērniem, turklāt atklātā veidā. Viņi vēl nav iemanījušies kā pieaugušie slēpt savas īpašības. Ja mēs iemācīsim bērniem noskaidrot un analizēt spēlēs izpaudušās kvalitātes un rīcību, tad viņi sapratīs, ka tāda ir mūsu iedaba. Vai no tās mums ir labi vai slikti? Vai mēs varam pacelties tai pāri, lai būtu cilvēki?

— Tas, par ko jūs runājat, cieši saistīts ar dažādām psiholoģijas teorijām. Psihologi zina, ka daudzi cietsirdīgi noziedznieki agrā bērnībā, tai vecumā, par kuru mēs runājam, pārdzīvojuši smagas pasiholoģiskas traumas. Jūs piedāvājat no šā vecuma sākt mācīt viņiem analītisko pieeju dzīves situācijām ar lomu spēles palīdzību?

— Jā, tieši tā, lai katrs no viņiem iejūtas otra ādā.

— Bērns ne tikai vienkārši spēlējas, bet dzīvo šai lomā, reāli to izdzīvo.

— Jā, mēs bērnam paskaidrojam, ka viņam šī loma jāizdzīvo te un tagad un jāizturas tā, kā uzvestos dzīvē līdzīgā situācijā. Kad spēle beigusies, visi atpūšas, bet pēc tam mainās lomām. Katrs saņem pilnīgi citu lomu, un atkal viņam tajā jāiedzīvojas.

— Tātad — spēle turpinās un vēršas plašumā?

— Protams. Jo bērnam jāsaprot visas dzīves izpausmes: gan tuvējā lokā, kur ir draugi un radinieki, gan tālākajā, kur ir mīloši un nīstoši ļaudis. Tādējādi mēs atvieglojam bērna ieiešanu dzīvē. Viņš sapratīs pasaulē notiekošo un varēs to izskaidrot pat pieaugušiem cilvēkiem.

— Taču tam nevajadzētu aprobežoties tikai ar spēli. Pēc spēles vai tās procesā vajadzīga pauze — ir jāapstājas un svarīgākais jāapspriež.

— Tā jau ir tēma apspriešanai — nākamajai stundai. Tādā veidā bērnam jāizspēlē visas lomas, jāizjūt, ka katram savā vietā var būt taisnība. Viņam jāaizstāv tas, ko viņš spēlē. Šodien spēlējot vienu lomu, bet rīt — pilnīgi pretēju, bērns sapratīs, kā viss uzreiz mainās viņa apziņā un notikušā vērtējumā. Tāda iedziļināšanās "dzīves teātrī" nepieciešama, lai iemācītu bērniem saprast citam citu. Tas ir pirmais solis uz žēlsirdību, uz cita cilvēka būtības sapratni, uz dialoga iespēju pat ar saviem pretiniekiem un ienaidniekiem.

— Tas māca bērnam nenoslēgties sevī, bet saprast, ka viņam apkārt ir citi cilvēki. Psiholoģijā to sauc par empātiju — prasmi iedomāties sevi cita vietā, iedziļināties viņa subjektīvajā pasaulē. Kad bērns izspēlē visas lomas, viņš šo lomu aspektus atrod sevī. Katrs ir ietverts visos. Turklāt bērnam neviens tieši nepasaka, ka viņā ir gan labais, gan sliktais un ka viņš, piemēram, ir nervozs. Spēles procesā bērns to izdzīvo un saprot.

— Turpmākajā dzīvē bērns jau citādi izturēsies pret cilvēku kādā konkrētā situācijā, jo sapratīs, ka arī viņš pats var būt šā cilvēka vietā. Tas ir aizmetnis citas attieksmes veidošanai pret cilvēkiem, kura balstīta uz sapratni, ka visas cilvēku kvalitātes un stāvokļi ir katrā no mums. Tāds bērns būs daudz iecietīgāks pret citiem cilvēkiem.

— Man šķiet, ka bērni dabiskā veidā arī spēlē tādas rotaļas. Jau bērnudārzā viņiem ir ārsta stūrītis, virtuve un visas spēles, kas pārstāv pieaugušo dzīves dažādās puses. Taču jūs piedāvājat viņiem ne tikai spēlēties, bet mērķtiecīgi radīt izrādi un, galvenais, pēc tam to apspriest.

— Vēlams veidot notiekošā videoierakstu, bet pēc tam to visiem kopā noskatīties, lai bērni redzētu situāciju dažādu lomu aspektā.

— Ko šai laikā dara bērni, kuri nav iesaistīti?

— Pārējie bērni skatās un ir tiesneši.

— Vai ir vēlams, lai visi piedalītos, piemēram, zvērināto tiesas piesēdētāju lomā?

— Jā, var izdomāt daudzas lomas. Parasti tie, kas pasīvi vēro, pārdzīvo tādas pašas emocijas kā dalībnieki, tikai ne tik spēcīgi. Taču viņi var balsot vai iesaistīties kā tiesneši.

— Kāda loma spēlē ir audzinātājiem? Kam viņiem jāpievērš uzmanība, lai spēle būtu maksimāli efektīva?

— Viņam jāseko, lai apspriešana nenovirzās no tēmas, lai tā nebūtu izplūdusi, bet koncentrētos uz apspriešanas mērķi.

— Vai noslēgumā vajag izdarīt kopsavilkumu un kaut kādus secinājumus vai vienkārši atstāt bērnus ar tām emocijām, kuras viņi pārdzīvojuši?

— Pēc katras apspriešanas obligāti jābūt secinājumiem. Spēle var ilgt apmēram stundu, bet vecākiem bērniem — ilgāk. Tas ir atkarīgs no tēmas: tai jābūt pēc iespējas bērniem tuvākai un aktuālai.

— Jo vecāki bērni, jo aktuālākai jābūt tēmai?

— Arī bērnudārza vecuma bērniem tēmai jābūt saprotamai un tuvai.

— Tai jāatbilst bērnu attīstības līmenim un jābūt izteiktai viņu valodā.

— Patiesībā nav svarīga ne valoda, ne vecums, ne attīstības līmenis. Svarīgi ir novadīt viņiem domu, ka citam cilvēkam arī ir viedoklis un ka viņam var būt taisnība. Iespējams, rīt vai pat nākamajā minūtē cilvēks savu viedokli mainīs, jo nav nekā absolūta. Mēs bērniem parādām, ka viss ir pakļauts pārmaiņām, arī viņi paši, tāpēc mums pret cilvēkiem jābūt iecietīgiem.

— Mēs runājam par spēli, kurā ir tiesneši un zvērinātie, taču tas ir vecums, kad bērns ir ļoti jūtīgs pret kauna un vainas izjūtām.

— Tāpēc mums jāiemāca viņiem pacelties pāri šīm izjūtām.

— Ko nozīmē pacelties pāri? Pārvarēt?

— Nē. Pārvarēšana ir saistīta ar spiedienu pret sevi. Šai gadījumā runa ir par to, ka bērnam jābūt atklātam. Bērnam jāsaprot, ka viņam, tāpat kā pieaugušam cilvēkam, ir vājības un problēmas, ka reizēm viņš melo utt. Viņam tas jāzina, jānoskaidro, jālabo un attiecībās ar citiem cilvēkiem jāparāda savas labākās īpašības.

— Tātad no visas kvalitāšu daudzveidības vajag izmantot savas labākās īpašības?

— Jā, un bērnu nedrīkst uztraukt fakts, ka tagad aplī grupa apspriež kādas viņa negatīvās īpašības. Tās taču piemīt visiem, un viņš to zina, jo no viņa to neslēpj. Taču tas nenozīmē lepnības izpausmes vai visatļautību: ja jau viņi ir slikti, tad drīkst visu. Visa spektra īpašību esamība nepavisam nenozīmē, ka var ļaut tām vaļu. Tāpēc jau mēs rīkojam tādas apspriedes, lai mācītu, kā pareizi un nosvērti izturēties pret cilvēka iedabu.

— Un tālab, lai nenodarītu ļaunumu. Kā izturēties pret iespējamām lepnības izpausmēm? Es ļoti bieži to novēroju aktīviem bērniem, grupu līderiem. Reizēm bērns pēc spēles, kurā viņam bijusi galvenā loma, nevēlas no tās iziet, bet vēlas arī nākamajā spēlē būt galvenais.

— Nosēdini viņu un izveido par viņu nelielu inscenējumu, kurā viņš var ieraudzīt sevi no malas. Un lai viņš ir tiesnesis. Tas, protams, ir tikai viens no variantiem, ir arī citi.

— Man ir ļoti specifisks jautājums. Šai vecumā mēs daudz stāstām bērniem par dzīvniekiem. Vai situācijā, kad tiek spēlēta luga, kurā bērns redz savu uzvedību, drīkst parādīt sižetu ar dzīvnieku piemēru?

— Nē, nav vērts to darīt. Runa ir par cilvēka iedabu, par tādām īpašībām, kuru dzīvniekiem nav. Turklāt dzīvnieki nespēj ne sevi apzināties, ne arī sevi mainīt, jo pār viņiem pilnībā valda daba. Viņiem nav izvēles, nav kritiskas attieksmes pret sevi — viņi pilnībā ir pakļauti dabas impulsiem, kas viņos darbojas. Tāpēc labā un ļaunā, nosodījuma un tiesas jēdzieni uz dzīvniekiem nav attiecināmi. Tikai cilvēkā ir daļa, kas ir augstāka par viņa dzīvniecisko iedabu, tāpēc viņš var ar sabiedrības palīdzību mainīt sevi. Tā ka šai gadījumā mēs varam runāt tikai par cilvēku.

— Tātad neskaidrot ar dzīvnieku palīdzību?

— Nē.

— Ir tik daudz stāstu bērniem tieši par dzīvniekiem!

— Man šķiet, bērnam par labu nenāk skaidrojumi ar dzīvnieku piemēriem. Tādā veidā mēs it kā pazeminām viņu līdz dzīvnieka līmenim, darinām no viņa spēļmantiņu: lācīti, gailīti utt.

— Vai zināt stāstu par cālīti, kurš devās meklēt citu mammu? Cālēnam šķita, ka viņa māmiņa nav pietiekami laba, un viņš vispirms devās pie pīles, pēc tam pie citiem putniem jaunas māmiņas meklējumos, un visas bija gatavas viņu pieņemt, taču ne ar vienu no viņām cālēns nejutās labi. Un tad viņš atgriezās pie savas mātes. Kas gan slikts tādā pasakā? Morāle skaidra, taču tā netiek pateikta tieši.

— Iespējams, bet mums jātiecas cilvēku pacelt augstāk par dzīvnieku pasauli, lai viņš justu lepnumu par to, ka ir cilvēks.

— Es atceros, ka vienā sarunā jūs teicāt: ir lietderīgi, ka mūsdienu bērniem min piemērus no mūsdienu dzīves, proti, dzīvnieku vietā, kurus viņi nekad nav redzējuši, stāsta par automašīnām, lidmašīnām utt.

— Protams. Es vēroju savu mazdēlu. Viņš aug pilsētā. Vai viņš redz savā apkārtnē govi vai citus dzīvniekus? Nē, ja nu tikai suni, kaķi un baložus. Toties viņš redz lidmašīnas un mašīnas.

— Kā tad lai attīsta saikni ar dabu?

— Ja viņš to neredz, tad viņam tā ir tikpat sveša kā nākamā dzīve vai garīgums. Viņš to neuztver. Kur tad ir visas tās kazas, lāči, vilki, ziloņi? Viņam rāda attēlus un domā, ka viņam tas ir interesanti, taču viņš nesaprot, par ko ir runa. Mēs viņam uzspiežam samākslotu viedokli par dzīvniekiem tāpat kā par mūsu sabiedrību.

— Kā jūs izskaidrosit, ka tomēr ir tieksme stāstīt bērniem par dzīvniekiem?

— Pēc savas attīstības bērns ir tuvāk dzīvnieku līmenim, un tāpēc mums šķiet, ja mēs viņam pastāstīsim kādu stāstu par meža dzīvniekiem, tad viņš labāk sapratīs... Taču kur atrodamies mēs un kur — mežs? Tāpēc piemēri jāņem no vides, kas bērnam ir apkārt, no tā, kas viņam ļoti labi pazīstams, un ar tādiem piemēriem jāizskaidro cilvēku savstarpējās attiecības.

— Pēdējais jautājums saistībā ar dzīvniekiem. Reizumis darbā ar bērniem man jāpievērš viņu uzmanība kādai īpašībai. Tāpēc man ir ērti izmantot dzīvniekus un tiem piemītošās kvalitātes. Piemēram, viens dzīvnieks ir drošsirdīgs, cits viltīgs...

— Mūsdienu bērni no tā ir attālinājušies, viņi nejūt dzīvniekus. Turklāt cilvēka īpašību piedēvēšana dzīvniekiem principā nav pareiza. Es domāju, ka mūsdienu bērnam jāmācās no piemēriem, kuri atrodas viņa redzeslokā.

— Izdarīsim secinājumus. Šodien mēs runājām par spēlēm, kurās bērns iejūtas kādā lomā, precīzāk, par visvisādām dzīves situācijām, par spēles saistīšanu ar apspriešanu. Ar iejušanos lomā bērns mācās iejusties otra cilvēka ādā, un tas paver viņam milzīgas iespējas dzīvē.

— Ļauj uz sevi paraudzīties no malas.

— Par šo aspektu mēs runājām mazāk, bet tas ir ļoti svarīgs. Tādām spēlēm un apspriešanām nepieciešams paredzēt ne mazāk par 1–2 stundām, lai iedzīvošanās saturiski būtu pietiekami dziļa. Tieši tāda veida spēlēs bērnam izstrādājas pareiza izpratne par cilvēka iedabu un viņš mācās, kā var pacelties virs tās. Tāpat mēs teicām, ka nav obligāti jāizmanto stāsti par dzīvniekiem, labāk ņemt piemērus, kuri mūsdienu bērnam ir tuvi un saprotami. Galvenais secinājums, ko var izdarīt: sarunājieties ar saviem bērniem! Paveriet viņiem iespēju kopā ar jums apspriest saviļņojošas tēmas no viņu dzīves. Rezultāts, ko saņemsit, būs nenovērtējams. Jūsu acu priekšā augs un attīstīsies cilvēks, kas piecu sešu gadu vecumā jau sapratīs problēmas, kuras jums pat neienāktu prātā.

VECUMPOSMS NO SEŠIEM LĪDZ DEVIŅIEM GADIEM (SĀKUMS)

— Vai mācības skolā vajag sākt no sešu gadu vecuma?
— Seši gadi — īpašs vecums. Taču izglītībai jāsākas no trijiem gadiem, kad bērnam jāmāca burti. No triju gadu vecuma, un tālāk zēnus un meitenes māca atsevišķi. Turklāt šai laikā viņi jau paši izvēlas savam dzimumam atbilstošas spēles: meitenes spēlējas ar lellēm, zēni — ar mašīnītēm. Kad bērns sasniedz sešus gadus — viņš jau ir mazs cilvēciņš. Šai vecumā jau ar viņu var sarunāties par nopietnām lietām. Mums tikai šķiet, ka viņš joprojām ir mazs bērns. Seši gadi — vecums, kad bērnā jau sāk augt cilvēks.

— Man nav visai skaidrs, ko jūs domājat ar vārdu "cilvēks". Saskaņā ar klasisko pieeju un Freida teoriju 5–6 gadu vecumā bērnam jau ir izveidojušās visas iekšējās psihes struktūras. Vai kaut kas ir nosacīti izveidojies?

— No sešu gadu vecuma pret bērnu var izturēties kā pret mazu cilvēciņu. Viņš aug, un mēs jau viņu varam sākt veidot. Tas nozīmē, ka materiāls jau ir.

— Tātad, ja viņš 3–6 gadu laikā ir iemācījies lasīt un rakstīt, tad principā ābečzinības jau ir pabeidzis?

— Tās ir ne tikai ābečzinības. Mūsu integrālajā mācību sistēmā viņš jau prot lasīt, nedaudz rakstīt. Viņš zina, kā jāuzvedas, spēj spriest par sevi un citiem. Viņš zina, ko dara, — pat lai tas būtu ar kļūdām, pat ja šo to viņš aizmirst. Bērnā taču visu laiku attīstās kas jauns, un tas jaunais viņu izsit no sliedēm. Tas ir pamats viņa atziņai, ka ne viss ir vienkārši. Bērna redzējums nav noturīgs — rīt tas var mainīties. Nāk atziņa, ka taisnība var būt citiem, kaut gan viņam to ir

grūti pieņemt. Īsi sakot, viņā jau ir aizmetņi tam, lai uztvertu pasauli tādu, kāda tā viņam šķiet konkrētā dzīves mirklī.
— To psiholoģijas valodā sauc par iziešanu no egocentrisma.
— Jā, tie principā arī ir cilvēka aizmetņi.
— Bērns jau spēj skatīt lietas dažādos aspektos, no vairākiem skatpunktiem...
— Jā. Cilvēks — tā ir būtne, kas stāv augstāk par dabu, virs dzīvnieku pakāpes. Dzīvnieku pilnībā vada dabas spēki. Viņš ir nodarbināts ar ķermeņa vajadzību un vēlmju apmierināšanu. Galvu varam saukt par domu pasauli, bet ķermeni — par vēlmju pasauli. Tātad, kad mana galva aizņemta tikai ar to, kā piepildīt manas vēlmes, tad, lūk, tādu attieksmi pret dzīvi sauc par dzīvniecisku. Par cilvēku es esmu saucams tad, kad man ir ne tikai vēlmes, kuras vēlos piepildīt, bet arī galva uz pleciem. Tad es pakāpjos uz daudz augstākas pakāpes, "virs sevis", un no turienes noraugos uz sava ķermeņa stāvokli, no turienes sevi tiesāju un saprotu, ka varu būt citāds, ka varu atšķirīgāk domāt, ka rīt, iespējams, es mainīšos. Jā, un vispār rīt viss var mainīties: gan apkārtne, kura, pēc manām domām, ir nosacīta, gan pasaule. Tāda ir cilvēka pakāpe — viņš apzinās, ka attīstās, ka nav "pielipis" tam mirklim, kuru šobrīd izdzīvo. Tā ir galvenā atšķirība starp viņu un dzīvnieku. Mēs, cilvēki, varam domāt vēsturiskā laika ietvaros.

— Taču ar to, ko jūs skaidrojat kā cilvēka spēju apzināties savu attīstības nosacīto mainību, kā es daudzas reizes esmu novērojusi, saistāmas dažāda veida baiļu izpausmes. Bērnus ļoti baida atskārta, ka viņi mainās! Viņi vienmēr cenšas iegalvot, ka ir kaut kas nemainīgs, viņi meklē iespējas paredzēt to, kas būs...

— Tieši tas mūs "it kā aizslēdz". Ja es esmu pieņēmis kādas vienas noteiktas zināšanas, normas, noteikumus, un tie jau izveidojuši manus paradumus, uzbūvējuši manu pasauli, manu realitāti, tad tagad caur šo prizmu es skatos uz visu, lai kas man atklātos. Tam, kas neatbilst šiem kritērijiem, es vienkārši nepievērsīšu uzmanību. Es neapzināti to atstumšu malā. Mēs atrodamies bezgalīgā pasaulē, taču sajūtam un uztveram tikai mazu tās daļiņu tāpēc, ka lielāku redzēt nevēlamies. Mēs negribam redzēt!

— Varbūt nespējam?

— Nē! Mēs negribam! Mums apkārt ir milzum daudz lietu, bet mēs negribam tās redzēt. Es gribu redzēt to, kas atbilst maniem bērnības laika priekšstatiem.

— Tātad mēs it kā veidojam shēmas, un to, kas ir ārpus tām, mēs neņemam vērā.

— Es gribu turēties pie tiem stereotipiem, ko esmu apguvis no bērna kājas. Nav nekā sliktāka par to!

— Vai tā rodas bailes no pārmaiņām?

— Tāpēc ka mēs nemācām būt brīviem.

— Ko tas nozīmē?

— Ar brīvību sākas tālais ceļš dabas izziņā. Mēs taču atrodamies dabā, tās iekšējos procesos un, savā ziņā būdami līdzīgi tai, jūtamies nepiespiesti, brīvi un neierobežoti.

— Kā lai to izskaidro bērnam?

— Pakāpeniski viņš pats to aptvers, turklāt daudz vieglāk nekā pieaugušais. Pieaugušas ir jau it kā saaudzis ar saviem stereotipiem, bet bērna domāšana vēl ir elastīga.

— Bet ja tu redzi, ka bērns baidās, ka negrib atteikties no viņam ierastā?

— Tieši tas psiholoģiski atvieglina viņa pārmaiņas. Es stāstu bērnam, ka mēs visi maināmies kopā, ka tieši tas pats notiek arī ar mani un visiem pārējiem. Es viņu atbalstu, veicinu viņa pašatklāsmi, pastāstu, ka tad viņš jutīsies pasaulē ērti, izjutīs labo, kas caurvij visu pasauli. Daba pret viņu būs labvēlīga, viņš iepazīs sirsnīgu, labestīgu pasauli.

— Varbūt katras dienas noslēgumā vajag apspriest tās pārmaiņas, kas ar viņu notikušas?

— It sevišķi tas ieteicams, ja mēs bērna dzīves notikumus uzņemam videofilmā un viņam parādām.

— Bērniem patīk, ka pieaugušie viņus fotografē, filmē. Viņi vēlas, lai viņus pamana. To pauž izteikums — "tu viņu ievēroji". Ja pirms divām dienām tu redzēji, ka bērnam kaut kas vēl nav pa spēkam, bet šodien viņš to var izdarīt, bērns saprot, ka tu to pamanīji, — tu taču nofilmēji, kā bija agrāk. Sešu gadu vecumā bērnā rodas bailes no nāves. Bērni sāk uzdot jautājumus par nāvi, bet mēs parasti cenšamies no tiem izvairīties.

— Tāpēc ka paši no tiem baidāmies.

— Pirmkārt, mēs paši baidāmies no nāves, bet, otrkārt, mūs baida tas, ka mēs neko nevaram atbildēt.

— Skaidrs, jo mums nav atbilžu.

— Turklāt bērni to nejautā atklāti. Viņi gluži vienkārši pēkšņi sāk baidīties iziet no mājas vai neļauj vecākiem braukt atvaļinājumā. Bērns, kuram agrāk tas bija vienaldzīgi, vairs negrib šķirties no vecākiem. Ja šajā laikā piedzimst brālītis, bērns vispār burtiski "pielīp" vecākiem, lai pārliecinātos, ka visi ir dzīvi. Kā jūsu audzināšanas metodika piedāvā to izskaidrot bērniem?

— Mums nav nekā cita, ko viņiem teikt, izņemot patiesību. Bērnam jāpastāsta absolūti viss, bet pakāpeniski. Pret viņu jāizturas kā pret pieaugušo, neko nevajag slēpt, nevajag izlikties, nevajag viņu baidīt. Ņemiet piemēru no pirmatnējām sabiedrībām. Mums bērnam jādod visi instrumenti, un viņš spēs ar visu tikt galā, protams, ar mūsu palīdzību. Viņš ir ļoti stiprs. Nekas ar viņu nenotiks, — nebaidieties. No viņa izaugs labs, pilnvērtīgs cilvēks. Ar nosacījumu, ka apkārtējā vide būs pareizi organizēta.

— Viņš taču tik ļoti baidās, ka viņa vecāki nebūs kopā ar viņu visu laiku un ka viņš pats nedzīvos mūžīgi!

— Tāds viņš nebūs vienmēr. Bērns izaugs, pilnveidosies. Mums viņam jāpaskaidro, kā savas zemes dzīves laikā kopā ar citiem varēs izjust dabas mūžīgumu. Jāparāda šī perspektīva.

— Bērns taču nevar piekrist tam, ka kaut kad viņa nebūs!

— Protams. Bērni taču to uztver zemes, dzīvnieku līmenī: "Tikai saki man, ka es nemiršu." Ja atbildēsi pārliecinoši, viņš nomierināsies.

— Kas tad bērniem šai vecumā būtībā jāmāca?

— Mums viņiem jāiemāca attieksme pret pasauli — pret savu apkārtējo vidi, tuviniekiem, dabu. Mums jāparāda viņiem dzīve, jāsniedz pareizs ģimenes, laulības, sabiedrības dzīves redzējums, jāpastāsta par pasauli, zvaigznēm, pirkumiem, pārdošanu, kustību veidiem, vēsturi, ģeogrāfiju. Turklāt tas jāskaidro kā vienots dabas mehānisms, process un kārtība, kurā mēs pastāvam un kurā viss atrodas harmonijā, — un ka tāpēc arī mums pareizi jāiekļaujas šai harmonijā. Ja mēs to izjaucam, rodas ciešanas un krīzes: slimības, ekoloģiskās katastrofas, krīt akciju vērtība biržās, uzliesmo kari, tiek izdarīti teroristiski akti. Tā mēs viņiem mācām, ka pastāv plaša un vienota pasaule. Balstoties uz šo pamatatziņu, mēs pakāpeniski sākam attīstīt viņu attieksmi pret sabiedrību. Tas, kas attiecas uz sabiedrību, — skatāms pašās beigās. Vispirms jāiemāca viņiem izprast dzīves visaugstākās vērtības, apjēgt tās globalitāti, viņiem jāsaprot, ka viss ir savstarpēji saistīts.

— Tātad mums pastāvīgi jāuzsver dabas harmonija...

— Jāuzsver, kā mēs paši, būdami pretstats šai harmonijai, cīnāmies par iespēju būt harmoniskiem. Sākumā es bērnam stāstu par visām dabas un sabiedriskajām parādībām kā par veselā sastāvdaļām.

— Piemēram, tagad mēs mācāmies vienotās un nedalāmās dabas sastāvdaļu, ko sauc par bioloģiju. Vai tas nozīmē, ka bioloģijas skolotājs atnāk uz klasi un paziņo, ka viņš mācīs kaut ko, kas ir pasaules veseluma sastāvdaļa? Izglītības ministrijā arī tiek apsvērta ideja mācīt visu kopā, taču to ir ļoti sarežģīti īstenot. Tādam skolotājam-audzinātājam, par kādu jūs runājat, tiek izvirzītas pārāk augstas prasības.

— Nedomāju, ka tā ir. Pietiks, ja sagatavos sava veida enciklopēdiju bērniem mazās, plānās grāmatiņās. Pēc tam šo materiālu izmanto darbam ar bērniem, pārrunām, apspriešanām, lai katrs izdzīvo tēmas sevī un pastāsta citiem, kā viņš tās uztver, kā saprot. Tas tad arī ir mācīšanās process. Mēs taču runājam par sākumskolas vecumu.

— Un kā tāda stunda noritēs?

— Tikai kā saruna. Bērnu un audzinātāja saruna. Es pat nesauktu viņu par skolotāju, jo apskatāmie jautājumi vairāk attiecas uz audzināšanu, nevis pasniegšanu. Tad, lūk, audzinātājam jāsēž aplī kopā ar bērniem, jāskaidro viņiem, jāskatās kopā ar viņiem slaidi, filmas, jāved viņi uz muzejiem, zooparku, planetāriju. Citiem vārdiem,

mācību procesam šajā vecumā pēc iespējas vairāk jānorit ārpus skolas sienām dzīvajā pasaulē.
— Kādā vecumā?
— No sešiem līdz deviņiem gadiem.
— Cik cilvēkiem jāpiedalās tādā sarunā?
— Desmit, zēni un meitenes mācās atsevišķi.
— Un ar ko būtu jāsāk?
— Teiksim tā: pirmajā klasē — tikai apspriešana. Noskatījās filmu — pārrunā to, izlasīja stāstu — apspriež. Katra pienākums ir izteikties. Mums vajag veicināt bērnu izteikšanos.
— Tātad tas ir nevis skolotāja frontāls skaidrojums, bet gan interakcija?
— Protams. Es taču sacīju, ka tā ir saruna. Saruna starp viņiem. Viņiem jāiemācās sarunāties, tas ir priekšmets, kas pilnībā jāapgūst. Viņiem jāprot runāt. Mēs taču piederam pie dabas runājošā līmeņa. Tāda ir atšķirība starp mums un dzīvniekiem.
— Tā patiešām ir ļoti aizlaista joma...
— Jā, mēs redzam, ka cilvēki nespēj sevi izteikt. Taču, ja aplī sēž desmit cilvēki, ieskaitot vienu divus audzinātājus, tad bērni, piedaloties sarunā, disputā, strīdā, pakāpeniski atveras, vienlaikus labāk izprotot citam citu.
— Tātad ir svarīgi, lai ar zēnu grupu nodarbotos audzinātājs vīrietis, bet ar meitenēm — audzinātāja sieviete?
— Saprotams, ka tikai tā.
— Vai var teikt, ka šajā periodā no sešiem līdz deviņiem gadiem bērnam veidojas attieksme pret apkārtni? Jo mācību process rit pa spirāli un katrreiz pievienojas kas jauns un daudz dziļāks...
— Jā, protams. Sākot no sešiem gadiem, tu runā ar bērnu par apkārtējo realitāti un nemitīgi paplašini viņa priekšstatus par to. Mainās tikai līdzekļi, kurus tu izmanto. Vecumposmā no sešiem līdz deviņiem gadiem tu vairāk izej ar bērniem dabā, dodies uz muzejiem, planetāriju, pie jūras, uz mežu. Bērniem jāparāda dzīve, vajag pastaigāties kopā ar viņiem pa pilsētu, parādīt stadionu, teātri utt. un redzēto

apspriest. Jāiepazīst dzīve. Pēc tam nepieciešams vairākkārt to ar viņiem apspriest: kāpēc mēs tur gājām, kur mēs bijām, ko tur darījām, kāpēc tas un vēl tas pastāv utt. Vajag daudz tādu sarunu.

— Vai šī mācību posma mērķis ir pasaules izziņa?

— Tā nav vienkārši tikai pasaules izzināšana, bet pasaules veseluma, pilnības iepazīšana.

— Vai, izmantojot to visu, bērns arī mācās?

— Saprotams. Kad mēs apmeklējam zooparku, mēs uzzinām kaut ko jaunu zooloģijā par zemeslodes dzīvnieku pasauli un vienlaikus arī kaut ko jaunu ģeogrāfijā un kādā citā jomā.

— Bērni gūst ļoti daudz iespaidu, ne tikai vienkārši teorētiskas zināšanas.

— Viņiem jāredz, jāsaņem skaidrojums, savstarpēji jāapspriež redzētais, jāapraksta.

— Psiholoģijas skatījumā šim vecumposmam ir raksturīgs ļoti konkrēts domāšanas veids. Tas nozīmē, ka bērnam jāredz, lai noticētu. Viņam grūti saprast to, ko nav redzējis.

— Visam jāsākas un jābeidzas ar kopsavilkumu, ka mēs dzīvojam pilnīgā, nedalāmā pasaulē. Tālab jāsarīko apspiešana, jāorganizē saruna.

— Tas nozīmē paskaidrot un uzsvērt, ka pastāv vienota daba, kura cilvēku virza uz tāpatību un līdzsvaru ar to.

— Tieši tā.

— Tātad šodien mēs runājām par sešgadīgo vecumu. Šai vecumā bērnu jau var saukt par mazu cilvēciņu. Ja viņu pareizi audzina, viņš jau spēj spriest par citiem, viņš attīsta sevī spēju redzēt pasauli. Mēs runājām arī par nāves bailēm un par to, kā tās pārvarēt. Mēs teicām, ka vajag bērniem paskaidrot, ka pasaule ir pilnīga, ka vecumā no sešiem līdz deviņiem gadiem ar bērniem daudz laika jāpavada ārpus skolas sienām un patstāvīgi jārunā, un redzētais jāapspriež. Mums viņi jāved uz muzejiem, jāizbrauc pie dabas, jāpastaigājas pa pilsētu un tādējādi jāizraisa viņos noteiktas reakcijas, lai pakāpeniski radītu viņos apjēgu, ka redzētais un piedzīvotais ir nedalāma veseluma sastāvdaļas. Bet pati šī realitāte vada cilvēku pie Labā.

VECUMPOSMS NO SEŠIEM LĪDZ DEVIŅIEM GADIEM (TURPINĀJUMS)

— Iepriekšējā sarunā mēs spriedām par sešu gadu vecumu, par skolas mācību procesa sākumu. Šodien šo tēmu turpināsim. Jūs raksturojāt mācību gaitu pirmajos trijos dzīves gados. Kāda būs šī skola? Cik stundas dienā tā darbosies?

— Visu laiku. Kāpēc bērnam iziet ārpus skolas? Kur tad viņš iziet? Pagalmā, kur mums nav ne jausmas, kas ar viņu notiek? Redzat, sabiedrība pagaidām nav izlabota un ideāla, lai skola, māja, pagalms bērnu ietekmētu vienlīdz labi. Tāpēc visdrošākais ir organizēt skolu kā bērna attīstībai labvēlīgu vidi, kurā viņš atrodas pēc iespējas ilgāku laiku, bet mājās atnāk tikai nomazgāties, paēst, izgulēties. Kādu stundiņu pabūt kopā ar vecākiem un likties gulēt.

— Tātad tam jābūt kaut kam līdzīgam pagarinātajai mācību dienai?

— Es to nesauktu par mācību dienu. Viss, kas ir saistīts ar mācībām, bērnus atgrūž. Tā gluži vienkārši ir gara diena, piepildīta patīkamiem iespaidiem.

— Bet kā tad saikne ar vecākiem, brāļiem un māsām?

— Viņš ar tiem saskarsies no rīta, pirms aiziešanas un vakarā, kad atgriezīsies. Bērnam nav jāgrozās ap māti, kura kliegs uz viņu, lai tas netraucē, un sūtīs spēlēties ar rotaļlietām, pie datora vai vispār ieslēgs televizoru, kur rāda visādas programmas, par kurām mums nav nekāda priekšstata. Pats labākais — lai viņš visu saņem skolā: mērķtiecīgi, reizē ar atpūtu, ēdienu, spēlēm, futbolu.

— Ar ēdienu?

— Protams. Viss kopā. Skolā bērnam jāatrodas visu dienu. Cik tad stundas dienā viņam vajadzīga māte?

— Tas atkarīgs no tā, cik viņam gadu.

— Cik daudz laika dienā viņa var bērnam veltīt? Tad labāk lai tas notiek dienas beigās, pirms viņš liekas gulēt — pusstundu, stundu, divas.

— Piemēram, pulksten sešos vakarā?

— Pieņemsim, lai gan tas ir diskutējams jautājums, vai māte spēs atbrīvoties uz šo laiku. Labāk no pulksten sešiem līdz astoņiem vakarā. Pēc tam viņa pabeigs visus atlikušos darbus.

— Bet kā tad ar bērna mājasdarbiem?

— Nebūs mājās veicamo uzdevumu. Visu padarīs skolā, visu pabeigs tur. Mums nav tāda jēdziena — "mājasdarbi". Bērni to ienīst.

— Bet, ja tomēr ir jāizpilda kādi vingrinājumi, vai to dara dienas otrajā pusē?

— Netiek nodalīta dienas pirmā puse un dienas otrā puse. Tam nepieciešama citāda pieeja. Mācībām ir jāmijas ar gariem starpbrīžiem, kad bērni iziet pagalmā paskraidīt, paspēlēties. Pēc tam viņi atkal atgriežas pie nodarbībām, ēd, atpūšas. Tā pavada dienu un turklāt neredz lielu atšķirību, vai tā ir skola vai vasaras nometne.

— Vai brīvlaiki ir?

— Kāpēc brīvlaiki būtu nepieciešami? No kā viņi nogurst? Man tas nav saprotams. Turklāt visam šim procesam jānorisinās gan brīvdienās, gan darba dienās, gan svētkos. Bet vecākus vajag uzaicināt uz skolu, sarīkot "vecāku dienu" un novadīt kopā ar viņiem speciālu stundu. Vārdu sakot, vajag, lai šīs dienas noritētu pareizā atmosfērā, bet ne jau tā, ka bērns, atgriezies skolā pēc mājās pavadītiem svētkiem, stāstītu, ka tēvs viņu paņēmis sev līdzi nezin kur...

— Tātad jūs uzskatāt, ka skolā jāpavada gara diena, kas piepildīta ar dažādām darbībām.

— Jā, saprotams.

— Vai visu dienu bērnam jāmācās grupā, kurā ir desmit bērnu?

— Nē. Ir mazākas un ir lielākas grupas. Ja gatavojas apspriest, tad sapulcina nelielu grupu, bet, ja dodas uz muzeju, planetāriju, pie jūras, uz mežu, tad grupai jābūt lielākai.

— Varbūt tad var iet visi kopā?
— Jā.
— Bet kādā formējumā bērns skolā būs iekļauts? Šodien viņš saistāms ar noteiktu klasi, bet šajā gadījumā — ar grupu, kura sastāv no desmit cilvēkiem?
— Es nedomāju, ka viņam jābūt "ieslēgtam" tikai vienā grupā. Man šķiet, ka piesaiste jārisina ļoti dinamiski.
— Vai viņam jāatrodas grupā, kura atbilst viņa vecumam?
— Tādā grupā, kurā viņš var izpausties.
— Tātad nebūs tāda iedalījuma klasēs kā šodien: 1. a, 1. b, 1. c?
— Nē. Tieši pretēji. Mums bērnam jāparāda, ka visa skola ir vienots organisms, ka tā ir atvērta visiem, ka nav nekādu ierobežojumu. Jo dažādie ierobežojumi vēlāk izpaužas cilvēkā kā pašpaļāvības trūkums.
— Vai, rīkojot apspriešanu, arī vajag mainīt grupas?
— Arī tas ir vēlams. Taču tām ir nepieciešama speciāla audzinātāju un bērnu sagatavošana.
— Kāpēc iedalīšana grupās izraisa bērnam pašpaļāvības trūkumu?
— Tāpēc ka viņš pierod pie savas grupas tāpat kā pie savas gultas, sava podiņa, savas istabas, un pēc tam viņam ir ļoti grūti izrauties no ierastās vides. Viņā rodas baiļu un nedrošības sajūta. To izjūt pat pieaugušie, atstājot mājas. Tagad pat "četrdesmitgadīgie bērni" negrib atrasties tālu no mātes un joprojām izturas pret viņu kā mazi bērni.
— Jā, šodien bērni ar lielām grūtībām kļūst patstāvīgi...
— Bet no kā tas rodas?!
— Bet kā ar zēnu un meiteņu savstarpējo saskarsmi? Vai viņi var diskutēt savā starpā? Vai piedalīties kādos kopējos pasākumos?
— Tas notiks vēlāk un īpašā formā.
— Vai jūs uzskatāt, ka dzimumaudzināšana nav jāsāk no deviņiem gadiem?
— Deviņos gados mēs sākam ar viņiem runāt par viņu dzimumpiederību, par dzimumu savstarpējām attiecībām, par dzīvības turpi-

nāšanu. Līdz tam viņi nav spējīgi šīs parādības uztvert. Vēl nav priekšnoteikumu tam, lai katrs no viņiem saprastu, kāpēc un kā viss notiek.

— Saskaņā ar psiholoģiju bērni šajā vecumā aizraujas ar jaunradi: viņiem patīk kaut ko darināt savām rokām, viņi attīsta savas prasmes un iemaņas. Tas vairo pārliecību par sevi. Labi rezultāti tiek sasniegti dažādās sacensībās: kas labākais, kas stiprākais, kurš ātrākais, kurš vairāk zina.

— Mūsu metodika to attīsta pretējā virzienā — var sacensties par to, kurš vairāk palīdz pārējiem.

— Ko tas nozīmē?

— Viņiem nepieciešama apņemšanās — "Es gribu būt pats labākais atdevē tuvākajam, sabiedrībai".

— Kā ir ar tieksmi pēc iespējas vairāk zināt?

— Tas ir pavisam kaut kas cits. Runa nav par to, lai zinātu pēc iespējas vairāk. Tai jaunajā sabiedrībā, par kuru mēs runājam, atsevišķa cilvēka zināšanas netiek ņemtas vērā. Mēs neliekam atzīmes.

— Vai tādā skolā atzīmju nebūs?

— Nebūs ne atzīmju, ne pārbaužu.

— Arī eksāmenu nebūs?

— Arī eksāmenu nebūs.

— Kā tad var novērtēt bērna sekmes?

— Audzinātājs pazīst un izprot katru bērnu, kas atrodas viņam līdzās. Viņš taču strādā kopā ar vēl vienu audzinātāju mazā grupiņā, kura sastāv no desmit cilvēkiem.

— Pareizi, tas patiešām palīdz viņus iepazīt. Varbūt vajag vārdos novērtēt kādas viņu iemaņas?

— Nē. Vajag strādāt tā, lai beigās viņi izietu no skolas faktiski vienādā attīstības līmenī.

— Bet kā to var izdarīt, ja visi ir atšķirīgi: vieni ir daudz kustīgāki, citi labāk uztver, trešie — ir daudz gudrāki?

— Katrs ienes grupā tik, cik spēj. Mēs novērtējam viņa ieguldījumu. Pirmām kārtām mēs rūpējamies par to, lai no skolas izietu Cilvēks, bet ne teicamnieks fizikas, matemātikas vai citā jomā. Tas mums nav tik svarīgi, un es domāju, ka rīt tam nebūs lielas nozīmes cilvēces mērogā.

— Patlaban atsevišķa cilvēka personīgajiem sasniegumiem piešķir lielu nozīmi. Bez šaubām, tas negatīvi ietekmē attieksmi pret citiem.

— Ar to mēs graujam sabiedrību, jo patiešām vienam viss notiek uz otra rēķina. Lūk, tāpēc mēs visu "apgriežam ar kājām gaisā" vai otrādi. Par sasniegumu jāuzskata cilvēka darbība sabiedrības labā. Tikai saistībā ar to mēs cilvēku vērtējam.

— Kā tas ietekmēs bērnu mācību motivāciju? Kas bērnam dos enerģiju nodarbībām?

— Tas, ko viņš ieguldīs sabiedrībā. Tikai pēc tam, kad viņam būs radusies vēlme darboties sabiedrības interesēs, lai viņam parādās tieksme mācīties, vajadzība pēc nodarbībām fizikā, matemātikā — pēc visa tā, ko viņš vēlas. Taču vispirms — ieguldījums sabiedrībā.

— Tas nozīmē, ka līdz mācību sākšanai viņam pastāvīgi kaut kas jādod sabiedrībai.

— Tas ir galvenais. Tikai pēc tam lai mācās saskaņā ar savām tieksmēm.

— Pieņemsim, ka bērnam parādās īpašas spējas fizikā vai matemātikā. Vai mēs spēsim tās attīstīt tādas mācību sistēmas ietvaros?

— Jā, mēs spēsim tās attīstīt, teiksim, piektajā vai sestajā klasē.

— Vai pamatā bērna motivācijai kļūt labākajam šajā jomā jābūt tieksmei dot sabiedrībai labumu?

— Jā, tieksmei vairot sabiedrībai labumu. Un katrreiz vajag uzsvērt, ka sabiedrība vēlas viņu redzēt tieši tādu.

— Tas ir kaut kas ļoti altruistisks. Es attīstos, taču tikai tālab, lai dotu labumu sabiedrībai...

— Turklāt, kad viņš sāks strādāt, tad sabiedrībā, kuru mēs, es ceru, izveidosim, viņš nepelnīs vairāk par citiem.

— Saņems atbilstoši vajadzībām.

— Jā, viņš saņems tikpat daudz, cik saņem cilvēks, kas veic savām spējām atbilstošu daudz vienkāršāku darbu. Jo viņš taču kļuvis par izcilu, piemēram, matemātikas jomā, pateicoties dabas dotām spējām, bet citam šādu dotumu nav. Tas otrs dod sabiedrībai labumu, strādādams par santehniķi, bet viņš, pieņemsim, ir kļuvis par profesoru vai lielas firmas direktoru. Un kas par to?

— Katrs ieņem savu vietu, — tas ir skaidrs. Bet ja viņi sabiedrībai dod dažādu ieguldījumu?

— Katrs iegulda atbilstoši savai sapratnei un spējām, saskaņā ar savām personīgajām kvalitātēm.

— Bet vai viņa ieguldījuma lielums tiek novērtēts?

— Sabiedrība vērtē viņu atbilstoši labumam, kuru viņš sniedz, lai viņš būtu santehniķis vai kāds cits speciālists. Atbilstoši tam katru arī cienīs. Taču tas nekādi nav atkarīgs no tā, cik svarīgs ir viņa darbs. Visu nosaka tikai tas, cik daudz dvēseles viņš tajā ielicis.

— Kā to var izmērīt?

— To nemēra. Kad sabiedrība kļūs garīga, tā spēs to novērtēt, saprast, sajust.

— Man tomēr nav skaidrs, kā bērnam radīsies motivācija ieguldīt vairāk, ja viņš zina, ka saņems tikpat, cik otrs bērns, kurš, kā viņam šķiet, sniedz mazāku ieguldījumu? Bērniem taču ļoti spēcīgi ir attīstīts sacensības gars.

— Audzināšanas dēļ viņš augstāk par visu vērtēs labvēlīgu sabiedrības novērtējumu vai nosodījumu, tieksies pēc sabiedrības cieņas, vēlēsies tai patikt. Tā viņam ir balva, jo visu nepieciešamo viņš saņem neatkarīgi no sava ieguldījuma. Mēs esam radīti sabiedriski atkarīgi, un mums tas jāizmanto. Tieši tas ir raksturīgs cilvēkam un atšķir viņu no dzīvnieka līmeņa.

— Kad tas bērnam vairs nebūs tikai vārdi?

— Mēs palīdzam viņam to īstenot visas dzīves garumā! Skola nekad nebeidzas, mēs tikai pārceļam skolas modeli uz sabiedrību. Cilvēks vienmēr aptvers, ka atrodas sabiedriskā vidē un ka viņam kā tās neatņemamai sastāvdaļai jāpiedalās tās dzīvē tāpat, kā tas tika darīts skolā. Tā viņš virzās un būvē savu pasauli. Tādējādi, pielīdzinādamies dabai, viņš sāk sajust savī tādu pašu pilnību kā dabā. Lūk, tāpēc nav diferencēta darba alga, bet sabiedrība novērtē katru — nosoda vai apbalvo. Tas cilvēku stimulē ārēji. Tomēr galvenā ir iekšējā stimulācija — kad, arvien vairāk pielīdzinoties dabai, viņš sāk sajust tās bezgalību un pilnīgumu kā sev piemītošu kvalitāti.

— Kā tagad lai rada tādu skolu, ja sabiedrība vēl nav izlabota?

— Jums nepieciešams atbrīvoties no pierastās pasaules uztveres un ieklausīties jaunās idejās, pievērsties integrālajai pieejai pasaulei. Tad spēsit pamanīt tās iezīmes, kas izpaužas un liek sevi manīt jau tagad. Tad apjautīsit kvalitatīvās pārmaiņas. Un sāksit saprast, kādai ir jābūt cilvēka audzināšanas sistēmai. Pirmkārt ir jāaudzina Cilvēks! Pēc tam — speciālists kādā jomā.

— Patlaban mēs novērojam pretējo.

— Jā. Ja mēs audzinām Cilvēku, kurš būs harmonijā, līdzsvarā ar dabu, tad viņš savas zināšanas, zinātnes, tehnoloģijas izmantos sabiedrības un dabas labā, nevis tām par postu. Tāpēc mums vispirms jārūpējas par audzināšanu, bet pēc tam — par izglītošanu. Šais nemitīgajās rūpēs mums vajag, sākot ar cilvēka dzimšanu, radīt bērnam pareizu apkārtni, vidi, kurā viņš apgūs integrālo saikni: viņš iedarbosies uz apkārtējo dabas un cilvēku vidi, un atbildot apkārtne iedarbosies uz viņu. Viņš sevi īsteno kā pasaules daļiņu. Apvienojoties ar visiem, viņš jūtas kā izšķīdināts dabā.

— Patlaban pastāvošajā audzināšanas sistēmā akcentēta zināšanu sniegšana bērnam, bet visam pārējam it kā jānāk pašam no sevis. Ir pat tāds jēdziens — "vajag iedot bērnam instrumentus, lai viņš spētu mācīties". Ja mēs radīsim tādu audzināšanas sistēmu, par kuru jūs runājat, vai tā neiznīcinās bērnam tieksmi atšķirties?

— Mūsu audzināšanas sistēmā es novērtēju pats sevi, un mani vērtē citi — atbilstoši labumam, ko es dodu. Slavē vai peļ. Arī jūs vēlaties vairāk nopelnīt, iemantot slavu, būt spēcīgs utt., lai izpelnītos sabiedrības atzinību un cieņu. Patiesībā jūs strādājat citu labā. Jūs pildāt sabiedrības pasūtījumu. Vēlaties tās acīs būt svarīgs. Jums taču pašiem vajag nedaudz, bet visu, kas ir virs nepieciešamā, jūs iegādājaties, lai sabiedrības acīs nezaudētu prestižu.

— Tā ir vispārzināma patiesība.

— Taču sabiedrībā to nepēta un to nemāca, par to nestāsta un to nenosoda tāpēc, ka tas nav izdevīgi dažādu mums nevajadzīgu lietu ražotājiem. Viņi ražo, uzmācas, mums stāstot, cik svarīgi tās iegādāties, bet mēs strādājam, lai samaksātu viņiem par šīm mums principā nevajadzīgajām lietām, jo viņi mūs ir pārliecinājuši, ka bez tām mēs esam sliktāki par citiem...

— Vai sabiedrības uzslava, atbalsts mums palīdzēs izvairīties no nevajadzīgu lietu ražošanas un dabas resursu izšķērdēšanas?

— Iztēlojieties, ka jūsu bērni lasa par jums slavinošas atsauksmes, — cik tas jums patīkami un cik tā liela balva. Bet, ja ir pretēji, — cik briesmīga kauna sajūta aptumšo dzīvi... Taču tā ir atsevišķa plaša tēma.

— Kā būs ar problemātiskajiem bērniem, kuri atpaliek attīstībā vai ir hiperaktīvi?

— Viss atkarīgs no tā, kā mēs viņus organizēsim. Varam dot viņiem iespēju vairāk kustēties... Mēs taču runājam par to, ka skola nebūs tāda, kāda tā ir tagad. Skolotājs, teiksim, sēdēs zem koka bērnu lokā un ar viņiem sarunāsies. Pēc tam viņi dosies uz klasi, noskatīsies filmu un to apspriedīs. Pēc tam spēlēs futbolu... Tad visi kopā dosies paēst, un arī te nepieciešams iekļaut spēles elementus. Lai cits citam palīdz. Pēc ēšanas var padziedāt dziesmas, tas ir, darīt kaut ko tādu, kas bērnus satuvina, veido viņos ieradumu būt kopā. Tas ir labi! Tas piešķirs viņiem pārliecību pretstatā tam, kas notiek skolā šodien. Bērns taču dodas uz skolu kā uz kaujas lauku. Iespējams, dienas vidū viņiem nepieciešams pārtraukums diendusai, jo mēs runājam par to, ka viņš skolā būs līdz pulksten sešiem vakarā.

— Kāda būs attieksme pret problemātiskiem bērniem, teiksim, tādiem, kas atpalikuši savā attīstībā?

— Piemēram, hiperaktīvos bērnus var apvienot atsevišķās grupās, lai viņi netraucē pārējiem.

— Bet ko darīt ar tiem, kuriem ir specifiskas problēmas?

— Arī viņiem vajag veidot īpašas klases. Mēs taču savā ikdienas dzīvē redzam, ka viņiem vai nu nepieciešams patstāvīgs apkārtējo atbalsts, vai arī mēs radām viņiem speciālas iestādes. Tāpēc mums viņiem jāpaver iespēja attīstīties ar atbilstošu audzinātāju palīdzību un jāiemāca izmantot savstarpējo palīdzību. Viņu vidū ir daudz tādu, kas var iesaistīties savstarpējā palīdzībā.

— Tātad šodien mēs turpinājām apspriest skolas tēmu. Mēs runājām par to, ka mācību dienai jābūt dienai ar patīkamiem iespaidiem. Pienākuma vietā jānāk aizrautīgām, patīkamām pārmaiņām, tik saistošām, ka bērns brīvlaiku nemaz negrib. Jo tāda diena skolā ietver visu: gan mācības, gan pastaigas, gan futbolu. Bērns atrodas skolā līdz pulksten sešiem vakarā, atgriežas mājās, satiekas ar vecākiem, liekas gulēt, bet no rīta atkal atgriežas skolā, kur pavada visu dienu. Tur viņš var arī atpūsties. Viss veidots dinamiski, nav piesaistes noteiktām klasēm, jo tās bērnus šķir. Tieši otrādi, lai attīstītu pārliecību par sevi, bērnus visu laiku it kā "samaisa"...

— Izmanto visas viņu dabiskās īpašības, dotumus: skaudību, tieksmi pēc uzslavām u. c. tālab, lai viņus attīstītu sabiedrības labuma interesēs.

— Tieši šai aspektā mēs pieminējām sāncensību starp viņiem, tas ir, sacensību par to, kurš sabiedrībai dos vairāk labuma. Tas ir pretēji tam, kas notiek patlaban, kad katrs savu personīgo sasniegumu dēļ uzskata, ka ir pārāks par citiem.

— To nedrīkst pieļaut. Tiek atbalstīts tikai ieguldījums sabiedrībā, un tikai tad viņam ir, ar ko lepoties.

— Tā bērns aug, tiecoties pēc mērķa, kuru mēs definējām kā pilnveidošanos, kad viņš sāk sevi vērtēt aspektā — kāda ir viņa attieksme pret "tuvāko", un pakāpeniski "iziet no sevis". Tā mēs veidojam jaunu audzināšanas sistēmu.

— Un tā balstās uz mīlestību.

DZIMUMBRIEDUMA SĀKUMS

— Es gribētu sākt sarunu par 9–12 gadu vecumposmu. Šodien dzimumbriedums aizsākas apmēram divus gadus agrāk — vecumā no deviņiem līdz divpadsmit gadiem, tad mēs varam novērot fizioloģiskās izmaiņas vispirms meitenēm un pēc tam zēniem. Uzvedībā tas var izpausties pat agrāk, taču dzimumnobriešana fiziskā plānā sākas vecumā no deviņiem līdz divpadsmit gadiem. Līdz ar fizioloģiskajām pārmaiņām mainās pusaudžu uzvedība. Līdztekus straujai augšanai novērojama aizkaitinātība, atsvešināšanās no vecākiem, tuvināšanās vienaudžiem. Tieši 5.–6. klasē parādās grupas un draugi pusaudzim kļūst par pašiem svarīgākajiem cilvēkiem, bet vecāku autoritāte ievērojami samazinās. Ja jau, kā mēs minējām iepriekšējās sarunās, attīstībai jāatbilst dabas likumiem, tad kāpēc šajā vecumā norisinās tāda pārmaiņu vētra? Kāpēc mēs to nevaram aizvadīt mierīgi, pakāpeniski, bez sprādzieniem?

— Mūsos darbojas dažādi spēki, kas izriet no Dabas pārvaldes un kontroles, un atbilstoši tiem mēs augam. Dažādos dzīves posmos šo spēku iedarbība atšķiras. Mēs iedalām vecumposmus no trijiem līdz sešiem gadiem, no sešiem līdz deviņiem, no deviņiem līdz trīspadsmit, no trīspadsmit līdz divdesmit gadiem. Pāreja no viena vecumposma uz otru var būt ļoti krasa, dažreiz burtiski vienas dienas laikā, taču iepriekš mēs to dienu nevaram paredzēt. Izvairīties no tās nav iespējams.

— Bērna uztverē kaut kas norisinās, un viss mainās.

— Iespējams, pusaudzis pats netiek ar sevi galā, bet mēs no viņa prasām ko tādu, kas ir pretrunā viņa dabai. Mums labāk jāiepazīst daba un kopā ar viņu jāseko tai.

— Kādas pieaugušo darbības var palīdzēt veiksmīgi pārdzīvot šo vecumu?

— Sapratne, sarunas, draudzīga labvēlība, sabiedrības dzīves izskaidrošana. Es augu ārstu ģimenē. Mana māte bija ārste ginekoloģe, tēvs — stomatologs, un visi radinieki arī bija ārsti. Tāpēc es daudz zināju, lasīju grāmatas. Taču, par spīti tam, morga, dzemdību un operāciju zāles apmeklējums studiju gados — un tieši ar to sākās manas studiju gaitas — noveda šoka stāvoklī ne tikai manus studiju biedrus, bet arī mani. Kāpēc to neparādīt bērniem daudz agrākā vecumā? Kāpēc par to nerunāt, kāpēc nepiedāvāt bērniem izpētīt dzīvi un visu, no kā tā sastāv? Tas ietver gan attiecības starp vīrieti un sievieti, gan bērna dzimšanu, gan dažādus vecumposmus cilvēka dzīvē. Var parādīt filmas par bērnu, pieaugušo un pat dzīvnieku uzvedību, izskaidrojot cēloņus, kāpēc viņi tā rīkojas.

— Sava veida zinātne par dzīvi.

— Var nofilmēt ar kameru bērnu uzvedību un pēc tam kopā noskatīties. Iedomājieties, ka mēs parādīsim bērnam, kā viņš vakar uzvedies?

— Bērniem tas ļoti nepatiks...

— Tomēr tā būs mācība, kura nav ne ar ko aizvietojama.

— Jūs piedāvājat pētīt dzīvi ar novērojuma palīdzību?

— Mēs tērējam daudz spēka un līdzekļu bērniem. Viņi 10–12 gadus mācās skolā, taču tāpēc, ka mēs nespējam nodrošināt individuālo pieeju, nemācām viņiem dzīvi, tas viss izrādās neefektīvs. Viņi iziet no skolas tukši — laiks ir velti izniekots. Kaut ko jau viņi skolā zinību jomā ir "paķēruši", bet patiesībā mūsdienu atestātiem un gatavības apliecībām zināšanas var iegūt pāris gados.

— Bērni paši atzīst, ka neredz saistību starp to, ko māca skolā, un īsto dzīvi. Šajā vecumā viņi to pasaka pilnīgi atklāti.

— Mums jāsaprot, ka mūsu dzīve ir atkarīga no pašizziņas: cik lielā mērā cilvēks sevi izzina, izpēta, izprot savas īpašības, savas rīcības cēloņus. No tā, ko es zinu, kāpēc un kālab tā rīkojos, ka spēju uz sevi noraudzīties no malas, ņemt vērā, kā manu rīcību uztver citi cilvēki, kritiski izturēties pret to, kā es uztveru citus cilvēkus, ir atkarīgi mani panākumi dzīvē. Profesija ir daudz mazāk svarīga. Gatavības apliecība un universitātes izglītība patiesībā nemaz nav tika svarīga. Svarīgi ir izaudzināt Cilvēku, bet tieši tas šodien netiek darīts.

— Interesanti, ka mācīties dzīvi ar novērojuma metodi var visur: gan skolā, gan ģimenē. Taču tikai ar nosacījumu, ka vecāki zinās, kā tas darāms. Tas nozīmē, ka vispirms ir jāaudzina vecāki.

— Šai ziņā esam atpalikuši par vairākām tūkstošgadēm, tā ka kaut kad jau tas ir jāsāk.

— Vai 9–11 gadu vecumā bērniem jau jāzina, kādas pārmaiņas ar viņiem notiks?

— Atbilstoši bērnu vecumam vajag ar viņiem atklāti un brīvi apspriest visas parādības. Saprotams, tādā līmenī, kādā viņi spēj saprast. Viss dabiskais, kas attiecas uz mums, tostarp mūsu impulsi un tieksmes, jāapspriež.

— Ieskaitot seksualitāti un dzimumatšķirības?

— Protams. Būs daudz labāk, ja mēs tieši un atklāti par visu runāsim, izskaidrojot bērniem notiekošo pārmaiņu cēloņus un sekas, dažādus izturēšanās veidus. Ir taču zināms, ka tieši aizliegtais auglis ir salds. Tāpēc ir svarīgi vairāk parādīt bērniem, ka mēs zinām to, kas ar viņiem notiek. Bērniem taču šķiet, ka viņiem ir sava pasaule, bet pieaugušie dzīvo citā pasaulē un ir attīstījušies citādi. Ja mēs ar viņiem runājam par visu atklāti un parādām savu attieksmi, līdz ar to veidojas paaudžu saikne.

— Tas ļoti spēcīgi nostiprina šīs saiknes. Es tagad klausos un skaidri iztēlojos, kā pusaudzis un viņa vecāki, kuri viņam šķiet kā novecojusi mode, atrod kopēju valodu. Es atceros, kā tas mani ietekmēja, kad ar mani par to sāka runāt tēvs. Parasti vīrieši kautrējas runāt par tādām tēmām. Psiholoģijā ir daudz rakstīts par tādu sarunu svarīgumu. Taču vīrieši gluži vienkārši nezina, kā runāt.

— Es kā tēvs vienmēr esmu centies būt ar bērniem atklāts. Mēs ģimenē esam pilnīgi atklāti un varam sarunāties par jebkuru tēmu.

— Vai dzimumaudzināšanas jomā meitenēm un zēniem jāzina viss?

— Jā, visiem jāzina viss atbilstoši vecumam. Šim jautājumam jāpieiet pareizi, nosvērti un neko neslēpjot. Jo vairāk pusaudži zinās un līdz ar šīm zināšanām būs psihologi paši sev, jo lielāka varbūtība, ka viņiem izstrādāsies līdzsvarota attieksme pret šo dzīves aspektu un neparādīsies nekādas novirzes.

— Viņi nemeklēs ne informāciju no malas, ne novirzes. Kādai ir jābūt pieejai dažādām novirzēm, ja tādas pastāv? Pusaudzis 10–12 gadu vecumā internetā redz visu.

— Nekā briesmīga nav, ja viņš to zinās. Nevajag no tā kautrēties vai to slēpt. Bērniem jāzina, ka tās ir dabiskas parādības un ka tamlīdzīgas novirzes piemīt katram. Tās daba radījusi speciāli, lai cilvēks iemācītos ar tām tikt galā un tās pareizi izmantotu.

— Iemācītos ievērot aizliegumus?

— Jā, cilvēkam pašam sevi jāiegrožo. Tas ļaus viņam atbrīvot domas un dvēseles spēkus citām lietām. Ja viņi to nesapratīs, viņus nodarbinās viena vienīgā tēma un viņi būs iegrimuši savās sajūtās vairāku gadu garumā.

— Savā ziņā rozā acenes.

— Viņi vienkārši nespēs no tā atbrīvoties. Mūsdienu paaudzē šie impulsi ir tik spēcīgi, ka aizsedz visu pārējo. Ja mēs pavērsim iespēju šīs domas līdzsvarot ar psiholoģijas palīdzību, tas atbrīvos daļu laika un dvēseles spēku kaut kam citam.

— Internets ir pilns izvirtības...

— Par internetu vispār nav ko runāt. Manuprāt, ja kāds portāls vēlas kļūt bagāts uz bērnu dabisko interešu rēķina, tas būtu jāaizliedz. Mums jābūt atklātiem, bērniem vajadzīga visa informācija, bet tai jābūt pareizi dozētai un virzītai uz harmonisku attīstību. Tam jābūt mūsu rūpju lokā. Tad mēs nebūsim kā svētuļi, kas vairās no sarežģītām tēmām.

— Pieejai jābūt tādai, ka mēs šos jautājumus nepadarām par lielu problēmu, bet izturamies pret tiem dabiski. Šai vecumā bērns sev atklāj jaunas sajūtas. Un tas var radīt lielu apjukumu.

— Mums viņš jāsagatavo, paskaidrojot, ka tādas sajūtas ir visiem.

— Tas ļoti nomierina. Vēl ir svarīgi, ka par to var runāt. Jūs, cik es sapratu, pat iesakāt par to runāt skolā?

— Runāt visur un atklāti. Tas uzreiz bērnu acīs mazina šo jautājumu pievilcīgumu, jo tieši aizliegtais auglis ir salds. Ar savu atklātību mēs mazināsim to nozīmīgumu un neļausim attīstīties visvisādām fantāzijām.

— Ja varēs gluži vienkārši atvērt grāmatu vai parunāt, nebūs nepieciešams meklēt citu informāciju. Turklāt bērnam radīsies sajūta, ka viņu saprot. Jo tieši šī tēma tagad viņu nodarbina. Viņš nespēj novērsties un par to nedomāt, bet tieši par šo viņu interesējošo tēmu runā arī skolā.

— Ko piedāvā psihologi?

— Psihologiem tā ir ļoti sarežģīta tēma. Ir dažādas programmas. Tieši 5.–6. klašu vecumā bērnos mostas seksuālā interese, kaut gan tikai draudzības līmenī. Tad, lūk, skolā man uzreiz pateica, ka skolotāji par šo tēmu nevar runāt, un tās stundas būs jāvada man pašai. Tā arī darīju. Un sarunas ar bērniem bija ļoti interesantas. Taču es viņiem esmu svešs cilvēks, bet turpināt viņu sarunas ar skolotājām nebija iespējams, tad turpinājuma nebija. Sarunas notika atsevišķi ar zēniem un meitenēm, un es patiešām pārliecinājos, ka sarunas ar vieniem un otriem bija dažādas.

— Atsevišķi ar zēniem un meitenēm?

— Jā, man šķita, ka meitenes zēnu klātbūtnē nespēs uzdot jautājumus, kuri viņas interesē, tostarp arī par zēniem, bet es gribēju dot viņām tādu iespēju. Un zēniem tāpat. Bērni uzdeva jautājumus, uz kuriem viņi varēja rast atbildes grāmatā vai pie savas skolotājas, ja viņa tam būtu gatava. Vai arī pie skolotāja, ja runā par zēniem. Tas ir ļoti svarīgi. Sievietes nevar atbildēt uz visiem jautājumiem, kas skar attiecības starp vīrieti un sievieti. Es tikai varu iedomāties, ka tas nav viens un tas pats. Šo sarunu laikā atmosfēra bija ļoti laba, un nodarbība bērniem patika. Bet skolotāji tādām sarunām nav gatavi, viņi to uztver kā sava veida ielaušanos privātajā sfērā. Arī vecākiem nav vienkārši runāt ar bērniem par šīm tēmām, viņi šaubās, ko stāstīt un kā.

— Kāds tur brīnums, jo viņi paši nav tā audzināti.
— Pieeja jābalsta uz maksimālu atvērtību.
— Uz atvērtību un iepriekšēju audzināšanu. Ja cilvēkam izpaužas kādas tieksmes un impulsi, mums tie nekavējoties jālīdzsvaro, parādot pareizo pieeju. Tos nevar ne likvidēt, ne no tiem novērsties. Īstam audzinātājam jāiet roku rokā ar bērnu un jāmāca, kā pareizi ar to tikt galā.
— Jūs reiz pieminējāt, ka ir lietderīgi organizēt spēles, kurās bērni var iztēloties pretējā dzimuma uzvedību.
— Jā. Tāpēc ka mēs runājam par atvērtu sabiedrību. Visam, kas ir sabiedrībā, ir jābūt atvērtam apspriešanai. Mums jāizskaidro, jāmin piemēri, tam jānotiek nevis virtuāli, teiksim, ar televīzijas programmu palīdzību, bet, kā mēdz teikt, — dzīvajā.
— Ja jums būtu iespēja piedalīties mācību un audzināšanas programmas veidošanā dzimumaudzināšanas jomā, kādi būtu tās principi līdztekus atvērtībai?
— Sākumposmā ar zēniem un meitenēm jārunā atsevišķi: vīrietim — ar zēniem, sievietei — ar meitenēm. Tad vīrietim un sievietei kopā jārunā atsevišķi ar zēniem un atsevišķi ar meitenēm. Pēc tam var grupas un pasniedzējus "sajaukt".
— Pēc tam, kad bērni jau nedaudz ir satuvinājušies ar audzinātājiem?
— Jā. Taču visam jānotiek delikātā, dabiskā formā. Mums bērni jāpaceļ no "dzīvnieciskā" līmeņa uz "cilvēcisko" līmeni.
— Tā kā mūsu instinkti pieder pie dzīvnieku līmeņa, tad mūsu uzdevums — iemācīt bērniem uz sevi skatīties no augšas. Viņiem jāizprot sava daba, instinkti un tieksmes, cik tām lielu nozīmi un laika veltīt, kā pret tām izturēties, kam dot priekšroku. Ja mani tas šobrīd ļoti nodarbina, vai tāpēc es dzīvoju? Vajag viņiem dot vairāk laika un iespēju par to runāt savā starpā. Lai runā kaut divas stundas!
— Viņi norunās visu dienu!
— Nē, nē, viss beigsies daudz ātrāk, nekā jūs domājat. Ja apspriešana būs nepiespiesta un to nekas neierobežos, tad viņi ļoti ātri nomierināsies, hormoni atkāpsies, bet viņu galvās atbrīvosies vieta kam citam.

— Jūs gribat izveidot kontroli pār jūtām, izraisīt zināmu nomierināšanos, lai šīs jūtas atvirzās otrajā plānā?

— Kāpēc gan ne? Šodien mēs šīm lietām nedodam vaļu. Atvainojiet par salīdzinājumu, bet tas ir tāpat kā ar kanalizāciju: ja tā aizsērējusi, saturs ceļas uz augšu, līdz kādā vietā rodas pārrāvums.

— Un tas var novest līdz agresijai un vardarbības galējām izpausmēm.

— Tāpēc ka viņi nezina, kā to kontrolēt.

— Pēdējā laikā mēs dzirdam par šausmīgiem vardarbības gadījumiem. Jā, dzimumtieksme var izpausties izvarošanā, vai arī veidojas grupas, kuras sastāv no zēniem vai meitenēm un darbojas cita pret citu. Tādējādi saskarsmes tieksme īstenojas izkropļotā formā.

— Tāpēc ka nav izveidota programma, kā pareizi jāizturas pret tādām vēlmēm, kā tās līdzsvarot un izmantot. No vienas puses, viņiem trūkst zināšanu, bet, no otras, — viņus ietekmē negatīvi un no dzīves tāli paraugi no filmām, visdažādākās slimīgās fantāzijas. Es vienkārši redzu, kā jaunie cilvēki savā uzvedībā un domāšanā atdarina Holivudas personāžus. Cilvēks pārstāj būt cilvēks un kļūst par šo filmu varoņu kopiju.

— Šim vecumam ir raksturīga vēl viena īpatnība: iedalīšana "savējos" un atstumtajos. Arī tas ir savdabīgs saskarsmes vēlmes aspekts, taču tam ir konfrontējoša forma. Daži bērni kļūst gluži vienkārši par autsaideriem.

— Man šai parādībai ir izskaidrojums, taču gribētu zināt psihologu viedokli. Mēs taču esam uzkrājuši milzīgu pieredzi praktiskajā darbā ar bērniem gan skolā, gan privātajā praksē. Kā jūs izskaidrosit, ka, dzīvojot attīstītā sabiedrībā, kura it kā ir apgaismota un saprotoša, mēs joprojām netiekam galā ar tamlīdzīgām problēmām? Kāpēc Izglītības ministrija, vecāki un visas pārējās organizācijas, kas nodarbojas ar jaunatni, ieskaitot armiju, nevar noorganizēt tik vienkāršu akciju?

— Kā to akciju sauc?

— Cilvēka veidošana.

— Tad būtu nepieciešama revolūcija audzināšanas jomā. Nav

iespējams ņemt un izmantot to, kas ir šodien, "ietērpt" jaunos principos. Lielākā daļa cilvēku pārmaiņas neizvēlas labprātīgi, ja nu vienīgi tad, kad paši vairs nespēj izturēt ierastajā gultnē. Tāpēc arī audzināšanas sistēmā mēģina saglabāt iepriekšējos ietvarus, lai gan nekas labs no tā neiznāk.

— Es ieteiktu sagatavot instruktorus, kuri vienkārši sarunāsies ar bērniem. Neko citu. Lai runā par jebkuru tēmu, bet lai saliedē klasi tā, ka bērni jūtas kā vienots organisms. Šiem cilvēkiem jābūt tik profesionāliem, lai redzētu attiecības starp bērniem, prastu tās virzīt un labot ar sarunu palīdzību. Speciālista asais skatiens vienas stundas laikā var pamanīt un novērst daudzas problēmas.

— Vai ar stundu pietiek?

— Jā. To mēs nevaram prasīt no skolotājiem, mācību priekšmetu pasniedzējiem.

— Viņiem jau to nemāca.

— Par lielu nožēlu. Taču var sagatavot cilvēkus speciāli tādam darbam. Mēs, izmantojot instruktorus, guvām labus rezultātus ļoti ātri — dažu mēnešu laikā.

— To iztirzāsim turpmākajās sarunās. Šodien mēs runājām par to, ka bērnam 9–13 gadu vecumā ir ļoti svarīga pieaugušo sapratne. Tāpēc viņam jādod iespēja par visu runāt atklāti. Tika izteikti divi ierosinājumi, kas viens otru papildina. Viens: parādīt un izskaidrot bērnam dzīves posmus, ko cilvēks piedzīvo no dzimšanas līdz nāvei. To var darīt gan mājās, gan skolā, saprotams, atbilstoši vecumam. Otrais ierosinājums saistīts ar bērnu dzimumnobriešanas perioda problēmām. Tā kā šai periodā bērnos mostas dzimumtieksmes, ir svarīgi par šo tēmu runāt atklāti, neko neslēpjot, jo tas, ko mēs slēpjam, izraisa pastiprinātu interesi un aizņem bērnu domas vēl vairāk. Mēs runājām par to, kā to darīt gan skolā, gan mājās, un beidzām sarunu ar praktiskiem ierosinājumiem: sākt gatavot speciālistus sarunām ar bērniem par tēmām, kas viņus interesē un saviļņo. Tas, pēc mūsu domām, liks bērniem mazāk raizēties par savām tieksmēm un atbrīvos enerģiju citām interesēm.

PUSAUDŽA VECUMPOSMS

— Turpināsim mūsu ceļojumu pa bērna attīstības posmiem. Šodien mēs pievērsīsimies ļoti svarīgam posmam — vecumam no deviņiem līdz trīspadsmit gadiem, tā saucamajam jaunākajam pusaudža vecumam. Mēs jau runājām par šo vecumu un seksualitātes attīstību, kas norisinās tieši šai laikā. Taču ir vēl daži aspekti, kurus mēs gribētu apspriest.

— Iepriekšējā sarunā runājām par dzimumattīstības sākumu un par to iekšējo spriedzi, kas attīstās bērnos. Šodien man gribētos turpināt sarunu par pārmaiņām šā vecumposma bērnu emocionālajā sfērā. 9–13 gadu vecumā bērnos novērojama nelīdzsvarotība, nervozitāte. Turklāt paši bērni par to vaino citus un nemeklē cēloni sevī. Ļoti manāmi izpaužas tieksme pēc patstāvības. Bērns it kā svārstās starp atkarību un patstāvību. Kad iepriekšējās sarunās mēs runājām par divu gadu vecumu, tad atzīmējām, ka tad bērns pirmo reizi mēģina iziet no mātes rokām. Apmēram tas pats norisinās 9–13 gadu vecumā, taču nevis fiziskajā līmenī, bet emocionālajā sfērā. Bērnam ļoti gribas ārpusmājas situācijās būt patstāvīgam, savukārt ģimenes vidē viņš joprojām ir pilnībā atkarīgs. Tas rada daudz sarežģījumu un apjukumu vecākos. Kā izturēties pret pusaudzi šajā posmā?

— Mums katrs bērns jāpadara pašam sev par psihologu. Viņam vajag sevi izprast un apzināties, kā viņu redz citi cilvēki. Mums pusaudzim jāparāda viņa uzvedība, kas uzņemta videolentē, un dažādu dzimumu un vecumu cilvēku uzvedība daudzveidīgās situācijās. Pēc tam tas jāapspriež pusaudžu grupā. Bērnam jāsajūt, ka viņam māca dzīvi un pareizu attieksmi pret to. Mācībām jābūt pilnīgi atklātām, bez aizliegtajām tēmām un līdz galam nepateiktiem, noklusētiem momentiem, kas rada visvisādas novirzes.

— Vai tas nozīmē, ka viņam jāpēta pašam sevi?

— Protams. Integrālā audzināšana atklāj cilvēkam pašam sevi, iekšējo pasauli. Bet 6–9 gadu vecumu ir īpaši svarīgi neatstāt pašplūsmā. Šai vecumā veidojas cilvēka pamati, un tas, ko viņš šais gados "pasmels", vēlāk attīstīsies tālāk. Pēc tam sekos dzimumnobriešanas gadi, kuri viņam neļaus ne uz ko citu koncentrēties kā tikai uz dzimumjautājumiem. Bet pagaidām var brīvi, bez spriedzes runāt ar bērnu par tieksmēm un vēlmēm, no kurām viņš kaunas, un iemācīt viņam paraudzīties uz sevi no malas.

— Jūs runājat par to, ka vajag atbalstīt un attīstīt bērna spēju redzēt sevi no malas?

— Jā. Un tad vienlaikus pa diviem kanāliem — pa loģikas un pa jūtu kanālu — sākt mācīt iekšējo noskaidrošanu, proti, ko mēs saucam par "saldu — rūgtu" un ko par "patiesību — meliem".

— Vienu pretstatā otram?

— Jā. Noskaidrot to gan ar loģikas, gan sajūtu palīdzību. Ja tas nepalīdzēs bērnam pilnībā tikt galā, tad visādā ziņā palīdzēs saprast to, kas ar viņu notiek. Jo viņam jau nav pat diedziņa, pie kā piekerties, lai izrāptos no tā iekšējā atvara, kurā viņš atrodas. Viņam kaut kā tas kamols jāatmudžina. Te ļoti svarīgi ir kļūt par viņa partneri. Audzinātājam vienlaikus jābūt gan audzinātājam, tas ir, kaut kam augstākam un pieredzējušākam, gan jāprot nolaisties līdz bērna līmenim.

— Vai tas nozīmē, ka audzinātājam jābūt it kā vienā vecumā ar bērnu?

— Nē, taču viņam jāprot tādā mērā nolaisties līdz bērna līmenim, lai tas viņā sajustu sev līdzīgu draugu. Ļoti daudz ko var iemācīt, noskatoties dažādu situāciju videoierakstus par bērnu uzvedību. Vajag ar bērniem apspriest, kāpēc mēs tā uzvedamies, bet par sākumpunktu tādai apspriešanai jābūt atziņai, ka tādus mūs radījusi daba, tāpat kā visas citas tās sastāvdaļas. Tāda ir mūsu iedaba. Tur nav nekā tāda, kas būtu slēpjams. Tieši pretēji, mums jāpēta pašiem sevi un daba, kas ir attīstījusies šai galaktikas stūrītī. Ja mēs viņiem iemācīsim tādu pieeju, tad uzreiz spriedze mazināsies. Galvenais — visu risināt nevis atrauti no bērna, bet kopā ar viņu.

— Tāda pieeja sniegs sapratni, ka tāds atvars, kāds ir manī, ir arī citos.

— Pilnīgi pareizi. Kad par to runā klasē trešajā personā, turklāt izmantojot kādu filmu, tad visu var apspriest pilnīgi brīvi, var paklaigāt, izbārties un pasmieties. Tādā apspriešanā pat nav svarīgi, vai viņi nonāks pie kāda vienota kopsaucēja. Svarīgi, ka viņi mācās par to runāt. Ja viņi šodien runā par to, kas ir noticis, piemēram, ar kādu citu pusaudzi filmā, un ja rīt tas notiks ar viņiem pašiem, tad viņi atcerēsies visu, par ko runāja klasē.

— Vai tādu sagatavošanas darbu var sākt arī daudz agrākā vecumā?

— Pirmām kārtām problēma jau ir tā, ka šādām psiholoģijas nodarbībām vajag daudz mācību stundu. Taču tas ir nepieciešams, lai izveidotu cilvēku. Tāda pieeja ļaus bērnam pašam pēc tam veidot pareizu attieksmi pret sabiedrību, valsti, pasauli, profesijas izvēli utt. Tāda dzīves un cilvēka analīze — visa pamats. Iemācoties paraudzīties uz sevi no malas, viņš varēs analizēt, kāpēc uzvedas tā vai citādi, kā ar laiku mainās viņa uzskati un uzvedība, kā viņa rīcību uztver citi. Viņš skaidri sapratīs, cik ļoti relatīvs ir viss pasaulē, cik viņš pats no savas iedabas atkarīgs, cik atkarīgs no tā, kāds viņš jau sākotnēji radīts. Tāds uzskats zināmā mērā noņem pārliekās atbildības smagumu, bet vienlaikus māca pareizu pieeju jebkurai situācijai.

— Tas mazina vainas sajūtu.

— Un arī spiedzi mazina. Starp citu, bērniem ļoti nāk par labu aktieru meistarības pasniegšana, pirmām kārtām jau spēja iejusties lomā.

— Vai ir vērts par to runāt ģimenē, piemēram, katru dienu pirms gulētiešanas?

— Es nedomāju, ka mēs to varam prasīt no vecākiem, jo vecāki paši tādu audzināšanu nav saņēmuši. Ja mēs spēsim mūsdienu bērnus audzināt integrālā garā, tad pēc tam, kad viņi būs kļuvuši par vecākiem, viņi to varēs ģimenē mācīt saviem bērniem. Bet pagaidām tikai mēs, audzinātāji, varam ar bērniem strādāt. Vienai paaudzei jāsaņem pareiza audzināšana skolā.

— Vai par audzinātāju skolā jābūt cilvēkam, kas apguvis, jūsu terminoloģijā izsakoties, integrālo audzināšanu?

— Jā. Tieši integrālā audzināšana notiekošo skaidro vienkāršā un saprotamā veidā, sniedz pamatojumu dabas izpratnei un līdzekļus cilvēka, ģimenes un sabiedrības problēmu risināšanai.

— Apgūstot dabas likumus, cilvēks visu procesu izdzīvo sevī un mācās saprast otru.

— Tā tas ir, bet var organizēt kursus, kuros pusgada vai gada laikā sagatavos speciālistus darbam ar šā vecumposma bērniem. Darbs ar bērniem jāturpina līdz skolas pabeigšanai, līdz armijai, pat vēl augstskolā. Cilvēkam visu mūžu jāmācās veidot pareizu saikni ar apkārtējiem. Esmu pārliecināts, ka pienāks laiks, kad ar to nodarbosies arī uzņēmumos. Patiesībā šim procesam jāturpinās visu mūžu. Šai sabiedrības pārmaiņu procesā plašsaziņas līdzekļiem jāatrodas pirmajās līnijās. Vairākas reizes nedēļā televīzijā jābūt ģimenes raidījumiem, turklāt tādiem, lai katra ģimene, ieskaitot tās pieaugušos un nepieaugušos locekļus, tajos redzētu sevi kā spogulī.

— Tāds kā mājas teātris?

— Jā, taču ne vienkārši teātris, bet tā organizēts, lai cilvēki redzētu un analizētu attiecības, pētītu sevi saistībā ar parādītajiem piemēriem. Tas varētu pa īstam veidot cilvēku. Manuprāt, tas ir obligāti nepieciešams, citādi cilvēce var nolaisties līdz dzīvnieka līmenim.

— Es gribu atgriezties pie vecākiem. Vai paralēli skolai tiks organizēti kursi vecākiem?

— Es vairāk ceru uz informāciju plašsaziņas līdzekļos un revolūciju, kurai tajos vajadzētu notikt. Plašsaziņas līdzekļiem jāpāriet valsts un sabiedrības pārziņā, un tie pareizi jāizmanto. Patlaban plašsaziņas līdzekļi nevis audzina un veido cilvēku, bet gan grauj.

— Jā, patiešām, tie nodara daudz ļauna.

— Patiesībā tie ir ļoti spēcīgi informācijas nesēji, kas piesaista cilvēku uzmanību, un tāpēc var sniegt arī lielu labumu. Es ceru, ka mēs varēsim izveidot raidījumu sērijas bērniem ar to bērnu palīdzību, kuri darbojas mūsu pulciņos, bet pieaugušajiem — ar tādu speciālistu palīdzību, kā, piemēram, jūs.

— Jā, es jau sāku apsvērt, kā to īstenot. Psihodramatiskās metodes patiešām var būt spēcīgs līdzeklis, tāpat stāsts, ko mēs šodien izmantojam psiholoģiskajā praksē. Tikai tam jābūt ar jaunu saturu.

— Es gribu atgriezties pie tēmas par audzināšanu ģimenē. Patlaban mēs saskaramies ar to, ka bērni jau pusaudža vecumā attālinās no vecākiem, un vecāki neko nespēj mainīt.

— Tā ir tā pati problēma. Mēs taču dzīvojam sabiedrībā, kura sastāv no ģimenēm un atsevišķām personībām, un visi ir savstarpēji cits ar citu saistīti. Tas bērnam jāpaskaidro, turklāt dabiski, nepiespiesti.

— Vai vecākiem arī vajag paskaidrot? Piemēram, vai vecāki, kuri lasa mūsu sarunas, var atrast kādu praktisku padomu attiecībā uz pārmaiņām ģimenē, sākot runāt par to ar bērnu?

— Ar bērnu jārunā noteikti un viņam jāpaskaidro.

— Pamēģināsim tomēr dot kādu konkrētu padomu vecākiem — ko darīt, lai bērni neatsvešinās no vecākiem jau 9–12 gadu vecumā.

— Es ņēmu savus bērnus līdzi uz muzejiem. Es aizvedu viņus uz veselu mēnesi uz Kanādu un tur vadāju pa muzejiem.

— Ko jūs gribējāt viņiem parādīt?

— Cilvēka uzbūvi, dzimumatšķirības un savstarpējās attiecības — tas viss ir, piemēram, Toronto Dabaszinātņu muzejā.

— Un jūs ar bērniem runājāt pilnīgi brīvi?

— Protams. Es sēdēju viņiem blakus, kad viņi skatījās filmas par to, kā rodas bērni, un paskaidroju viņiem, ka tāda ir daba. Visu laiku atkārtoju šo vārdu: daba.

— Bet jūs taču runājāt ar viņiem ne tikai par skudru vairošanos.

— Protams. Nevajag slēpt no bērniem neko, kas ar šo tēmu saistīts, bet, gluži otrādi, vajag runāt un runāt vienkāršiem vārdiem, nepārtraukti skaidrojot, ka tas ir dabiski. Tā mēs mazinām lielu daļu īpašās intereses par šo tēmu un spriedzi, kas saistīta ar tās slēpšanu. Jo tieši apslēptais piesaista, padarīsiet to atklātu — un problēmas izzudīs. Nepieciešams uzaicināt psihologus, lai viņi izskaidro visādas novirzes. Bērniem par tām jāzina un jāpiesargās. Kopumā vajag pēc iespējas vairāk visu parādīt, izskaidrot, apspriest.

— Mērķtiecīga atklātība, ko pavada paskaidrojumi. Es redzu, ka ar savu pieeju šim jautājumam integrālā audzināšana atšķiras no visiem pārējiem psiholoģijas virzieniem.

— Tāpēc ka tā ir vistuvāk dabai.

— Jā, taču psiholoģija pauž vienotu nostāju, ka kādā attīstības posmā bērnam jāatraujas no vecākiem. Citādi viņš paliks tiem piesaistīts un nekļūs patstāvīgs. Tas ir dabisks process.

— Tieši pretēji, tas ir pilnīgi nedabisks. Nevajag saraut saikni ar bērnu, bet rīkoties otrādi, nolaisties līdz viņa līmenim, lai šo saikni saglabātu un paliktu draugs. Un tad nebūs nekādu problēmu. Mana māte — ārste ginekoloģe ar mani vienmēr runāja pilnīgi atklāti.

— Jā, viņa ar jums runāja, jo viņa bija kompetenta šai jautājumā.

— Nē, es runāju par pavisam nelielu vecumu. Viņa saprata, ka vajag ar mani runāt, lai mazinātu šīs tēmas svarīgumu, novestu to līdz pašam vienkāršākajam, dabiskajam līmenim.

— Jūs iesakāt vecākiem saglabāt draudzīgas attiecības ar bērniem, bet bērni ne pārāk pēc tā tiecas.

— Nav taisnība. Ja bērni sajutīs, ka vecāki nevis izturas pret viņiem kā pret maziem bērniem, bet runā kā ar līdzvērtīgiem, tad viņi tādas attiecības vēlēsies saglabāt. Es arī runāju ar bērniem par visām tēmām, un viņi lūdz manu padomu dažādos jautājumos, ieskaitot intīmos. Tā nav mana pieredze, tādu attiecību piemēri ir arī citās ģimenēs.

— Tātad ir jau tādi piemēri, kas liecina, ka dažādu paaudžu starpā pastāv draudzīgas attiecības, kuras ar laiku nebeidzas. To noslēpums — savstarpēja cieņa un līdzvērtīgu sarunbiedru domu apmaiņa.

— Šajā vecumā mēs novērojam tādu parādību kā grupu veidošanos un cenšanos kļūt populāram pretējā dzimuma pārstāvju acīs.

Piemēram, ja kāds no zēniem ļoti patīk meitenēm, viņš zēnu vidū kļūst par līderi.

— Līdera tēma bērnu vidē ir ļoti svarīga. Mums jāpievērš šim jautājumam uzmanība un jāpaskaidro bērniem, ka tādām īpašībām kā skaudība, kaislība, vēlme valdīt, ieņemt zināmu stāvokli var būt dažāda gradācija — tās var būt lietderīgas vai kaitīgas. Ļoti svarīgi minēt piemērus. Stundas vietā, piemēram, var parādīt filmu par lepnību, kas galu galā noved līdz kraham un pāraug ienaidā. Taču filmas noskatīšanās jāpapildina ar paskaidrojumiem, disputiem. Saruna par blakusproblēmām mazina spriedzi. Tas ir nepārtraukts darbs, jo cilvēka ego arī nepārtraukti aug. Taču, ja ir sapratne par to, ka cilvēku tādu radījusi daba, nevis viņš pats izvēlējies tā uzvesties, bet kaut kas iekšējs liek viņam tā rīkoties, un ja mēs iemācīsim bērnam sevi vērot no malas, tad viņam būs vieglāk tikt galā ar visām savas iedabas negatīvajām izpausmēm.

— Šai vecumā daba ļoti "spēlējas" ar bērniem. Minēsim tādu parādību kā "klauns", kurš ir sastopams katrā klasē. Bērni sliecas uz uzvedības galējām formām un it kā tās izmēģina.

— Tas tāpēc, ka viņi cenšas pievērst sev uzmanību.

— Kā izturēties pret tādām parādībām?

— Ja iemācīsim bērnam saprast pašam sevi, tad tā nebūs nekāda dižā problēma. Tad viņš sevī saskatīs pretējo spēku iekšējo cīņu un viņam patiks to atpazīt. Turklāt, ja arī pārējie bērni klasē sapratīs, ka tamlīdzīga klaunāde izriet no viņu biedra vēlmes izpelnīties īpašu attieksmi, tad "klaunam" zudīs šādas uzvedības jēga un klaunāde vairs neatkārtosies.

— Tā gluži vienkārši neradīs vēlamo efektu.

— Pilnīgi pareizi. Parādiet klases problēmas filmas skatīšanās laikā — un pēc tam apspriediet varoņus. Pavērojiet, cik lielā mērā tas tika saprasts un kā šīs problēmas aspektā mainījusies situācija klasē. Klasē jārada tāda maza cilvēku sabiedrība, kura pēta pati sevi, un tādējādi visiem tās locekļiem dzīve kļūst saprotama, caurskatāma. Tādas sabiedrības radīšana ir nopietns pedagoģisks uzdevums.

— Tas nebūt nav vienkārši, jo šajā vecumā pusaudzis ir koncentrējies tikai pats uz sevi. Un vēl uz to, lai izturētos izaicinoši pret pieaugušajiem.

— Jā, bet pret šo egocentrismu ir citi pusaudži. Cenšoties cīnīties ar bērna vērstību tikai uz sevi, mēs varam griezties ne tikai pie viņa paša, bet arī izmantot citu bērnu ietekmes spēku. Tieši viņiem ar savu attieksmi pret biedru — labo izpausmju pieņemšanu un slikto noraidīšanu — vajadzētu pusaudzim palīdzēt izvēlēties uzvedības modeli, kas ņem vērā citu cilvēku intereses.

— Vai jūs piedāvājat izmantot kolektīva ietekmi?

— Jā, šis spēks liks viņam mainīties.

— Vai tas nav pārāk skarbi pret bērnu?

— Ne vairāk par to, kas bērnu sabiedrībās novērojams patlaban. Šodien bērnu sabiedrība ir viscietsirdīgākā, un bērni to neapzinās.

— Turklāt, ja pieaugušie neiejaucas, cietsirdība var izpausties galējās formās.

— Atklāt cilvēka iekšējo iedabu — tas ir visu problēmu atrisinājums, jo te mēs jau redzam cilvēku — mazu, bet jau cilvēku ar savu attieksmi pret sabiedrību.

— Es gribu parunāt par attiecībām starp meitenēm un zēniem. Iepriekšējās sarunās jūs minējāt, ka, sākot no triju gadu vecuma, tas ir, faktiski desmit gadu garumā viņi viens otru neredz, ir pilnībā nošķirti. Un tad viņi satiekas...

— Nē, mēs runājām tikai par vēlamo. Taču lielākajā daļā skolu visās valstīs pasaulē pilnīga meiteņu un zēnu nošķiršana nepastāv. Mēs neieviesīsim neko ārpus vispārpieņemtajiem ietvariem, bet mūsu audzināšana būs skaidra un atklāta. Šā jautājuma risināšanā viss būs atkarīgs no tā, kā sistēma attīstīsies, kā būs sagatavotas mācību programmas, mācību līdzekļi utt. Sabiedrībai risināms milzīgs uzdevums, tas būs obligāti jārisina, citādi izaugs paaudze, kas galīgi neatbildīs dabai, tas nozīmē — tāda, kas pastāvīgi cieš...

— Izdarīsim secinājumus. Mēs runājām par to, kā audzināt bērnu, lai viņš kļūst pats sev par psihologu, spēj analizēt savu uzvedību, atpazīt pretējo iekšējo spēku cīniņu sevī un gūt baudu no šā atklājuma. Tāda pieeja ir ārkārtīgi svarīga arī pareizas sabiedrības veidošanā. Tāda patstāvīga analīze veido bērnā iekšējo briedumu, neraugoties uz vecumu. Mēs runājām par līdzekļiem, kas tādai audzināšanai nepieciešami. Tās ir filmas, atklātas sarunas skolā un mājās par absolūti visām tēmām, kas skar cilvēka iedabu. Mēs ceram, ka varēsim radīt pārraižu sērijas ģimenēm, kurās gan pieaugušie, gan bērni varēs kā spogulī redzēt savas attiecības un problēmas, un tas palīdzēs risināt līdzīgas problēmas ģimenēs.

SKAUDĪBA UN VARDARBĪBA

— Mēs gribam noskaidrot, kā izaudzināt laimīgu paaudzi. Mani ļoti nodarbina skaudības tēma. Kad mēs gaidām, lai bērns darbotos sabiedrības labā, ļoti bieži saskaramies ar skaudības izpausmēm. Ja viens saņem, arī otrs to vēlas. Pat vecumposmā no sešiem līdz deviņiem gadiem tas ir ļoti spilgti izteikts. Katrs cenšas izcelties, izpelnīties atzinību. Pētījumi rāda, ka pietiek skolotājam pateikt kādu atzinīgu vārdu bērnam, kas nav ar sevi apmierināts, lai palīdzētu viņam atgūties. Un otrādi. Kad skolotājs bērnam nepievērš uzmanību, neatbalsta, neizceļ, bērns ātri zaudē pārliecību, spēju darboties un mācīties. Kā cīnīties ar skaudību?

— Audzināšana ir sarežģīta zinātne. Sarežģīta, jo tās izpratne veidota, balstoties uz divu pretēju parādību savienošanu. No vienas puses, individuālā attīstība, no otras, — sabiedriskā, kolektīvā attīstība. To mērķi reizēm ir pretēji. No vienas puses, esmu tāds pats kā visi un vēlos būt vienots ar visiem, nekādi neizceļoties. Sabiedrība man ir galvenais, un es tai kalpošu, nevis lai gūtu kādu izdevīgumu sev vai vēloties izmantot cilvēkus, bet no tīras sirds. Es rūpējos par sabiedrību kā pieaugušais par bērniem. No citas puses, jābūt arī personīgajai attīstībai, kuru virza skaudība, alkas pēc pagodinājumiem un slavas, kā arī ienaids — visas mūsu individuālās un pat cietsirdīgās tieksmes. Protams, viss atkarīgs no tā, kā šīs izpausmes izmanto, bet tās visas ir katrā no mums. Tāda problēma tiešām pastāv, tāpēc aplūkosim katru tās aspektu atsevišķi un pēc tam noskaidrosim, kā tos savienot kopā, jo tas jau ir pats grūtākais. Vispirms, nodarbojoties ar bērna vai pat pieauguša cilvēka attīstību, nedrīkst neko viņa iedabā "izdzēst". Viņa spējas jāizmanto optimālā veidā. Ar "optimāls" šai gadījumā saprotam, ka nav pretrunu starp personīgo un sabiedrisko labumu. Ja tāda sadursme pastāv, tas nozīmē, ka tu kā mācību organizators, sociologs un pētnieks darbojies nepareizi. Bet mums vajag zināt, kā sabiedrību un cilvēku aizvest līdz labam, harmoniskam savstarpējam stāvoklim.

— Taču skaudībai ir sava nozīme, tāpat kā pagodinājumiem. Ne par velti tie pastāv.

— Kā gan mēs bez tiem attīstītos? Lai skaudība, pagodinājumu un slavas kāre mani manā individuālajā attīstībā virza uz to, lai es kļūstu par aktīvu un lietderīgu sabiedrības sastāvdaļu un spētu panākt sabiedrībā vienlīdzību, harmoniju, vienotību. Tai pašā laikā lai katrs ar kaut ko tikai sev reksturīgu izceļas, ar to, ko tikai viņš var bagātināt sabiedrību, neviens cits...

— Jautājums — kā to sasniegt? To, ka skaudība var būt pozitīvs dzinulis, es saprotu.

— Nepieciešama dažādu lietu savienošana. Pilnība veidojas pretēju elementu savienošanā. Kā mūsu ķermenī, kura vienas daļas uzņem, bet citas — izdala, saspiež vai pavājina. Sistēmas ir dažādas, arī pretējas, taču starp tām darbojas harmonijas likums, saskaņā ar kuru tās funkcionē vienam mērķim — dzīvei. Arī mums vajag pārvarēt personīgo interešu šaurību. Es gribu būt vislabākais, visstiprākais, bet tikai tālab, lai kalpotu sabiedrībai, lai tā zeltu, jo bez tās nav arī manis.

— Uz jūsu sacīto var balstīt metodiku darbam ar bērniem: regulāri rādīt viņiem tādus piemērus un paraugus, kur vairākas daļas veido veselumu, tā ir labāka pieeja par veco, kura apskata atsevišķus veselo veidojošos elementus. Ko iesākt ar vēlēšanos būt vislabākajam? Tā mums ir dabas dota.

— Un lai tā ir! Es to varu izmantot visas sabiedrības labā. Es neapspiežu citus, bet cenšos atrast tādu aspektu, lai varētu priecāties par to, ka esmu ar viņiem kopā. Tad kopējā laime man sniegs baudu, sagādās gandarījumu. Liels sasniegums bērnam vai pieaugušam cilvēkam ir saprast, ka citādi viņš sagraus sabiedrību un kopā ar to aizies postā arī viņš pats.

— Kā to īstenot sabiedrībā?

— Ar bērniem tas ir izdarāms vienkārši, jo viņus var šai virzienā audzināt. Ieradums kļūs par otro dabu, un tu pārliecināsies, ka pēc tam viņi nevarēs rīkoties citādi. Audzināšanas zinātne uzsver, ka cilvēkā neko nedrīkst sagraut. Dažādām tieksmēm, skaudības, kaislības, pagodinājumu kāres un varaskāres izpausmēm vajag ļaut attīstīties — tikai pareizā virzienā. Ja gribas valdīt, tad — pār sevi, ja ienīst, — tad ko tu gribi ienīst sevī? Kādā mērā pār tevi valda kaisle, cik tā atstāj tevī tīri cilvēcīgā? Kas slikts pagodinājumos? Ja es sevi necienīšu un negribēšu, ka mani ciena, tad man nebūs saiknes ar sabiedrību.

— Bet kā to pavērst pareizā virzienā?

— Visu nosaka tas, kādu cieņu cilvēks meklē, par ko viņu ciena un kas tieši ciena. Ja tu prasmīgi izmanto visas cilvēciskās tieksmes, tad pārvaldi bērnu, veido no viņa visu, ko vēlies. Tu viņu vari sagatavot jebkam.

— Teiksim, apbalvot to, kas skolā vai mājās veic labus darbus. Tādējādi izmantot viņa tieksmi pēc cieņas, bet tā vietā, lai būtu pirmais, lai viņš ir vislabākais, lai palīdz vairāk par citiem.

— Es tomēr uzskatu, ka nekam nevajadzētu norisināties "aizkulisēs", audzinātājam nav jādarbojas bērniem aiz muguras un nav jāveic ar viņiem kaut kādas manipulācijas. Viņam jārīkojas tieši pretēji — jāizvirza jautājums noskaidrošanai.

— Atklāta saruna?

— Jā. Atklāta saruna ar bērniem, lai parādītu, cik ļoti viņi pakļauti savām tieksmēm, kuras tomēr ir iespējams kontrolēt un izmantot, sākot no slikta līdz labam mērķim un otrādi. Parādīt bērnam, ka viņš spēj, no vienas puses, pakļaut savas tieksmes, bet, no otras puses, cik lielā mērā šīs specifiskās īpašības valda pār viņu.

— Būtībā tiek piedāvāta tāda kā sadalīšana, kuru psiholoģijā dēvē par darbu ar daļām un iziešanu ārpus sevis. Mēs sakām bērnam: tavas dusmas — tas tu neesi viss. Tevī ir arī kas cits. Ja tu paraudzīsies uz savām dusmām no malas, sapratīsi, uz ko tās tevi virza, un varēsi tās kontrolēt. Izmanto tās, bet tikai pareizi.

— Vai "pareizi" nozīmē — sabiedrības labā?

— Kopumā — jā, jo sabiedrības labklājība garantē man panākumus. Mums tas jāparāda bērnam, un tas ir atkarīgs no tā, kā mēs veidojam viņa apkārtni, jo to taču darām mēs. Vai viņš vēlas vai ne, bet viņš tajā atrodas. Ja mēs bērnam veidojam vidi tā, ka tā demonstrē pieņemtos standartus un atbilstoši tiem novērtē bērnu, viņam nav izvēles. Viņš vēlēsies atbilst šiem standartiem un izpelnīties sabiedrības atzinību.

— Tātad sabiedrībai jābalstās uz principu — "ne uz citu rēķina"? Neko nedarīt uz citu rēķina, citādi mēs visu sagrausim.

— Jā, un tad jebkura kritika vai jautājums, ko bērni noskaidro savā starpā, lai pieņemtu lēmumu — saprotams, ar audzinātāja palīdzību —, būs pakārtots šim noteikumam.

— Bet ko lai dara, ja neizdodas? Ko lai dara, ja bērns liek lietā spēku un kaujas? Mūsdienās parastajā skolā vardarbība ir viena no vissmagākajām problēmām. Bērni dodas uz skolu ar pašaizsardzības līdzekļiem. Viņi baidās, ka viņu fiziskā drošība būs apdraudēta, ja nebūs iespēju sevi aizsargāt. Vai otrādi, bērns tiecas demonstrēt savu varu pār pārējiem, iedzen bailes citos bērnos. Šodien mēs saskaramies arī ar īstu noziedzību. Jautājums ir tāds: kā palīdzēt? Pieņemsim, ka ir noticis vardarbības gadījums: kāds ar kādu ir sakāvies, radījis sāpes. Kas mums jādara tādā situācijā? Vai jāorganizē apspriešana uzreiz vai jānogaida pāris dienu?

— Problēma risināma kompleksi. Audzināšanai nav tiesību sniegt vienreizējus risinājumus, tā neizdara vietējās injekcijas. Vai nu mēs labojam, vai ne — to nedrīkst darīt pa pusei. Nav iespējams palikt savā egoismā un cerēt uz labākiem laikiem. Tāpēc nepieciešams veidot programmu un darboties saskaņā ar to: kopā ar vecākiem, bērniem un visu skolas kolektīvu. Vispirms mums jaunajai integrālajai audzināšanai jāsagatavo vecāki un skolotāji. Gan klasē, gan mājās bērns jāaudzina saskaņā ar vienotiem principiem un vērtībām. Viņam nav no skolotāja jādzird viens, bet mājās — kas cits. Visam jābūt vienotam: jāveido nevis divas dažādas vides, bet gan viena homogēna vide, par kuru mums jārūpējas.

— Īstenojot šo procesu, mēs darbojamies pakāpeniski. Pat tad, kad bērns veido savu iedabu, reizēm tā izraujas ārā.

— Un ļoti labi, ka izraujas, jo bērns no tā mācās. Būs lieliski, ja mēs ik mirkli konstatēsim savā ceļā traucējumus. Mēs tos varam apspriest, mācīties no šā materiāla, izdarīt secinājumus, strādāt klasē. Katrs pieraksta, ko viņš redzējis, kāpēc noticis tā, bet ne citādi. Katram jākļūst par psihologu pašam sev.

— Tas jau ir uz jūtām vērsts darbs.

— Protams! Viņam taču jāizaug par cilvēku, par personību. Kā gan citādi viņš kļūs par pareizu, derīgu sabiedrības locekli?

— Vai tas nozīmē, ka mēs bērniem sakām: labi, jūs sastrīdējāties, bet vai tagad to nepārrunāsim, neizanalizēsim? Jūs pēkšņi noslīdējāt līdz dzīvnieku un zvēru līmenim, tagad paskatīsimies filmu par to, kā konflikti risinās dabā, dzīvnieku pasaulē. Vajag izmantot uzvedinošu jautājumu: vai tie līdzinās mums? Vai problēmas apspriešanu labāk organizēt uzreiz pēc notikuma vai vēlāk?

— Vēlāk var pārrunāt notikušo tikai tādā gadījumā, ja bērni atceras, kas notika, un spēj par to spriest, atskatoties pagātnē. Tas iespējams tikai tādā vecumposmā, kad bērns ir spējīgs saprast notikumu saistību.

— Tātad, tiklīdz incidents ir noticis, mēs uzreiz parādām kādu filmu par dabu un sākam apspriest, kāpēc tā noticis, pat ja bērns nav gatavs uztverei. Parasti viņš ir emociju varā, jo ir vai nu pats kādam iesitis, vai viņam kāds iesitis.

— Pēc lieliem emociju uzplūdiem bērns ātri nomierinās. Taču vairāk par visu viņš nevēlas to apspriest. Viņš ļoti grib notikušo aizmirst. Viņš ir gatavs saņemt un izciest sodu un dzīvot tālāk. Bet runāt par to, kas ar viņu noticis un kā to labot, viņš nevēlas. Es pieļauju, ka viens no jūsu priekšlikuma aspektiem — pārvērst notikušo par materiālu apspriešanai.

— Lai pusi dienas skolā viņi nodarbojas ar notikušā apspriešanu.

— Bērns nedarīs blēņas tāpēc vien, ka negribēs pēc tam pusi dienas tās analizēt!

— To arī sauc par audzināšanu. Tā mēs veidojam cilvēku.

— Bieži vardarbību bērnu vidē izraisījuši piemēri, kas aizgūti no televīzijas vai interneta.

— Es jau sacīju, ka bērna apkārtējai videi jābūt homogēnai. Nav pieļaujams, ka mājās viņš skatās televīzijas programmas, kuras ietver informāciju, kas novērš no mūsu izraudzītā virziena. Un es novēroju ļoti satraucošu ainu: vardarbība, prostitūcija, narkotikas, šausmīgi uzvedības piemēri. Tas viss jau ir zaudējis asumu — mēs tam nepievēršam uzmanību. Tomēr to turpina translēt, un, dabiski, cilvēks aug atbilstoši tam, ko redz.

— Jūsu sacītais saskan ar psiholoģiskajām pieejām, kuras apgalvo: jo vairāk vardarbības filmās, jo sliktāk mums. Taču ir arī pretējs uzskats: kāpēc gan neparādīt bērniem visu?! Lai mācās, kā nevajag uzvesties.

— Tā nemēdz būt.

— Ir arī tāds viedoklis: ja mēs turam bērnu "siltumnīcas" apstākļos un neļaujam viņam uzzināt, kāda ir īstā dzīve, tad, saskaroties ar to, viņu gaida trieciens.

— Ja mēs visu to vienreiz izbeigsim un sāksim pa televīzijas kanāliem, skolā un mājās audzināt bērnus citādi, kas tajā slikts? Bet ko mēs darām? Mēs parādām cilvēku sabiedrību, kas degradējusies līdz zvērībām un tās demonstrē. Pat dzīvē nav tā, kā mums parāda filmās. Iznāk, ka mēs vēlamies vēl vairāk palielināt vardarbību, padarīt to par dzīves normu.

— Vai jūs domājat, ka šie bērni pēc tam dzīvē nebūs veiksmīgi?

— Viņi nepratīs cīnīties.

— Viņiem arī nevajag karot. Kāpēc jūs domājat, ka tāds, kas prot karot, gūst panākumus? Miniet tādus piemērus!

— Es nezinu, cik veiksmīgs būs bērns, bet viņš spēs atbildēt uz karu ar karu.

— Atbildēt? Neviens no tā neko negūs! Nevienam no tā nebūs nekāda labuma!

— Pats par sevi saprotams, ka abām pusēm ir zaudējumi.

— Neviens neuzvar! Kad mēs gatavojam bērnu iziešanai dzīvē, mēs viņu mācām, lai viņš nekļūtu par huligānu un bandītu. Ja tev uzbrūk — ej prom, bēdz! Esi labs pret cilvēkiem, iecietīgs, atsaucīgs! Kāpēc mēs viņam nesakām: ņem nazi, nūju, bruņojies? Tāpēc ka zemapziņā saprotam: īsta drošība ir iespējama tādā gadījumā, kad cilvēks uzvedas labi. Tas vienmēr garantē lielāku drošību. Tā mēs neizsaucam uguni uz sevi. Tāpēc nedrīkst bērnam mācīt agresiju.

— Izdarīsim secinājumus. Mēs runājām par to, kā pareizi izmantot mūsu tieksmes: nevis cīnīties ar tām, bet ievirzīt pareizā gultnē — sabiedrības labā, bet ne paša labā. Šis sīkais labojums — akcentu pārcēlums — mainīs sabiedrību. Mēs runājām par vardarbību. Ja notikusi vardarba, to vajag nekavējoties apturēt un apspriest ar viņiem, kas noticis. Katrs tad varēs pārliecināties, ka viņā dusošais "zvērs" ir pamodies. Neaizmirsīsim, ka pareiza attieksme pret sabiedrību — mīlestība pret to — spēj dot bērnam nepieciešamo pārliecību par savām spējām.

PARTNERA UN PROFESIJAS IZVĒLE

— Mēs pārtraucām sarunu pie perioda, kad beidzas dzimumnobriešanas posms un nākamie partneri iepazīstas viens ar otru. Šīs tēmas noslēgumam mēs sagatavojām jautājumus, kurus vēlamies apspriest, lai palīdzētu vecākiem tikt galā ar šā vecumposma bērnu tipiskākajām problēmām.

— Kādā vecumā integrālā audzināšana iesaka jauniešiem stāties laulībā vai veidot pastāvīgas attiecības? Tiek uzskatīts, ka vīrietim un sievietei vispirms sevi jāizmēģina. Ir moratorija jēdziens, kad ļaudis speciāli atliek laulību līdz 30–35 gadiem un tikai tad jūt, ka ir gatavi veidot ģimeni.

— Bet kāpēc pēkšņi "drīkst"? Kas tad mainās?

— Viņi jūt, ka ir nobrieduši. To rada vēlēšanās neko šai dzīvē nepalaist garām, tieksme gūt pēc iespējas vairāk iespaidu un dzīves pieredzes. Tajā pašā laikā ir tik sarežģīti saprast, ko tad es īsti gribu? Noskaidrošanai aiziet daudz laika. Manuprāt, nevis tiek meklētas iekšējas atbildes uz jautājumiem "Kas es esmu?", "Kāds es esmu?", "Kas man ir piemērots?", bet gan izmantota mēģinājumu un kļūdu metode. Tas ir ļoti garš un nogurdinošs ceļš, un tam ir sava sociālā cena. Jo ļaudis izveido ļoti daudz dažādu sociālo saišu, daudzas reizes šķiras. Ja vīrietis un sieviete vairākus gadus dzīvo kopā, tad viņu šķiršanās — ir visīstākā šķiršanās. Pat ekonomiski viņi jau ir viens ar otru saistīti, tāpēc šķiršanās viņiem izmaksā ļoti dārgi. Turklāt šķiršanās skaits nevis samazinās, bet gan pieaug. Ko var ieteikt mūsdienu jaunatnei daudzo un ilgo meklējumu vietā?

— Lieta tā, ka tādā veidā mēs, sava egoisma ierobežoti, mieru, mērķi un dzīves jēgu neiemantosim. Daba apveltījusi cilvēku ar egoismu ne tālab, lai mēs gūtu baudu, panākumus un apmierinātos tikai ar to, ko tas prasa. Egoisms pastāv, un mums tas dots vienīgi tālab, lai mudinātu apvienoties un šai apvienībā atklātu jaunas eksistences formas. Jo dzīvot egoismā — tā ir visšaurākā un visaprobežotākā no visām iespējām. Kā saka dzejnieki, mēs dzīvojam "vissliktākajā no pasaulēm".

— Vai šī pasaule ir jau pats bedres dibens?

— Jā, tas ir bedres dibens, sliktāk vairs nebūs. Mēs vienkārši nezinām, ko nozīmē "labāk". Ja jau mēs spējam būt apmierināti ar to, kas šeit ir, tad iedomājieties, cik daudzreiz var būt labāk! Tāpēc mums jāskaidro jaunatnei, izmantojot piemērus no zinātnes un psiholoģijas, — ieskaitot visas disciplīnas un zinātnisku notiekošā skaidrojumu, — ka mūsu eksistences mērķis ir attīstība, taču tā nav attīstība patlaban izplatītajā seklajā izpratnē: būt gudrākam, stiprākam, bagātākam utt. līdz pat lidojumiem uz zvaigznēm. Mēs jūtam, ka esam sevi izsmēluši un mūs nekas vairs nesaista. Mums gribas aizvērt acis un neredzēt šo pasauli — tāds ir pārejas periods, kurā mēs dzīvojam. Tāpēc mēs esam vīlušies, mums nav izvēles un tāpēc mēs sevi nodarbinām, izdomājot dažādas muļķības, lai tikai kaut ko darītu un nopietni nedomātu par dzīvi.

— Tas ir pamanāms arvien skaidrāk, taču kurp tas ved?

— Patiesībā mēs esam brīnišķīga pacēluma priekšvakarā. Tas mūs aizraus kā nekas cits iepriekš, jo mēs paceļamies citā eksistences līmenī, citā dimensijā, aizsākam jaunu ēru. Tā būs pasaule, ko atklāsim savā apvienībā. Cilvēka sajūtās pasaule — tā ir "matērija, kas mums dota sajūtās". Kad mēs uztveram pasauli sevī, savā egoismā, vai arī kopējā vienotības sajūtā kā vienu veselumu — mēs uztveram dažādas pasaules. Mums bērni jāgatavo jaunai pasaules uztverei — integrālai. Daba tik un tā mūs līdz tai novedīs... ar krīzēm. Tad jau labāk negaidīt un pašiem turp aizvest!

— Kādā vecumā var izdarīt izvēli?

— Visa nākotne cilvēkā tiek iebūvēta vecumposmā no sešiem līdz deviņiem gadiem. Turpmākajos gados viņš tikai attīsta savus iespaidus par pasauli un tos papildina.

— Piecpadsmit gadu vecumā cilvēkam tikai sāk parādīties personības nedalāmības, vienotības sajūta. Tas attiecas uz to, kam viņš dod priekšroku, kādas ir viņa spējas, noskaidrojas noslieces, intereses.

— Mēs nosakām kopējo attīstības tendenci — uz kādām zinātnēm vai jaunrades veidu bērns tendēts: zīmēšanu, mūziku, medicīnu, tehniku vai sportu. Mēs nosakām bērna kopējo virzību. Mēs izvēlamies viņam nevis konkrētu profesiju, bet tikai nosakām viņa spēju lietojuma jomu. Atbilstoši izraudzītajai zināšanu jomai mēs bērnus iedalām dažādās mācību grupās. Taču audzināšana viņiem notiek visiem kopā. Mūsdienu skolās tā taču dara, vai nav tiesa?

— Vai partnera un profesijas izvēles jautājumus var sākt apspriest jau septiņpadsmit gadu vecumā?

— Man šķiet, ka tad jau ir par vēlu. Bērnam savas tieksmes jāaptver jau desmit gadu vecumā. Bet mums jāorientē cilvēki izdarīt izvēli, tā mēs izvairīsimies no daudzām problēmām. Bērns izdara izvēli kopā ar vecākiem saņemtās audzināšanas ietekmē. Vispār jau viņš vairs nav bērns, tikai mēs viņu tā saucam. Ja māja, ģimene, profesija, apkārtējā sabiedrība, kas bērnam dod visu, virzās uz integrāciju, tad mums nebūs jākonstatē, ka mūsu bērns trīsdesmit gadu vecumā nav precējies, jau ir nomainījis vairākas profesijas, desmitiem sieviešu, ir bez mazākās izpratnes, kas ar viņu notiek un kāpēc viņš dzīvo.

— Varu teikt, ka man pazīstamo pusaudžu vidū es novēroju, ka jutekliskās pasaules veidošanās un attīstības noslēgums viņiem notiek sešpadsmit–astoņpadsmit gadu vecumā.

— Tas notiek tāpēc, ka viņi nepieciešamo audzināšanu nesaņem agrāk. Jau no sešiem gadiem un turpmāk bērns iepazīst apkārtējo pasauli un pats sevi. Ja viņš tiek pareizi audzināts (sarunas, apspriešana, pasākumu apmeklēšana, viņam tiek izskaidrota pasaules uzbūve), viņš sāk sajust apkārtni un sevi, iepazīst dabas pamatlikumus, sabiedrības pamatus, kas atklāj viņam, kā izpaužas dabas vara, — tad jau piecpadsmit gados viņš ir pietiekami attīstīts un gatavs pieauguša cilvēka dzīvei.

— Vai atceraties sevi piecpadsmit gadus vecu? Vai tad jau izvēlējāties sev sievu?

— Nedomāju, ka sievas izvēle ir kaut kas ļoti sarežģīts. Es orientējos uz to, kas man bija tuvs, saprotams, labi pazīstams, bez pārsteigumiem.

— Citiem vārdiem, uz atbilstību. Kādā vecumā cilvēkam būtu jāveido ģimene?

— Es apprecējos divdesmit piecu gadu vecumā. Kāpēc gan to nedarīt sešus septiņus gadus agrāk? Problēma ir nevis vecumā, bet gan attīstībā.

— Taisnība. Tomēr attīstība ietver arī fizioloģiskos aspektus. Teiksim, domāšana attīstās un mainās līdz piecpadsmit gadu vecumam.

— Es atkārtoju: viss ir atkarīgs no tā, cik lielā mērā mēs ļausim bērniem ātri un pareizi attīstīties.

— Vai jūs gribat teikt, ka attīstību var noteikt?

— Spriežot pēc manu skolēnu bērniem, kuri pat to audzināšanu, par ko runājam, nesaņem pilnā apmērā, es redzu, ka puiši un meitenes jau ap septiņpadsmit gadiem ir absolūti gatavi normālai veselīgai ģimenes dzīvei. Sakiet, ar ko atšķiras mūsdienu cilvēks, kurš attīstās un aug daudz intensīvāk, no cilvēka, kurš dzīvoja pirms 100–200 gadiem, kad laulība tika slēgta agrā jaunībā? Es domāju, ka tādējādi mēs ļausim mūsu bērniem izvairīties no visādām nevajadzīgām saiknēm un problēmām. Katrā ziņā viņi stājas sakaros cits ar citu... Kāpēc ļaut visam tam vaļu? Pats labākais — dot bērniem labu audzināšanu un organizēt viņu dzīvi tā, lai viņi zina to, kas viņiem patiešām ir svarīgi. Es redzu, ka bērni, kurus mēs audzinām ar integrālās audzināšanas metodikas palīdzību, nekur no mums prom "neaizbēg". Viņi ir gatavi laulībām, gatavi būt mūsu vidū.

— Viņos tiešām izpaužas briedums, to es pati novēroju. Bez šaubām, viņi saprot, par ko mēs runājam. Viņu ķermeniskās vēlmes viņiem pašiem nav dzīves galvenā problēma un satvars kā parastajiem bērniem. Pusaudža vecumā parastie bērni ir vāji attīstīti dzimumu savstarpējo attiecību jomā. Bet mūsu bērni ir iekšēji nobrieduši. Viņi ir gatavi dzimumu attiecību veselīgai uztverei. Viņi zina, kas viņus virza, ko tieši viņi grib un kāpēc. Protams, ka meklē dzimumattiecības, taču saprot, ka ne jau tās piešķir jēgu dzīvei. Pusaudzis ies, pamēģinās un atgriezīsies. Ne jau pēc dzimumattiecībām viņam visu mūžu jādzenas.

— Būtībā mūžīgos kaut kā meklējumus ārpus sevis var aizstāt ar garīgiem meklējumiem. Bet vīrietim ir vajadzība pēc ģimenes un sievietes (bet sievietei — pēc vīrieša), un to nepieciešams nodrošināt.

— Bet kādā vecumā var dibināt ģimeni?

— Es nesaskatu problēmu, ja mēs palīdzēsim mūsu bērniem radīt ģimeni septiņpadsmit astoņpadsmit gadu vecumā. Viss nokārtosies. Nav nekāda pamata to novilcināt. Tieši pretēji, novilcināšana var radīt tādas sekas, ka labāk būtu, ja viņi apprecētos vēl agrāk, lai nezaudētu orientierus. Neaizmirstiet, ka bērni paliek savā apkārtējā sabiedrības vidē. Cilvēce vienmēr ir rūpējusies par bērniem savas kopienas ietvaros. Jaunā paaudze allaž ir jutusi, ka bez vecākiem ir vēl arī vide, liels skaits cilvēku, kas ir viņiem līdzīgi un radniecīgi. Apkārtējie palīdz jaunajiem radīt ģimeni.

— Mūsdienās tas ir pilnībā zudis.

— Tas ir skaidrs, jo pasaule kļuvusi integrāla.

— Tā vienkārši sadalās sīkās daļiņās...

— Nē, viss notiek tālab, lai mēs sāktu to veidot no jauna, virs egoisma, vienotībā, tāpat kā dabā. Citādi mums neizdzīvot. Mēs to nesaprotam, nejūtam, jo galīgi nejūtam dabu kā vienotu spēku, nezinām, kā tā darbojas. Tāpat mēs nejūtam, kādas ir cilvēka vajadzības, kāda vide viņam nepieciešama, no cik jomām tai būtu jāsastāv: cilvēks, viņa ģimene, tuvie, tālie. Mums tas ir zudis. Mēs nezinām, kas ir apkārtējo, lielas kopienas atbalsts un rūpes.

— Jūs norādāt uz dažādiem sociālā atbalsta līmeņiem.

— Sādžas, ciema, dzimtas jēdzieni nav nemaz tik vienkārši. Tie ir mūsu iedabas pamats. Ja mēs no tiem attālināmies, kas tad mūs aizstāvēs? Nav iespējams vienkārši atslēgties no dabas un paziņot, ka es tam visam pārvelku svītru. Ko likt tā vietā? Un iznāk, ka cilvēks stāv viens tukšā telpā, nezinot, kas ar viņu notiek.

— Jūs minējāt šādu domu: ja māca bērnam pareizi izturēties pret apkārtējo sabiedrību — grupu, lielo ģimeni —, viņam veidojas pareiza pieeja pasaulei.

— Viņš nevar pareizi izturēties pret pasauli, ja nezina, no kurienes viņš nāk, kas viņš ir, ja neredz savu apkārtējo vidi, kura vienmēr viņu ietekmē. Mūsdienu cilvēkam tā visa ļoti pietrūkst. Turklāt es nerunāju tikai par radiniekiem. Runa ir par sabiedrību, pie kuras tu piederi, — tieši to mēs cenšamies dot mūsu bērniem. Tāpēc viņi negrib no mums aiziet prom. Piedaloties kopējos darbos un sapulcēs, viņi jūt kopējo spēku un tajā ietverto kopību — tas viņus saista. Turklāt viņi redz biedru, tēva un mātes piemēru. Mēs viņus neturam, jo tādos jautājumos cilvēku nav iespējams piespiest. Viņus saista tieši apkārtējā sabiedrība.

— Tas ir — ietekmē ne tik daudz ģimene, cik cilvēki, kurus es jūtu kā sev tuvus?

— Cilvēki, ar kuriem tev ir kopējs mērķis.

— Pasaulē tagad tieši to arī meklē, turklāt virtuālajā telpā.

— Tas ir dabas dots, mums tā pietrūkst, mēs šo slāni esam iznīcinājuši.

— Tāpat kā izirst ģimene, izirst arī daudz plašāka mēroga saites. Cilvēks paliek galīgi viens. Bet kā lai bērnā saskata tiekšanos pēc saiknes ar citiem, kā lai viņam palīdz?

— Tam paredzēti instruktori un audzinātāji. Ceru, ka kopā ar audzinātājiem un vecākiem mēs atklāsim viņu tieksmes un nodrošināsim to, kas viņiem vajadzīgs.

— Vai jūs uzskatāt, ka tas darāms agrākā vecumā, negaidot skolas pabeigšanu?

— Bez šaubām.

— Taču šis process jāvirza pieaugušajiem: nevar gaidīt, kamēr bērns pats sāk meklēt.

— Ja mēs konstatējam viņā kādu noteiktu ievirzi (talantu), mums to vajag attīstīt, pārbaudot, vai patiešām tā ir svarīga. Un tad atbalstīt. Mēs vienmēr tā rīkojamies.

— Sarunas sākumā jūs sacījāt, ka sabiedrībai vajadzīgas visas profesijas. Tas nozīmē, ka nav obligāti jākļūst par ārstu, juristu vai psihologu, lai iemantotu sabiedrības atzinību. Patiesībā profesiju ir daudz vairāk nekā tas spektrs, kas tiek propagandēts šodien.

— Ja mēs atbrīvojam bērnu no kalkulatīvām pārdomām par profesijas prestižu un parādām, ka dzīvē ir vēl kaut kas cits bez naudas, tad mēs viņus norobežojam no daudzām problēmām. Viņš sekos sirds aicinājumam. Pilnīgi iespējams, ka viņš būs vienkāršs cilvēks, un tas viņu apmierinās.

— Ar to mēs šodienas sarunu beigsim. Aplūkojot divas svarīgas izvēles — partnera un profesijas izvēli —, mēs uzsvērām pareizas audzināšanas nepieciešamību. Ja no septiņiem astoņiem gadiem bērns sapratīs savu un pasaules iedabu, tad, sasniedzot 15–16 gadus, spēs izvēlēties profesiju. Audzinātāji palīdzēs atklāt viņa spējas un tieksmes, tās attīstīt un pārbaudīt. Tas viņam pavērs iespēju pareizi izvēlēties specialitāti un dzīvesbiedru. Turklāt mēs runājām arī par to, cik svarīga ir apkārtējā sabiedrība, kurā atrodas bērns. Būtisks padoms — ievest bērnu sabiedrībā, kurā viņš attīstīsies. Patlaban tas netiek darīts, tāpēc cilvēks jūtas kā tukšumā. Lai nodrošinātu bērna audzināšanu, vajag radīt atbalsta vidi. Ja viņš jutīs, ka atrodas labā vidē, viņš nevēlēsies no tās aiziet.

JAUNĪBAS PERIODA PROBLĒMAS

— Kad bērni ir šai vecumposmā, vecākiem rodas jautājums: kā izturēties pret jauniešiem, nezaudējot savu autoritāti? Pusaudži vēlas vairāk brīvības un patstāvības, un, ja viņus pareizi māca un virza, viņi spēj uzņemties kādas noteiktas funkcijas un teicami tās pildīt. Iepriekšējās sarunās jūs teicāt: lai saglabātu saikni ar vecākiem, viņiem jābūt audzinātājiem un draugiem.

— Ar to ir par maz. Tēvs nebūs dēlam autoritāte, ja virs viņiem nebūs augstākas autoritātes. Jo tēvam jārāda bērnam piemērs attieksmē pret autoritāti. Vai dēlam rādu, ka pats atzīstu kāda autoritāti? Ja es viņam to neparādīšu, viņš arī mani neklausīs. Viņš redz mani kā neatkarīgu cilvēku, kurš ne ar vienu nerēķinās, un arī pats būs tāds, nekādi argumenti un pārliecināšana nepalīdzēs. Man ir jārāda, ka arī es atzīstu augstāku autoritāti un mācu viņam tādu pašu attieksmi pret mani, jo mēs abi esam pakļauti augstākai autoritātei.

— Jūs taču nedomājat bērna vectētiņu?

— Nav svarīgi, kas tas ir: vectēvs, vadītājs, tautas gudrais, pie kura vēršas pēc padoma. Taču autoritātes piemēram — ja es to vēlos iemācīt bērnam — ir jābūt.

— Kas tā par autoritāti?

— Spēks, kas stāv virs manis — tas visu nosaka, bet es izpildu.

— Vai tas var būt tēvs, gudrs cilvēks vai augstāka vara?

— Augstākais spēks — ir visdrošākā lieta, jo tā ietver sevī visu.

— Taču to bērnam ir visgrūtāk saprast.

— Arī pieaugušajiem tas viegli nepadodas. Ir vārds, kuru visi godā, un tāds piemērs nepieciešams arī bērnam.

— Vecāki parasti cenšas bērnus ierobežot, bet viņiem tas neizdodas, un tad sākas cīņa.

— Bet ko tad ar spēku var panākt?
— Neko! Bērns atbild: "Ko tu man padarīsi? Es aiziešu no mājām."
— Tā viņi saka gan vecākiem, gan skolotājiem.
— Mūsu laikos tas notiek visur. Manuprāt, tas ir labi: mēs atbrīvojamies no agrāko laiku priekšstata par autoritātēm — tēva, vectēva, kaimiņu, radinieku utt. Tagad mēs saprotam, ka mums nepieciešama kāda augstāka autoritāte. Mēs būsim spiesti savā pašu labā un bērnu labā pieņemt par absolūtu kādu augstāku dabas varu. Tā spiež mums būt vienotiem. Mums bērnam jāparāda, cik loģiski un svarīgi būt vienotiem ar citiem cilvēkiem, lai sasniegtu harmoniju ar dabu. Tas atbilst zinātnes un psiholoģijas atziņām. Mēs runājam par metodikas jautājumiem, kā panākt savu atbilstību kopējai dabai, kuras sastāvdaļa mēs esam.

— Lai gan mēs esam dabas sastāvdaļa, mēs to nejūtam, neesam pieraduši tā uz sevi raudzīties.

— Mēs nepielūdzam, bet pētām un atklājam augstāko spēku. Mēs sniedzam bērnam zināšanas, kas kļūst viņiem par metodiku dzīvei. Turklāt mēs esam biedri, kopā ar viņiem darbojamies augstākā spēka sasniegšanā.

— Vai vecuma atšķirības starp mums un bērniem nav autoritātes pazīme?

— Nē. Atrazdamies man blakus, bērns kļūst par biedru un jūt, ka sevis izteikšanai nepieciešams, lai viņš būtu arī dēls. Ja mēs tiecamies pēc līdzīgām īpašībām ar kopējo dabu, tad šī mūsu tieksme uz mums iedarbosies visos līmeņos. Bērns nezina, kā augt. Viņš gluži vienkārši pieņem paraugus un attīstās. No viņa izriet tikai nepieciešamība attīstīties, bet visu pārējo papildina daba. Tad izpaužas viņa prāts, sajūtas, sapratne. Mums atliek tikai pabrīnīties: no kurienes tas nāk? Tas pats šai gadījumā. Ja mēs mijiedarbojamies ar dabu, vēlamies panākt ar to saikni un sapratni, tad tas ietekmē gan pieaugušos, gan bērnus.

— Tāpēc, ka norāda virzienu?

— Jā. Lai augtu un attīstītos neatkarīgi, mums trūkst saprāta. Mēs taču varam vērot, kas vēstures gaitā notiek ar cilvēci.

— Bet kā to īstenot, ja cilvēce netiecas atklāt dabas augstāko spēku?

— Jēdziens "augstākais spēks" rada jukas. Labāk teikt, ka mēs pakāpeniski izzinām kopējo dabu, atklājam, ka tā darbojas kā viens, kopējs spēks. To tik ļoti vēlējās atklāt Alberts Einšteins! Principā tagad fiziķi ir visai tuvu šim atklājumam. Mūsu labklājības un bērnu pareizas audzināšanas interesēs, kuru mērķis ir veicināt viņu adaptāciju jaunajā realitātē — savstarpēji saistītā integrālā dabā —, galvenais ir saprast dabu, kas atklājas, kad to pēta ar prātu — bez fanātisma, misticisma un lūgsnām. Mums ir zināmi četri dabas spēki: elektromagnētisms, gravitācija, spēcīgās un vājās kodolreakcijas mijiedarbība. Šodien mēs stāvam uz piektā apkopojošā, fundamentālā spēka atklāšanas sliekšņa. Tas mūsu pasaulē parādās kā mātišķs spēks. Tieši šā spēka izpausmes tagad vērojamas dabā — pasaule kā nedalāms, visiem kopējs veidojums, ko pārvalda atdeves spēks, pilnīga savstarpēja mijiedarbība. Tāpēc mēs it kā negaidot esam atklājuši savstarpējo saikni, kas aptver visu cilvēci, globalitāti un integralitāti. Tas ir spēks, kas īsteno kopējo dabas programmu — panākt, lai cilvēks savā attīstībā tuvinās dabai.

— Parastais cilvēks nepēta Zemes pievilkšanas spēku — tas viņu neinteresē...

— Taču pētīt dabas kopējo spēku ir nepieciešams — no tā ir atkarīga mūsu pastāvēšana. Nezinot dabas programmu, mēs nespējam novērst nevienu krīzi. Bet, kad runa ir par mūsu bērniem, problēma nav atliekama. Ar laiku mēs gūsim panākumus darbā ar mūsu bērniem un jauniešiem, lai ar savu piemēru spētu pārliecināt tos, kas šaubās.

— Kas tiek prasīts no parastā cilvēka?

— Ieklausīties mūsu vārdos — viņam jau nav citas izvēles. Daba parāda mums, ka tikai tad, kad mēs tai līdzināmies un esam tai atbilstīgi, mēs jūtamies konfortabli. Tāpēc mums jāpēta, ko cilvēku sabiedrībai nozīmē "globāli integrāla dabas sistēma", un jāīsteno tās nosacījumi. Citādi mēs izraisīsim arvien lielākas krīzes.

— Redzu, ka jums ir brīnišķīgi piemēri. Pirmkārt, bērni ir ļoti patstāvīgi, pieauguši. Viņu novērošanas, spriešanas un savu domu izteikšanas spējas ir daudz augstākas par normu. Tādus atsevišķus piemērus var atrast arī citās jomās, šie gadījumi attiecas uz visiem. Bērnu spēju līmenis 10–12 gadu vecumā izteikt savus novērojumus ir satriecošs. Turklāt es viņos saskatu spēcīgus radošuma aizmetņus, daudzpusīgu attīstību un individuālo pieeju, bet ne mehānisku norādījumu izpildi. Viņi ir pieraduši meklēt risinājumu, nevis gaidīt, līdz kāds atnāks un palīdzēs uzdevumu izpildīt. Pārsteidz pusaudžu iekšējais miers, savaldība, kaut gan tapšanas procesu par pieaugušo nekādi nevar saukt par mierīgu. Viņi ir arī nenogurdināmi, nedaudz "lecīgi" un bez liekām ceremonijām, taču viņos jūtams miers, kuru man grūti izskaidrot.

— Tās jau ir sekas. Līdz ar nodarbībām mēs bērnam dodam to, kas ir mūsos. Viņš aug kontaktā ar pieaugušo cilvēku apkārtējo vidi un uzņem sevī to, ko redz savā apkārtnē. Tas mums rada pienākumus...

PAREIZA PIEEJA DZĪVESBIEDRA IZVĒLEI (SĀKUMS)

— Kā panākt, lai dzīvesbiedri patiešām kļūtu par viena veselā divām pusītēm, lai viņu kopdzīve būtu nevis smaga nasta, bet gan prieks?

— Tās pašas trīs pakāpes — vīrs, sieva un augstākā autoritāte — dabas likums, kam pakļauties ir mūsu pienākums. Visa cilvēces problēma — tā ir nesapratne, ka daba, tās programma stāv augstāk par mums. Ja mūsu nolūks ir radīt saikni tikai starp diviem cilvēkiem, tad tas neizdodas, jo abi ir egoisti. Saikne starp viņiem var būt tikai tādā gadījumā, ja viņi ir pakļauti kopējam trešajam spēkam. Viņi tik un tā ir tam pakļauti. Ja pakļaujas, tad ir — veiksmīgi, bet ja ne — nelaimīgi.

— Vai egoisms kā mūsu būtība ir dabas dota?

— Jā! Tāpēc ir nepieciešams augstāks spēks, kas spēj viņus apvienot. Tas attiecas uz visiem cilvēkiem: mēs piederam pie vienas sistēmas, esam savstarpēji saistīti, taču savā egoismā šai saiknei pretojamies. Visā cilvēces vēstures gaitā, kamēr egoisms vēl pilnībā nebija attīstījies, cilvēki neizjuta totālo savstarpējo saistību. Tikko tā attīstība izvērsās pilnībā un sasniedza "griestus", mēs visā savā darbībā sākām izjust krīzes. Sevi lika manīt globālā saikne, bet mēs tai neatbilstam. Mēs varam sasniegt šo saistību tikai tad, ja pēc tās tiecamies, — tad tā mūs mainīs un mēs savienosimies vienā sistēmā.

— Vai tas attiecas arī uz dzīvesbiedriem?

— Tas attiecas uz jebkurām attiecībām starp cilvēkiem: biedriem, vīru un sievu, draudzenēm utt. Nedzīvajā — augu un dzīvnieku — līmenī savienošanās notiek dabiski, bet starp cilvēkiem viņu egoisma, savstarpējās atgrūšanās spēka dēļ nepieciešami pašu cilvēku apzināti pūliņi. Viņu tieksme pēc atbilstības dabai modina izaugsmes spēku tāpat kā bērniem, un cilvēki var iemantot šo savstarpējo saikni un atbilstību dabai.

— Bet lai piesaista kopējo dabas spēku vīra un sievas attiecībām.

— Diviem egoistiem jāparāda ieguvums, ko viņiem nodrošinās pareiza savstarpēja apvienošanās. Tādā veidā saistītos cilvēkos atklājas integrālā globālā dabas sistēma — pilnīgas un bezgalīgas realitātes kā pašas dabas sajūta, iespēja pacelties pāri šīs pasaules problēmām, gūt laimi ģimenē.

— Bet kā tas izdarāms? Kas viņiem jādara?

— Viņiem kaut nedaudz jāsaprot šī globālā sistēma, kurā mēs šodien eksistējam. Cilvēkam tā jāapzinās, citādi krīzes ar ciešanām tik un tā novedīs līdz nepieciešamībai apgūt šo jauno pasauli. Mēs taču 20 gadus mācām bērnam saprast, kādā pasaulē viņš piedzimis un kā tajā orientēties. Tagad ir runa par jaunu dabas sistēmu. Bez pieminētajām zināšanām mums neizdzīvot.

— Vai tad tas nav svarīgi, ko es izvēlos par dzīvesbiedru?

— Nē, tie var būt cilvēki pat no pretējām pasaules malām. Ja viņi tiecas pēc miera ģimenē, tad mūsdienās tas ir iespējams tikai ar nosacījumu, ka viņi piesaista integrālo dabas spēku, kurš savieno visu esamību vienotā sistēmā. Šobrīd cilvēce pārdzīvo globālo krīzi, izgaismojas pilnīgas savstarpējās saistības sistēma, bet mēs nemākam tajā dzīvot.

— Mūsdienu pasaulē cilvēks grib atrast vislabāko, vispiemērotāko, visskaistāko otro pusīti.

— Un tas viņam neizdodas! Vispirms, protams, tāpēc ka etalonu mēs saņemam no plašsaziņas līdzekļiem. Es meklēju tādu sievu, kādu redzu filmā! Un viņa tāpat!

— Cilvēki parasti meklē skaistu ārieni un bagātību: maksimālu pievilcību un maksimālas ērtības. Kā paskaidrot jaunatnei, ka tā nav pareiza metodika lēmuma pieņemšanai?

— Ļoti vienkārši: vai cilvēks ir spējīgs sevi pārdot? Ja es precu sievieti tāpēc, ka viņa ir bagāta, bet es esmu nabags, tad būtībā es kļūstu par vergu: viņa maksā, bet es sevi pārdodu. Tas pats sakāms par skaistumu. Saprotams, cilvēkam jābūt patīkamam, bet skaistums?! Kas notiek pēc dzemdībām, 10–15 gadus pēc kāzām?

— No bijušā skaistuma nekas vairs nav palicis. Taču motivācijai būt kopā ar kādu jāpastāv visas dzīves laikā: es zinu, ka ar šo partneri, kuru es novērtēju ne pēc ārējā izskata un ne pēc maciņa satura, mēs iekšēji esam tā saistīti, ka tas sniedz mums guvumu, kāds nav iespējams ne ar vienu citu pasaulē. Tad šī saikne saglabāsies. Mūsdienu egoisms citu iespēju nedod — cilvēki gluži vienkārši no viena partnera pārbēg pie otra.

— Kā to var zināt 16–17 gadu vecumā?

— Nekas nav jāmeklē. Ja meitene un jauneklis ir tā audzināti, lai atrastu partneri, kas ir piemērots dzīves iekšējā mērķa sasniegšanai, ja viņi abi zina, ka vēlas saskaņā ar šo mērķi būt kopā, tad nekādu problēmu nav. Tikai fizisku nepatiku gan nevajadzētu just, savstarpējās pievilšanas spēkam jābalstās uz viņu kopējo mērķi.

— Tas nozīmē, ka fiziskā pievilcība tomēr ir svarīga.

— Dzīvnieki partnerus meklē pēc smakas, — ir zināms, ka mūsu smadzeņu lielākā daļa ir paredzēta smaržu atpazīšanai. Tāpēc mēs runājam par ķermenisko atbilstību. Savstarpējās atgrūšanas neesamība ir pietiekams nosacījums laulībai.

— Ārējā līmenī?

— Jā. Ja spēj iet roku rokā, apkampties, ja jūt, ka tas nav fiziski nepatīkami, tad ar to pietiek. Viss pārējais attiecas uz iekšējo atbilstību: vai viņiem ir dzīves mērķis, kura dēļ viņi uztur savu saikni.

— Bet iekšējā atbilstība — tā jau arī ir rakstura iezīme, tieksmes...

— Nē. Pie iekšējās daļas pieder tikai tas, ko mēs kopā sasniedzam, tas, ko nav iespējams sasniegt katram atsevišķi. Mēs viens no otra esam atkarīgi un ar kopēju atbildību piesaistām globālo spēku, lai tas mūs saista kopā. Mēs izraisām tā iedarbību uz sevi tikai tādā gadījumā, ja to prasām abi kopā.

— Cilvēki bieži otrā meklē ko sev pretēju. Tāda saikne tiem šķiet interesanta un aizraujoša, tomēr tā ļoti ātri pārtrūkst.

— Protams, labāk atrast sev otro pusīti savā paziņu lokā. Tas ir ērtāk, mazāk rīvēšanās, bet tas nav galvenais — galvenais ir nosacījums, ka divi cilvēki grib panākt, lai starp viņiem izveidotos augstākā līmeņa līdzāspastāvēšana.

— Kā to parastais cilvēks var saprast?

— Bērni to sapratīs pat labāk nekā pieaugušie. Viņi sajutīs, kāds viņu priekšā guvums: būt vienmēr pārim garīgajā laboratorijā! Viņai nebūs nepieciešams tēlot fotomodeli, bet viņam — supermenu. Viņi abi darbosies spēlē, kurā atklās visu cilvēku savstarpējo saikņu sistēmu, šai saistībā izjutīs pasauli pārvaldošo spēku. Tās būtība: es gribu atklāt augstāko pārvaldošo spēku pasaulē, dabā un tāpēc skatos uz sievu kā uz palīdzību, kas man speciāli piešķirta šai nolūkā. Tāpēc es pret viņu izturos īpaši, cenšos sevi labot, mainīt, jo starp mums darbojas augstāks spēks. Un tad es pārliecinos, ka viņa man pilnībā atbilst.

PAREIZA PIEEJA DZĪVESBIEDRA IZVĒLEI (TURPINĀJUMS)

— Iepriekšējā sarunā mēs nonācām līdz 13-18 gadu vecumposmam un pievērsāmies partnera izvēles jautājumam. Kā sarunā noskaidrojās, šī tēma ir ļoti daudzpusīga un dziļa, jo dzīvesbiedra izvēle ietekmē visu pārējo dzīvi un lielā mērā nosaka visas turpmākās problēmas. Tālab mēs apspriedām, kā pusaudža vecumā veidot pareizu pieeju dzīvesbiedra izvēlei un novērst problēmas nākotnē. Saruna izvērtās interesanta, un šodien mēs to turpināsim. Kādā vecumā, pēc jūsu domām, ar pusaudžiem var sākt runāt par vīrieša un sievietes būtību un par dzīvesbiedra izvēli?

— Es gribu jums pajautāt: kādā vecumā viņi paši par to sāk runāt?

— Līdz trešajai klasei bērni par to pat dzirdēt negrib, bet, sākot ar ceturto un augstāk, tas ir, apmēram no 10-11 gadiem, jau parādās interese starp meiteņu un zēnu grupām.

— Tātad pirmais hormonālais uzliesmojums norisinās 10-11 gadu vecumā.

— Jā. Pēkšņi un, pašiem to nesaprotot, pretējais dzimums sāk saistīt. Jūs to salīdzinājāt ar "saostīšanos". Patiešām, tā ir. Viņi nemitīgi meklē pretējā dzimuma uzmanību. Jaukta tipa 5.-6. klasē jau ir ļoti grūti strādāt, jo bērni visu laiku ir aizņemti tikai cits ar citu. Piemēram, pietiek, ja viena meitene iesmejas, lai visu stundu zēni meklētu ieganstu viņu sasmīdināt vēlreiz, proti, noris nemitīgi meklējumi, kā pievērst sev uzmanību. Šī sacensība par uzmanību ir ļoti skaidri pamanāma. Jautājums ir tāds — vai šai vecumā jau var sākt runāt ar viņiem par dzimumatšķirībām un, ja var, tad — kā?

— Jūsu minētais piemērs ir absolūti precīzs. Manuprāt, jaukta tipa klases ir kaitīgas, it īpaši šai vecumā. Tās bojā mācību atmosfēru, neļauj bērniem koncentrēties. Mēs ievietojam bērnus vidē, kura tiem jauc prātus un nedod iespēju pareizi orientēties. Bērni baidās paši sevi zaudēt un ir spiesti piepūlēties, lai saglabātu savas personības ampluā. Tas bērnam rada tādas problēmas, ka izraisa līdzjūtību.

— Vai, pēc jūsu domām, šai vecumā būtu lietderīgas mācības atsevišķi zēniem un meitenēm?

— Par to nav ne mazāko šaubu. Viņiem būs miers vismaz nodarbību laikā. Tas ir ļoti sarežģīts vecums. Bērns taču nesaprot, kas ar viņu notiek, viņš ir kā nohipnotizēts, bet hormonu ietekme, kā zināms, ir viena no visstiprākajām. Turklāt viņam savi impulsi ir jāslēpj no citiem, jāspēlē kaut kāda loma. Kopumā — nav viegli. Balstoties uz dabas pētījumiem, mēs nepārprotami esam pret zēnu un meiteņu mācīšanu vienā kopējā klasē. Iedomājieties sevi šai vecumā ar visām domām un dziņām, kas tam raksturīgas, — kādā nemitīgas sāncensības stāvoklī viņi atrodas. Bet mēs runājam par savstarpējās saiknes, draudzības, integrācijas veidošanu. Iedomājieties, ka jūs esat viņu situācijā garas stundas katru dienu. Vai jūs nejustos noguruši pēc tādas skolas?

— Pilnīgi piekrītu.

— Vai pēc tam var runāt par kaut kādu klusu lasīšanu, mierīgu pasapņošanu bez spriedzes un nervozitātes, ko uzspiež kopējā situācija?

— Nav iekšējā miera. Tomēr viņiem kaut kā taču savstarpēji jākomunicē...

— Lai komunicē, taču bez lieka spiediena, ne stundu un apspriešanas laikā. Lai tiekas, iepazīstas, ir taču klubi —, bet ne mācību laikā skolā.

— Tātad jūs piedāvājat nepretoties dabai, jo ir pilnīgi dabiski, ka pusaudži vēlas satikties un komunicēt. Jūs piedāvājat viņus nošķirt tikai skolā, lai viņiem būtu iespēja mācīties mierīgā atmosfērā.

— Jūs jau teicāt, ka tad, kad viņi ir vienā klasē, mācību faktiski nav...

— Ar dzimumnobriešanu saistītā spriedze ir ļoti stipra. Desmitajā klasē pusaudži ir jau daudz mierīgāki, ir daudz mazāk maksimālisma. To var atainot ar līkni, kura no sākuma virzās augšup, bet pēc tam pakāpeniski — lejup. Pusaudži it kā pierod pie nobriešanas procesa.

— Iznāk, ka četrus gadus — no piektās līdz devītajai klasei — viņiem ir ļoti sarežģīts dzīves periods. Mēs runājām par to, ka, mācoties atsevišķi, bērni var satikties ārpus skolas.

— Protams, mēs viņus nenošķiram ne no dzīves, ne no pretējā dzimuma un nemetamies galējībās. Mēs gribam, lai mūsu bērni būtu mūsdienīgi cilvēki, lai viņi attīstās harmoniski un pareizi veido savas attiecības.

— Kā jūs īsi un saprotami izskaidrotu sešpadsmitgadīgam jaunietim un meitenei atšķirības starp vīrieti un sievieti?

— Kāda ir atšķirība — to viņi jau zina.

— Es domāju iekšējās atšķirīgās iezīmes.

— Vajag izskaidrot gan iekšējās, gan ārējās atšķirības. Es atceros, kā otrajā kursā universitātē mūsu pasniedzējs...

— ...aizveda jūs uz dzemdību namu, lai jūs redzētu, kā notiek dzemdības.

— Jā. Turklāt viņš mūs veda arī uz morgu, uz psihiatrisko slimnīcu un citām "nestandarta" vietām. Es joprojām atceros, cik ļoti mūs, 18–19 gadus vecus puišus, redzētais satrieca. Mēs nekad agrāk nebijām redzējuši, kā preparē līķus, kā mazgā tikko piedzimušu bērniņu utt. Es atceros, ka stāvēju blakus dzemdētājai, pārdzīvoju, jutu viņai līdzi, kā es gribēju viņai kaut kā palīdzēt.

— Cik tad cilvēku kopā ar jums bija dzemdību palātā? Vai tad viņa dzemdēja visu studentu klātbūtnē?

— Jā, turklāt mēs visi bijām puiši. Tas bija smags skats. Mēs iznācām no turienes pieklususi, šoka stāvoklī, un tas mums saglabājās vairākas dienas. Un tas bija grūti, lai arī mana mamma bija ginekoloģe un neko no manis neslēpa, tomēr redzētais mani tik un tā satrieca.

Pēc tam pasniedzējs tādās ekskursijās ņēma līdzi arī meitenes, taču viņas, man šķiet, uz to visu skatījās citām acīm.
— Tas taču var arī nobiedēt!
— Nē, es domāju, ka tādi iespaidi attīsta un paaugstina puišiem atbildības sajūtu. No tā laika mēs, studenti, sākām skatīties uz sievieti ar citām acīm, jo mēs bijām redzējuši viņas sāpes un ciešanas. Neaizmirstiet, ka tais laikos daudz kas tika darīts bez narkozes.
— Tas jūsu acīs sievietes vērtību paaugstināja.
— Jā. Un atmodināja atbildības jūtas. Es labi atceros, kā viens tāds dzemdību nama apmeklējums izraisīja manī iekšēju revolūciju. Es vienā mirklī kļuvu pieaugušāks, kļuvu par vīrieti. Tāpēc man liekas, ka mums jāparāda bērniem viss, kas ir dzīvē, jāpaskaidro un jādod viņiem iespēja uzzināt un izjust visas tās puses. Saprotams, tam nepieciešama pareiza sagatavošana. Tāda jaunatnes audzināšana tagad ir deficīts. Nedrīkst no viņiem neko slēpt, tostarp arī saistībā ar dzimumiem. Ar savu atklātību mēs neitralizējam neveselīgu interesi par šo tēmu. Vajag paskaidrot, ka tā ir hormonu spēle. Viņiem tas jāzina, lai izprastu notiekošās pārmaiņas sevī un citos un iemācītos tās pārvaldīt. Jābūt pilnīgi skaidram, ka tā ir dzīvniecisko pirmsākumu izpausme, kad mūs "pievelk" pretējais dzimums. Tā kā mēs cits no cita atšķiramies, arī šīs tieksmes mums izpaužas atšķirīgi.
— Tas nozīmē — katrs izvēlas to, kas tam tuvāks.
— Turklāt mēs vēl cenšamies slēpt savas dziņas un izpausmes. Izvēloties to, kas tuvāks, mēs tikai īstenojam dabas likumu — īpašību atbilstības, līdzības likumu.
— Mūsdienās ir vērojama pretēja parādība — visi izvēlas to, kas sabiedrības vērtējumā ir skaists.
— Mēs raugāmies uz pasauli caur Holivudas standartu prizmu vai tā, kā mums uzspiež vietējie plašsaziņas līdzekļi. Kā lai tādos apstākļos noskaidro patiesību? Puisis, skatoties uz meiteni, redz ne jau viņu pašu, bet meklē viņā līdzību ar kādu populāru aktrisi vai ar bildīti no žurnāla. Kas tad tā par izvēli? Mums jāatgriežas pie savas dabiskās gaumes, un tad mēs nekļūdīsimies.

— Vai tas ir reāli — atgriezties pie dabiskās gaumes?

— Man šķiet, ka tas ir iespējams ar to pašu plašsaziņas līdzekļu palīdzību, jo tie nosaka sabiedrības viedokli; pamēģināsim pavērst sabiedrību īsteno vērtību virzienā.

— Mēs runājām par to, ka bērniem jāiemāca skatīties uz sevi no malas un saprast, cik ļoti viņi pakļauti sabiedrības ietekmei...

— Viņu pienākums ir būt psihologiem pašiem sev. Tālab mums vajag audzināšanas darbā piesaistīt speciālistus, kuri viņiem mācīs psiholoģiju un sevis izpēti. Tas katrā ziņā ir nepieciešams, citādi katram vajadzēs personīgā psihologa atbalstu, bet tas mazina cilvēka patstāvību, pārliecību par sevi. Dzīve ir pašizziņas process.

— Bet kā lai izskaidro bērniem daudz dziļākus iekšējos jautājumus? Ārējā pieejā mēs dzimumizmaiņas varam izskaidrot ar hormonu darbību. Bet kā pārrunājamas daudz dziļākas atšķirības starp vīrieti un sievieti?

— Tikai ar globālo apmācību un audzināšanu. Mums bērniem jāparāda, ka visa daba un cilvēku sabiedrība ir globāla, ka mēs visi esam cits ar citu saistīti. Dabas pamatā ir vienots spēks, kas pārvalda un vada visu. Mēs to nesajūtam, jo neesam ar to saistīti ar līdzīgām, identiskām īpašībām. Taču mēs to varēsim sajust, ja mainīsim savas īpašības un atbildīsim dabai. Tā darbojas visi mūsu maņu orgāni: mēs sajūtam tikai to, kas atbilst mūsu receptoriem un ko tie uztver.

— Bet kur te vīriešu un sieviešu aspekts?

— Gan dabā, gan katrā no mums darbojas saņemšanas un atdeves spēki.

— Pievilkšana un atgrūšana?

— Pilnīgi pareizi. Katrs no mums, tāpat kā visa daba sastāv no divām daļām. Nedzīvajos objektos tas izpaužas atomu un molekulu, un to savienojumu struktūrā. Augu valsts līmenī tas jau parādās daudz jaušamāk kā saņemšana barošanās procesos un kaitīgā izdalīšanā. Dzīvnieku līmenī, un vēl jo vairāk cilvēka līmenī, — tas izpaužas uzvedībā.

— Vai, runājot par divām daļām, jūs domājat vīriešu un sieviešu daļu?

— Jā, protams. Taču es runāju nevis par mūsu ķermeņa fizisko daļu, bet gan par mūsu pasaules uztveri.

— Interesanti, ka bijis ne mazums pētījumu par smadzeņu attīstību vīriešiem un sievietēm, par atšķirībām smadzeņu darbībā meitenēm un zēniem pēc 13 gadu vecuma. Deviņdesmitajos gados uzvilnīja tamlīdzīgi pētījumi, taču pēc tam tie kaut kā apsīka...

— Ir Dž. Greja grāmata "Vīrieši no Marsa, sievietes no Veneras".

— Autors apgalvo, ka mēs esam ļoti atšķirīgi...

— ... un satiekamies uz planētas Zeme. Tā ir skaista ideja. Visupirms mēs ne tikai atšķiramies, mēs esam pretēji viens otram. Mūsu pretnostatījums ir absolūts, mēs nevaram viens otru saprast, esam viens otram sveši un tāli. Paraugieties uz pusaudžiem, pirms viņos radies hormonālais pievilkšanas spēks: zēni un meitenes gluži vienkārši viens otru neredz. Hormonālā pievilkšana mūs nesavieno, jo tā attīstās tikai šīs vajadzības apmierināšanai.

— Nav cerību uz apvienošanos... Bet ko pauž ideja, kas ietver domu par vispārējo integrāciju globālajā pasaulē? Jūs taču apgalvojat, ka tas ir dabas mērķis — likt civilizācijai darboties tāpat kā dabai.

— Bet kaut kas var mūs vienot — tas ir ceļš pie mūsu kopējām saknēm, pie spēka, kurš mūs ir radījis pretējus citu citam. Bet dzīves turpināšanas, eksistences un apmierinājuma gūšanas dēļ mēs esam spiesti būt kopā. Taču pretrunas parādās ārpusē un mūs šķir. Ja mēs sapratīsim, ka šo nošķirumu daba radījusi mērķtiecīgi un mēs vienlaikus esam gan pretēji, gan savstarpēji viens otru papildinām, tad sāksim meklēt nevis to, kas mums līdzīgs, bet to, kas liek savstarpēji papildināties, bagātināties — tā ir panākumu atslēga.

— Papildinājums — vai tas ir dabas iekšējais spēks vai partneris?

— Es meklēju to, kas mani papildina, man ir vajadzība — mans partneris to papildina, un otrādi. Taču "vajadzība" nav kaut kas tāds, kā man nav, bet tieši papildinājuma meklējums. Tas nozīmē, ka es vēlos sajust savu vajadzību, jo tā mani virza uz apvienošanos.

— Tātad runa nav par kaut ko, kā man nav?

— Nē, protams. Nevienam nav vairāk, kā ir otram. Katrs no mums ir tikai "pusīte", un runa ir par pareizu gan viena, gan otra papildinājumu un veseluma sasniegšanu pēc līdzības ar augstāko, bezgalīgo, pilnīgo dabu. Tikai ar nosacījumu, ka vīrietis un sieviete grib savienoties, lai sasniegtu savstarpēju pilnību, un tikai tad viņi šo pilnību atklāj. Daba ne jau nejauši ir radījusi mūsu nošķīrumu un nepieciešamību dzīvot kopā. Tādi mēs esam radīti tieši tāpēc, lai iemācītos pareizi apvienoties. Pašreizējā paaudze ir pārejas laika paaudze šīs harmonijas sasniegšanā. Kad panāksim harmoniju, tad arī atrisināsies ģimenes attiecību krīze.

— Vai mēs jau esam uz šīs krīzes atrisināšanas ceļa?

— Tas atkarīgs no cilvēku gatavības mūs sadzirdēt. Pienāks tāds brīdis, kad ļaudis ieraudzīs, ka patstāvīgi, bez atbilstības dabai viņi nespēj pareizi apvienoties. Bet bez šādas apvienošanās nav iespējama ne ģimenes dzīve, ne cilvēku nākotne.

— Kas darāms, lai piesaistītu šo augstāko spēku?

— Cilvēkam jāzina, ka šis spēks viņiem šīs pasaules ietvaros dod absolūtas pilnības un piepildījuma sajūtu. Katra bauda, kas ir šai pasaulē, arī seksuālā, daudzreiz pastiprinās. Mums var likties — ja attiecībās starp vīrieti un sievieti parādās tos savienojošs trešais spēks, tad tas viņus attālina, — bet viss ir tieši otrādi. Ja mēs pievienojam dzīvesbiedru attiecībām dabas galveno spēku, tās galveno iezīmi — atdevi un mīlestību, mūsos negaidot atklājas iespēja tādai iekšējai savienībai arī starp mums visiem: mēs bezgalīgi viens otru papildinām, bagātinām un paceļamies gluži citā, daudz augstākā līmenī — pāri mūsu dzīvnieciskās eksistences līmenim.

— Varbūt dosim dažus praktiskus padomus? Piemēram, cik svarīga ir piekāpība pāra iekšējās attiecībās?

— Nē, tā nedarbojas. Attiecībām jāveidojas uz gluži citiem pamatiem. Te nav vietas sīkumainiem aprēķiniem. Jābūt pilnīgai sapratnei par to, ka kopā mēs abi panākam savu saistīšanos ar mātes dabas spēku. Tieši tas ir galvenais. Mēs eksistējam tikai tālab, lai atklātu sevī šo globālo integrējošo dabas spēku, sāktu dabai līdzināties, tāpat kā citi tās līmeņi — nedzīvais, augu un dzīvnieku līmenis. Taču šie minētie līmeņi atrodas līdzsvarā ar dabu un atbilst tai neapzināti. Tie ir tādi radīti, ne no brīvas gribas radušies, bet cilvēkam vajag apjēgt, ka viņš ir radīts pretējs dabai, tāpēc pašam jāsasniedz atbilstība tai. To mēs varam izdarīt tikai kopā — tas arī ir mūsu vienīgais ieguvums un mūsu kopējās dzīves, bērnu dzimšanas un cilvēka dzīves kā tādas satvars. Tam mēs esam radīti.

— Tātad jūs sakāt, ka šī atbilstība, saskaņa ar dabu ir augstākais mērķis, nevis vienkārši personīgās ērtības un bauda?

— Protams, tas ir dzīves mērķis. Tieši tas saliedēs ģimeni.

— Vai šo dabas spēku var saukt par Mīlestību?

— Mīlestība ir tāds stāvoklis, kad cilvēki savienībā sāk izjust un piepildīt viens otru.

— Taču vispirms cilvēkam ir jāiemācās izjust otru.

— Un izkļūt no stāvokļa, kurā viņš sajūt vienīgi sevi. Tam nepieciešama cilvēka vēlme, ar to viņš pamodinās un piesaistīs dabas apslēpto spēku, kas dos viņam enerģiju mīlēt visus. Tas saliedēs arī ģimeni. Mīlestība — tā ir savstarpēja "uzpildīšanās": abi "uzpilda" viens otru. Cilvēks it kā atrodas ne sevī, bet otrā.

— Varbūt tad piekāpības būs vairāk?

— Nē, par to vispār nav runas. Piekāpība — tas ir jēdziens no mūsu egoistiskās leksikas krājuma. Garīgajā savienībā nav nepieciešams piekāpties, jo visas vēlmes, sasniegumi un sajūtas ir kopējas, nav dalījuma "mans", "tavs", bet ir kopēja sajūta.

— Vai šī pieeja paredz arī kādu piepildījumu man pašam? Tātad es kādu piepildu, bet savukārt viņš — mani. Vai tāds ir mans guvums?

— Mēs nekad nevarēsim sasniegt pilnīgu apmierinājumu un piepildījumu, ja tieksimies pēc tā tikai sev. Visas mūsu problēmas dzīvē ir tādēļ, ka mēs aplami domājam, ka, pakampjot kaut ko sev, mēs gūstam piepildījumu. Tā nekad nebūs, bet piepildījums iespējams tikai tad, ja mēs iemācīsimies dot citiem un saņemt no viņiem — līdzīgi kā savā starpā saistītas dzīvā organisma šūnas — katra darbojas, lai visā ķermenī uzturētu dzīvības procesus, gādā par to un tāpēc no citām šūnām saņem sev visu nepieciešamo.

— Izdarīsim secinājumus. Mēs runājām par tēmu, kas ir ļoti nozīmīga gan pusaudžiem, gan pieaugušajiem, — par gatavošanos ģimenes dzīvei un par mīlestību. Tā kā dzimumnobriešanas periodu raksturo spēcīga hormonālā iedarbība, tad šai posmā ļoti svarīgi ir izskaidrot pusaudžiem, kas ar viņiem notiek un kā šī hormonu vētra ietekmē viņu uzvedību un pasaules uztveri. Pēc tam jāsniedz padziļināts skaidrojums par to, ka tikai pievienošanās kopējam dabas spēkam, kura būtība ir atdeve un mīlestība, nodrošina harmonisku savienību starp cilvēkiem. Dažādu dzimumu pastāvēšana un mūsu tieksme vienam pēc otra paredzēta tikai savstarpējai papildināšanai, jo mēs esam vienota veseluma (un mēs pēc tā tiecamies) pretējas pusītes. Šādu apvienošanu var īstenot tā pati daba, kura speciāli mūs ir nošķīrusi. Divu pretēju pušu savienībā dzimst kas daudz augstāks par to, kas ir katrā atsevišķi.

VIRTUĀLĀ SAIKNE

— Pēc 12–13 gadu vecuma sasniegšanas bērni pakāpeniski kļūst pieauguši. Vai vecākiem pret bērniem jāizturas kā pret pieaugušiem?

— Pieaugušo izturēšanās pret bērniem ir atkarīga no sabiedrības attīstības. Mēs nezinām, kas bija pirms 2000 gadiem un kas būs pēc 200 gadiem. Visādā ziņā tieši šai vecumā bērnos norisinās lielas psiholoģiskas un fizioloģiskas pārmaiņas. Mēs esam saņēmuši no dabas šo vecumu kā robežšķirtni — ir aizsākusies pāreja uz pilnīgu pieaugšanu. Tomēr fizioloģiskajā nobriešanā ir īpašas parādības, kurām nepieciešams pievērst uzmanību. Iepriekšējām paaudzēm dzimumnobriešanu pavadīja psiholoģiska nobriešana, jo skola un ģimene bērnus nebija tik ļoti atrāvusi no dzīves. Lielākā daļa cilvēku dzīvoja lauku sētās, kurās bija arī dzīvnieki, visiem bērniem mājās bija pienākumi. Mūsdienās sagatavošanas darbu pieaugušo dzīvei daba paveic, bet sabiedrība šajā ziņā savu uzdevumu neveic. Ja apkārtējā sabiedrība nodrošinātu bērnus ar zināšanām, kuras mūsdienu sabiedrībai ir pienākums sniegt šim vecumam, tad stāvoklis būtu citāds.

— Vai jūs domājat zināšanas par sevi?

— Par sevi, sabiedrību un pasauli. Bērnam šajā vecumā jāsaņem zināšanas kā jebkuram valsts iedzīvotājam. Katram cilvēkam, pat ja viņš mācību iestādi nepabeidz, ap divdesmit gadiem jau ir kaut kāda zināšanu summa par dzīvi. Tādām zināšanām jābūt arī pusaudzim 12–13 gadu vecumā. Lai nekļūdītos, viņam, pētot dzīvi, jāsaņem paskaidrojumi. Taču mēs ierobežojam bērnu ar atpalikušu audzināšanas un mācīšanas sistēmu, kuras galvenie elementi ir skola, televīzija, tāpēc viņi vienkārši kopē filmās redzētos uzvedības modeļus.

— Jā, viņi pastāvīgi spēlē kaut kādas lomas.

— Tas notiek tāpēc, ka mēs viņiem nedodam alternatīvu. Mēs

veidojam viņu apkārtni un esam vainīgi, ka tā apkārtnes forma, kuru mēs radām, ir tik izkropļota, ka sabojā cilvēku.

— Ja es pareizi sapratu, jūs uzskatāt, ka tā ir dabiska parādība — nevēlēšanās mācīties un nevēlēšanās apmeklēt skolu, jo bērni gluži vienkārši nevēlas tur atrasties?

— Es pilnībā iznīcinātu pieaugušo radīto sistēmu bērniem — gan Holivudas seriālu aspektā, gan skolas aspektā. Gan viena, gan otra ir briesmīga. Mēs sagraujam savus bērnus, nesaprotot radītā kaitējuma apmēru. Problēma tā, ka pagaidām cilvēki nezina, ko darīt.

— Šai vecumā rodas liela tieksme pēc virtuālās saiknes.

— Virtuālās saiknes izveidošana viņus attīsta. Pētījumi vēsta, ka šai procesā bērniem izpaužas radošās spējas. Par īstu radošumu pāragri runāt, lai gan viss ir attīstībā: cilvēkam nav raksturīgs statisks stāvoklis. Tāpēc arī šai parādībai, tāpat kā jebkurai citai, ir savs inkubācijas periods, pēc kura tas izraujas ārā visā savā patiesajā veidolā. Es domāju, ka aizraušanās ar dažādiem sociālajiem tīkliem pāries un vēlme pēc saiknes iegūs citu formu. Galu galā jaunā paaudze spēs virtuālo telpu padarīt labāku. Mēs spēsim pārvaldīt virtuālo pasauli un atstumt nost tos, kas iedzīvojas, pārdodot mūsu bērniem daudz ko kaitīgu. Tāpat kā no fiziskās sabiedrības mēs pārgājām uz virtuālo, tā no virtuālās kopienas pacelsimies uz integrālo kopienu.

— Vai tas nozīmē, ka tagad viņi atrodas situācijā, kad notiek pāreja uz patieso virtuālo sabiedrību, no kuras notiks pacelšanās daudz augstākā pakāpē?

— Jā. Viņi vēlēsies integrālo saskarsmi, bet virtuālā sabiedrība kalpos viņiem par tramplīnu integrālās vienotības sasniegšanai.

— Tātad mums tikai šķiet, ka viņi nodarbojas ar muļķībām, sarakstoties cits ar citu, bet patiesībā tie visi ir dziļi procesi.

— Patlaban mēs pārdzīvojam pārejas periodu, kad gan bērni neprot īsti izmantot šo līdzekli, gan arī pats līdzeklis ir nepilnīgs: tas piedāvā iespējas, taču tās ir tukšas.

— Vecākus bieži satrauc cits jautājums: vai tas netraucē parastajai saskarsmei, jo bērni taču stundām sēž pie datora? Agrāk viņi spēlēja futbolu, sapulcējās pagalmā, bet tagad tādas saskarsmes un fizisko aktivitāšu ir daudz mazāk.

— Mēs nesaprotam, kas tas ir — laikmeta prasības. Tas prasa citu, daudz dziļāku iekšējo saikni. Vecākiem jāizprot bērnu attīstības specifika un jāpalīdz, nevis jāpretojas laikmeta garam. Es personīgi ar virtuālo saskarsmi saistu lielas cerības. Saprotams, mani neapmierina tās pašreizējā forma, bet es novērtēju iespēju sazināties ar jebkuru cilvēku pasaulē. Šais tīklos var nodibināt kontaktus, kādus parastajā līmenī nekad neatļautos. Ja mēs zināsim, kā pareizi izmantot iespējas, ko piedāvā internets un tā radītie sociālie tīkli, tad varēsim audzināt un attīstīt labus cilvēkus.

— Vai pievērsties internetam un iemācīt pareizi to izmantot?

— Mēs nevaram bērnu piespiest kontaktēties tajā vidē, kur viņš negrib, tāpēc mums jāparūpējas par labas virtuālās vides radīšanu. Internets jāregulē ar likumdošanas palīdzību. Ir tā: kāds internets, tāda — arī ir jaunā paaudze.

— Vai nepieciešams ierobežot piekļuvi atsevišķām tēmām?

— Vispirms kaut kas ir jādod vietā, jo ierobežot ir viegli. Nu, ierobežojām, bet kas — tālāk? Problēma ir radīt viņiem vidi, kuru viņi gribēs izmantot. Tad var pakāpeniski slēgt jomas, kuras nodara kaitējumu.

— Vai viņi pieņems ko jaunu? Ko tieši? Vai tā būs daudz dziļāka iekšējā saskarsme, jo pašreizējā saikne ir virspusēja un īslaicīga.

— Viss atkarīgs no motivācijas un programmas. Tais pašās izdzīvošanas spēlēs var iekļaut arī izglītojošus elementus.

— Šai sakarā ir interesants pētījums: portāls *YouTube* skatītājiem piedāvāja kaut ko uzrakstīt uz rokas un nofotografēt. Klips, ko sakombinēja no šiem kadriem, iemantoja vislielāko popularitāti. Pats par sevi saprotams, cilvēki rakstīja: "Es tevi mīlu", "Es tev ticu", "Mēs esam viens vesels" utt. Tas vēsta par to, ka nepieciešama saikne. Cilvēki vēlas patiesu saikni, bet nezina, kā to sasniegt.

— Kā saskarsmes tieksme izpaužas savstarpējās zēnu un meiteņu attiecībās? Kā viņiem iemācīt meklēt savu otro pusīti?

— Atklāti runāt par organisma fizioloģiju, mīlestību, saikni. Nodalīt citu no cita. Runāt ar pusaudžiem par cilvēka būtību, viņa psiholoģiju, izskaidrot mīlestību. Mīlestība nav aizraušanās, mīlestību veido. Tādiem skaidrojumiem jāvelta daudz laika, lai cilvēks iemācās kritiski raudzīties uz sevi un saprast, ka pareizas attiecības prasa lielu ieguldījumu.

— Jaunatne mācās samērot sevi ar dabu, kā arī paraudzīties uz sevi no augšas.

— Tas mazina spriedzi un jūtām pievieno prātu.

— Loģikas iekļaušana šai procesā, bez šaubām, ir ļoti lietderīga, taču uzdevums atrast sev partneri joprojām ir aktuāls.

— Tagad jaunais cilvēks citādi izturas pret uzdevumu atrast piemērotu dzīvesbiedru. Viņš nesaista savus meklējumus ar īslaicīgu iemīlēšanos, kas viņu iekvēlina uz kādu laiku, bet pēc tam apdziest. Viņš saprot, kādas tieši īpašības padara cilvēkus par partneriem, kuri viens otram ir piemēroti. Jo viņš mācās un mūsu nodarbībās apspriež, ka visā dabā darbojas līdzīgo īpašību likums, tāpēc partneriem ir jābūt līdzīgiem — pēc rakstura, audzināšanas, kultūras, ieradumiem, iekšējām īpašībām. Mēs to visu zinām un saprotam, bet to vajag izskaidrot puišiem un meitenēm, lai viņi tieši tā meklē sev otro pusīti. Ja mēs tādā garā audzinām vecākus, tad viņu attiecību piemērus nākotnē pārņems bērni.

— Viņi skatās uz ārējām pazīmēm, bet atbilstībai jābūt iekšējai.

— Mums šis process jāietekmē, ar plašsaziņas līdzekļu palīdzību izskaidrojot vecākiem un ar skolas palīdzību — bērniem. Uzdevums ir grūts, tomēr paveicams. Ieguldījums audzināšanā — ir pirmās pakāpes nozīmīguma lieta, bet cilvēce to nesaprot. Audzināšana ir svarīgāka par veselības aizsardzību vai valsts aizsardzību tāpēc, ka audzināšana veido cilvēka dzīvi. Laimīga cilvēka veidošanai jābūt sabiedrības galvenajam mērķim.

— Kas cilvēku dara laimīgu?

— Vispirms apzināšanās, kāpēc viņš dzīvo un kas dzīvē jāizdara: nevis kā pārvarēt grūtības, bet kā veidot laimīgu dzīvi.

— Vai var apgalvot: ja bērnam izdosies sevi izpaust visos attīstības posmos un sasniegt to iekšējo formu, par kuru mēs runājām saistībā ar trijiem, sešiem, deviņiem un divpadsmit vai trīspadsmit gadiem, tad viņš būs laimīgs?

— Laimīgs ir cilvēks, kurš zina, kas ar viņu notiek un prot sevi realizēt. Viņam apkārt jābūt videi, kas to saprot un ar viņu mijiedarbojas. Dzīves mērķa sapratne un sajūta ved pie laimes. Atbildot uz jautājumiem — kāpēc ar mani tas notiek, kā veidot dzīvi, saņemot pareizu reakciju no apkārtējās vides un pareizi pret to izturoties, veidojas zināšanas, tās rada cilvēkam stabilu pamatu, uz kuru balstoties viņš var iet tālāk.

— Mūsdienu psiholoģijā ir parādījies jauns virziens, saukts par "pozitīvo psiholoģiju" jeb "zinātni par laimi". Šī psiholoģija pēta parādības, kuras dara cilvēku laimīgu. Pagaidām tur ir daudz jautājumu un maz priekšlikumu.

— Viņi piedāvā citādi elpot, koncentrējoties uz savām pozitīvajām iezīmēm utt. Starp citu, lekcijas ir ļoti populāras.

— Tas ir saprotams, jo nelaime ir visu slimību cēlonis, bet depresija aptver visu pasauli. Taču atrisinājumu viņi neatradīs, jo cilvēks ir depresijā tāpēc, ka neredz, kālab ir vērts dzīvot.

— Savā praksē es bieži dzirdu jauniešus izsakām dažādas apsūdzības. Ka pieaugušie izveidojuši sliktu pasauli un dzīvi, tāpēc tajā nav vērts iesaistīties. Neko nepadarīsi — viņi iekļaujas un dzīvo. Daži cenšas sev iestāstīt, ka var un vajag būt laimīgiem. Tā viņi runā bezizejas dēļ, taču risinājumus nepiedāvā.

— Jūs saskatāt problēmu ne jaunajā paaudzē, bet gan tajā faktā, ka mēs, vecāki, bērniem šo ceļu neparādām, un tā ir pilnīgi citāda pieeja.

— Bez šaubām. Parasti taču rāj bērnus: cik slikta jaunā paaudze!

— Mēs 9–13 gadu vecumposmam veltījām vairākas sarunas, jo tas ir ļoti svarīgs periods. Valda uzskats — ja bērnam līdz 13 gadiem mēs neesam norādījuši dzīves ceļa virzienu, neesam paspējuši izveidot bērnam vērtību skalu, tad pēc tam to izdarīt vairs nav iespējams.

Kādus mērķus vajag izvirzīt bērnam šajā vecumā, lai ar to sasniegšanu viņš justos laimīgs? Kādas iekšējas prasības viņam jāīsteno? Kādā stāvoklī viņam jābūt?

— Šai vecumā bērni ir grūtā situācijā, izjūtot lielu spriedzi tādēļ, ka nezina, kā veidota pasaule un sabiedrība, uz kā balstās cilvēku savstarpējās attiecības. Viņi savā starpā veido mākslīgas saiknes atbilstoši savām vēlmēm vai pilnīgi nereāliem, no filmām aizgūtiem piemēriem. Pierodot pie šiem standartiem, viņi pēc tam nevarēs no tiem atbrīvoties. Tāda atdarināšana ir ļoti bīstama, jo dzīve tiek aizvietota ar dzīves spēlēšanu. Tādu pieeju vajag iznīdēt un kā pretlīdzekli dot maksimāli atklātu un vienkāršu visu dzīves jomu skaidrojumu. Bērniem jābūt visur: no vietas, kur cilvēks dzimis, līdz vietai, kur viņu apglabā. Viņiem ir jāzina, kas ir universitāte, rūpnīca, slimnīca, banka — viss, ko radījusi mūsu civilizācija, — un jāgūst reāli iespaidi, piemēri. Mums jābūt tik atvērtiem, lai viņi varētu runāt ar mums par visu bez visādiem tabu. Vajag ļaut viņiem savā starpā veidot arī tiešo virtuālo saikni, bet jāparūpējas, lai starp viņiem būtu pareiza virtuālā saskarsme.

— Man nekas nav piebilstams šim secinājumam, izņemot to, ka virtuālā saikne ir tramplīns uz integrālo saikni un jaunu realitāti.

— Tieši to viņi grib, iekšēji izjūtot tās nepieciešamību. Viņu izmisums un nevērība ir tukšuma izpausme, kuru viņi nespēj ne ar ko aizpildīt.

— Viņiem nepazīstamās realitātes daļas skaidrošana un pareiza audzināšana var šo problēmu atrisināt.

VECĀKAIS MĀCA JAUNĀKO

— Savu iepriekšējo apspriešanu mēs beidzām pie 13 gadu vecuma. Mēs pieskārāmies arī lielākam vecumposmam, kad runājām par dzimumu savstarpējām attiecībām. Tagad pievērsīsimies tēmai, kas aktuāla visiem vecumposmiem. Kā es saprotu, tad svarīgs jūsu metodikas aspekts ir audzināšana, kad vecākie bērni audzina jaunākos. Vai jūs nevarētu paskaidrot, kas ir šādas idejas avots?

— Tās avots — kārtība dabā. Kas ir vecākais brālis jaunākajam? Atceros sevi pirmajā klasē. Skatījos uz vecāko klašu skolēniem un domāju: vai tiešām tas ir iespējams?! Tas taču visas dzīves augstākais punkts! Pieaugušos, skolotājus es nepamanīju, taču vecāko klašu skolēni!... Tomēr viņi bija pārāk lieli. Ko padarīsi, es — pirmajā klasē, bet viņi — desmitajā! Šai ziņā otrā, trešā un ceturtā klase bija daudz tuvāk. Es, protams, izturējos pret viņiem ar cieņu, tāpēc ka viņi vecāki, biju gatavs viņiem paklausīt, uztvert un saprast viņus. Viņi bija manā redzeslokā. Pirms kaut ko īstenot dzīvē, vajag pārbaudīt, kā tas darbojas dabā — no tās nāk visi likumi. Dabā viss sadalīts līmeņos un pakāpēs. Zemākajam nav citas saites kā vien tiešā saite ar augstāk esošo, bet ar tās palīdzību — ar vēl augstāku, un tā tālāk pa kāpnēm uz augšu. Es nevaru būt sasaistē ar to, kas atrodas divas pakāpes augstāk par mani, bet varu būt saistībā tikai ar tuvāko augstāko pakāpi, kura ir nedaudz augstāk par mani. Vispareizākā pieeja un sagatavošana — lai otrās klases bērni māca pirmklasniekus. Protams, es nerunāju par mācību priekšmetiem. Bet, ja mēs nodrošināsim pareizu audzināšanu visiem, tad bērns, kas gada laikā būs paaudzies, drīz jau pats varēs palīdzēt un rūpēties par jaunākajiem.

— Jautājums tāds — vai šī metode ir piemērota visiem vecumiem?

— Tā ir piemērota visiem vecumiem, bet mums vajag šo pieeju adaptēt mūsu dzīvei.

— Vai saikne, par kuru jūs runājat, ir dinamiska? Vai bērni vecumā no deviņiem līdz trīspadsmit gadiem var nodarboties ar sešus līdz deviņus gadus veciem bērniem? Vai vecuma atšķirībai jābūt tieši vienam gadam?

— Viss atkarīgs no mācību programmas un brieduma pakāpes, ko mēs sasniedzam katrā konkrētā vecumā.

— Kādas ir šīs saiknes priekšrocības?

— Tā ir dabiska! Mazākie bērni grib kaut ko iemācīties no vecākajiem, tāpēc ka viņi vecākos biedrus ciena, augstu vērtē, grib būt līdzīgi viņiem. Mazie mīl, ka vecākie bērni pret viņiem izturas draudzīgi, nevis nevērīgi.

— Tas viņos vieš pašapziņu.

— Patiesībā tie esam mēs, pieaugušie, kuri neuzskata, ka vecākais bērns var kaut ko iemācīt jaunākajam. Ja mēs noteiksim virzienu, bērni varēs iemācīt cits citam visas skolas disciplīnas.

— Vai bērniem jābūt pedagoģiskā kolektīva daļai? Vai viņi strādā kopā ar skolotāju? Kā to pareizi izmantot?

— Saprotams, ka bērniem nepieciešams "piestiprināt" pedagogu, tomēr patlaban es galvenokārt runāju par audzināšanu, par parauga rādīšanu, par rūpēm, bet ne par mācību priekšmetiem.

— Vai bērnu loma ir pārsvarā audzinoša?

— Jā, audzinoša. Taču, ja mēs ļausim vecākajiem bērniem būt par skolotājiem jaunākajiem, tad tas viņiem būs labs stimuls mācībām! Viņi pēc tā tieksies, jo te ir iesaistīts gan lepnums, gan skaudība, gan godkāre, kas palīdz sasniegt augstus rezultātus.

— Vai katrs "audzinātājs" nodarbojas ar vairākiem bērniem vai ar vienu?

— Pieļauju, ka ar vairākiem. Kad ir viens pret vienu, var rasties nepareizas attiecības.

— Mēs runājām, ka katrai klasei, kura sastāv no desmit skolēniem, ieteicams piesaistīt divus skolotājus un vienu psihologu. Vai tad, kad bērns ir klasē audzinātājs, klasei jābūt tādai pašai vai mazākai?

— Tas jāpārbauda praksē katrā gadījumā atsevišķi. Mums tajā jāsaskata stimuls — gan bērniem, gan pieaugušajiem.

— Tātad ne visi spēs un ne visiem ir jāmāca?

— Vēlams tādu spēju attīstīt katrā bērnā.

— Bet ja bērns negrib?

— Tā nevar būt, ka viņš negrib. Vienmēr būs kas tāds, kas viņā šo vēlmi izraisīs. Katrā cilvēkā ir skaudība, slavas kāre, tieksme pēc cieņas, kaut kādi rēķini ar citiem: "es esmu labāks par viņiem" vai "esmu sliktāks". Ar to palīdzību mēs varēsim bez izņēmuma visus audzināt un "veikt korekcijas", lieliski motivēt katru mācīties un mācīt citus.

— Vai tādā pašā mērā, kādā mums ir svarīgi, lai katrs izteiktos, mums ir svarīgi arī, lai katrs piedalās jaunāko audzināšanā?

— Jā. Es saku bērnam, kurš ne visai sekmīgi mācās, slinko: tu vari sagatavoties un uzstāties citu priekšā, novadīt stundu un parādīt labu piemēru.

— Bērnam radīsies motivācija. Taču var gadīties, ka bērns baidās.

— Tas arī ir labi.

— Vai ar baiļu pārvarēšanu mēs bērnā varam attīstīt atdeves spēju?

— Jā. Un vispār darbā ar bērniem klasē, kad viņi, piemēram, dzied katrs atsevišķi vai visi kopā, pastāv daudz stereotipu, kurus mums vajag lauzt.

— Pēc iespējas mazāk kautrēšanās un pēc iespējas vairāk pārliecības.

— Tagad visi slēpjas, baidās, kautrējas uzvesties dabiski un atklāti.

— Nežēlīgas konkurences un kritikas apstākļos ir neloģiski sevi izrādīt. Kā pareizi sagatavojami tie bērni, kuri nodarbosies ar audzināšanu? Kas viņiem jāpasaka, lai viņi saprastu savu atbildību par citu bērnu, bet lai nesāktos "morāles lasīšana"? Varbūt viņi nav jāsagatavo? Gluži vienkārši sacīt: parunā par tādu tēmu, paskaidro, kā vari.

— Nē, bērnu vajag sagatavot! Katrs skolotājs laikus sagatavo stundu. Viņš ir mācījies, pārzina metodiku, zina, cik laika iedalīt paskaidrojumiem, jautājumiem un atbildēm, vingrinājumiem utt. Bērnam jābūt skolotājam, un tas viņam jāiemāca. Tad viņš sapratīs, ko viņam pašam vajag gūt no sava skolotāja stundām.

— Varbūt viņš sāks cienīt savu skolotāju, jo zinās, kā tas jūtas?

— Protams. Viņš iepazīsies ar profesiju. Lai pats mācītos, jāzina, kā iemācīt citiem.

— Patiesībā vislabāk tiek apgūts tas materiāls, ko tu pats pasniedz. Pirmkārt, tu to izpēti krustām šķērsām. Otrkārt, tu domā par cilvēku, kuru mācīsi. To bērni spēj jau no 6–7 gadu vecuma. Vai jūs iesakāt sākt ar šo vecumu?

— Jā, ar pašiem mazākajiem. Turklāt mūsu mērķis nav organizēt spēli vai stimulēt bērnus mācībām.

— Mācīt viņus darboties pa īstam?

— Jā. Mērķis taču ir attīstīt bērnam pareizu vēlmi un pareizu pieeju mācībām un mācīšanai. Attīstīt to katrā. Ja cilvēks nemāk mācīt, viņš nevar arī mācīties.

— Vai ir novērota tāda sakarība?

— Viņš nespēj pareizi apgūt materiālu, to strukturēt, konspektēt. Tas jāprot. Nepieciešama pašorganizācija.

— Vai bērnam šajā procesā izpaužas arī jaunrade? Pieņemsim, es dodu viņam kādu plānu. Vai viņš var piedāvāt savu materiāla pasniegšanas veidu?

— Bērns, izlemjot, kā vadīt stundu, veido pats sevi.

— Vai tas nozīmē, ka viņam jādod brīvība? Es varu viņam pateikt, kā vielu izskaidrot, bet viņš var pats izvēlēties, viņaprāt, atbilstošus piemērus un veidu, tomēr nepārkāpjot noteiktos ietvarus.

— Jā, taisnība. Bet pēc tam, iespējams, viņš tavus ietvarus tomēr pārkāps. Taču tad viņam jau būs sava pieeja.

— Pats svarīgākais, ko es guvu no tamlīdzīgas bērnu darba pieredzes, ir tas, ka bērnam, kurš māca citus, nepieciešama atgriezeniskā saikne. Bez sagatavošanās posma ir arī noslēguma posms — apspriest, kas izdevās, kas ne.

— Lai pedagogi piedalās stundā un raksta piezīmes, bet pēc tam viņi var bērnu paslavēt.

— Šai gadījumā pedagogiem jābūt ārkārtīgi delikātiem. Bet bērnam jāgūst no savas stundas atziņas par to, kas vēl ir pilnveidojams.

— Vai būtu vēlams nofilmēt stundu un pēc tam noskatīties?

— Jā, tieši to mēs iesakām.

— Tādā veidā mēs iegūstam divkāršu rezultātu: uzņemam videofilmu par to, kas māca un kas mācās.

— Ja bērns no mazotnes ir nodarbināts ar citu mācīšanu, tas veido viņā kaut ko vairāk: viņš jau nav vienkārši bērns — attiecībā pret jaunāko viņš jau ir pieaugušais. Tādējādi mēs bērnu attīstām.

— Bet vai tas būs efektīvi pusaudža vecumā, 13–14 gados? Varbūt tas palīdzēs attīstīt spēju domāt par citu cilvēku?

— Šādi audzinot bērnus līdz pusaudža vecumam, viņiem jau vairs nebūs problēmu. Pat pirms šā vecuma sasniegšanas viņi sapratīs visus attiecību un dzīves aspektus. Viņi saņems paskaidrojumus par visu, kas notiek, kā arī par to, kas ar viņiem notiks turpmākajos vecumposmos. Tāpēc es 13–14 gadus vecā pusaudzī nesaskatu sarežģījumus, ja viņš agrāk saņēmis visu, kas nepieciešams — audzināšanu, sagatavošanu, paskaidrojumus par dzīvē notiekošo —, un ja viņš spēj paraudzīties uz sevi no malas.

— Vai tādi bērni spēs būt skolotāji?

— Ne tikai skolotāji. Viņiem būs pareiza attieksme pret dzīvi, un tas ir pats galvenais. Es pieļauju, ka pietiekami sagatavoti cilvēki spēs pareizi veidot savstarpējus sabiedriskos kontaktus. Kas to lai zina, kā tas vēl tālāk attīstībā izvērsīsies. Mēs taču atrodamies pie durvīm lielam kvalitatīvam lēcienam cilvēces attīstībā.

— Vai jāparādās kaut kam jaunam?

— Tā nav nejaušība, ka mēs esam depresijā un jūtamies iztukšoti.

— Bet vai jaunākais bērns varēs mācīt vecāko?

— Nedomāju vis, jo tas ir pretrunā dabai. Taču viņš var, uzdodot jautājumus, pareizi virzīt vecāko.

— Padarīt viņu par vēl labāku skolotāju?

— Es jautāšu tā: kādā mērā jūsu meitas ietekmēja viena otru, kad auga?

— Ļoti daudzveidīgi. Starp brāļiem un māsām veidojas stingra hierarhija. Psiholoģijas teorētiķi, arī Alfrēds Ādlers, runā par to, ka vecākais bērns vienmēr var kaut ko iemācīt jaunākajam, ne tikai ar viņu strīdēties. Tātad lomas, kuras mēs piešķiram bērniem, ļauj viņiem izpaust cieņu, novērtēt citam citu, iespējams, pat savstarpēji lūgt padomu. Interakcija mācību procesā taču rada īpašu saikni. Bērns jūt, ka saņem no vecākā biedra ne tikai dunkas! To var izmantot arī mājās, ne tikai skolā.

— Ja skolā bērnus pieradina pie tādas uzvedības, viņi bez grūtībām šādu modeli attiecina arī uz uzvedību mājās. Taču visu, ko viņiem saka mājās, viņi uztver kā apgrūtinājumu.

— Bet šim procesam jāseko. Mēs bieži redzam, ka bērniem trūkst pacietības, lai palīdzētu jaunākajiem brāļiem, un viņi visai bieži gluži vienkārši izpilda mājasdarbus viņu vietā. Bet mēs tiecamies pēc kaut kā pavisam cita!

— Mums šī tēma jāiedzīvina, tad varēsim to attīstīt tālāk. Ja mēs iesim pa tādu ceļu, tad gūsim panākumus, jo tas atbilst dabai, bet jebkurš piemērs, kas ņemts no dabas, ir veiksmīgs.

— Īstenojot audzināšanu "vecākais māca jaunāko", cik procenti no kopējā stundu laika tam jāatvēl — divdesmit, desmit, pieci? Reizi dienā vai nedēļā?

— Ko mēs gribam panākt ar to, ka mazākos māca vecākie bērni? — Lai jaunākais cienītu vecāko, gribētu būt tāds kā tas, lai arī pats gribētu būt skolotājs un mācīt jaunākos, — ņemt piemēru no vecākā un nodot to jaunākiem biedriem. Kad viņam būs piemērs, viņš taču vēlēsies to īstenot. Bet ko gūst vecākais? Lepnumu, pašcieņu, jo viņš taču var mācīt jaunāko, būt kā skolotājs, sajust, ka viņu ciena. Citiem vārdiem, mēs sasniedzam daudzus rezultātus. Mums jāizvērtē, kā šie rezultāti ietekmēs, cik daudz laika no kopējā mācību procesa skolā paredzēt šo rezultātu sasniegšanai. Pieļauju, ka divas reizes nedēļā pa pusstundai bērnam būs pietiekami. Tas radīs labvēlīgu iespaidu. Bērnam taču jāsagatavojas, jāsaplāno stunda: kā iekļauties laikā, kas būs sākumā, kas — beigās, kādus jautājumus uzdot stundas noslēgumā. Pedagogam kopā ar bērnu jāizveido plāns. Tāpēc es nedomāju, ka vajag vairāk nekā divas reizes nedēļā.

— Varu tikai piebilst, ka savos novērojumos esmu pamanījis, ka pusaudži 13–15 gadu vecumā labprāt rūpējas par mazajiem un māca tos, viņi to dara no sava pieaugušāka, vecāka biedra augstumiem. Viņiem patīk ņemties ar mazajiem un kaut ko tiem iemācīt. Vecākie pārliecinās, ka tas nav vienkārši. Šie procesi, par kuriem mēs runājam, noris arī tad, ja ir liela atšķirība vecumos. Taču tādā gadījumā tā ir nevis mācīšana tīrā veidā, bet gan zināma savstarpējo attiecību prakse.

— Tas jau līdzinās vecāku un bērnu attiecībām.

— Tā ir iespēja uzzināt, kā tas ir — būt par vecākiem.

— Te ir pavisam cits uzdevums: kā bērniem 14–16 gadu vecumā parādīt piemēru — ko nozīmē būt par vecākiem. Es pagaidām baidos ķerties pie šīs tēmas, tas nav vienkārši. Mums taču viņiem jānodemonstrē, kas tas ir — pienākumi darbā un sadzīvē, jāiemāca mijiedarboties ar bankām, ārstiem, apdrošināšanas sabiedrībām.

— Vai pieļaujat, ka to vajag darīt pēc iespējas agrāk?

— 15–16 gadu vecumā nav agri. Viņi taču drīz sāks savu dzīvi! Šodienas bērniem jāzina, kā strādā banka, apdrošināšanas sabiedrības. Katram jābūt savam nosacītam bankas kontam, un viņa pienākums ir iemācīties pareizi ar to rīkoties. Teiksim, divu pēdējo gadu laikā skolā viņiem faktiski jāizpēta visi pieaugušo dzīves aspekti, ieskaitot ģimenes attiecības. Viss jāiemāca. Viņiem jāiedziļinās paskaidrojumos, jāspriež, kas ir pareizi, kas — ne. Pusaudžus nepieciešams iepazīstināt ar apkārtējo pasauli, lai viņi sagatavotos dzīvei tais apstākļos, kurus tiem piedāvā sabiedrība. Mums kā dārzniekiem jāuzpotē viņiem pareizas reakcijas un uzvedības piemēri, kuri noderēs nākotnē.

VIENS UN SABIEDRĪBA

— Iepriekšējā sarunā mēs spriedām par tādas skolas izveidošanu, kurā par augstāko vērtību uzskatīs ieguldījumu sabiedrībā. Tā kā mūsdienu audzināšanā galvenais ir personīgie panākumi, turklāt uz tuvākā izmantošanas rēķina, tad spēja sadarboties bērniem ir vāja: plaukst ekspluatācija un vardarbība. Vai jūs nevarētu paplašināt izpratni par bērna ieguldījumu sabiedrībā? Ko tieši jūs domājat ar ieguldījumu? Ko var paveikt bērns?

— Es domāju, ka ikviens tiek vērtēts nevis atsevišķi, bet tikai kopā ar sabiedrību. Visuzskatāmākais piemērs — alpīnisti, kas savā starpā sasaistīti ar virvi. Ja krīt viens, krīt arī visi pārējie. Tāpēc viņu panākumi var būt tikai kopēji, visas grupas panākumi.

— Darbojas ne vien grupas, bet arī līderi, "zvaigznes".

— Tur jau tā problēma, ka pēdējā laikā spēles izpratne ir izkropļota. Pat valsts izlases komandas pārstājušas būt komandas: katrs grib gūt individuālus sasniegumus, tāpēc ir gatavs par lielu naudu pārdot sevi, nav svarīgi, kādai komandai, kādai valstij. Tādējādi katrs spēlē viens pats, bet ne komandā. Tāpēc mums jau no visjaunākā vecuma bērniem jāveido kolektīvā atbildība, grupas sajūta, kad nevienam pašam par sevi nav ne ietekmes, ne vērtības. Mēs uz viņu neskatāmies personības rakursā, svarīga ir viņa prasme paaugstināt grupas sniegumus, celt to augšup, likt tai darboties, smelties spēkus un visiem kopā veidot vienotu veselumu. Nepieciešams mācīt bērnam šo vienotību meklēt instinktīvi, automātiski. Dzīvniekiem šis instinkts ir, nav runa par parādībām, kas atrautas no realitātes. Ir zināms par komandu īpašu sagatavošanu darbam zemūdenēs un citās slepenās jomās, kur no kolektīva saliedētības atkarīgs dzīvības un nāves jautājums. Cilvēks vārda tiešā nozīmē zaudē savu "Es", uztver un vērtē visu tikai caur pārējo prizmu. Saprotams, tam viņu speciāli sagatavo, taču mēs redzam, ka tas ir iespējams.

— Zemūdenes komandas loceklis pilnībā anulē savas vēlmes, bet, ja viņš neizpildīs nepieciešamo, neviens neizdzīvos — ne tikai viņš. Vai vienotības sajūta ar grupu viņos ir stiprāka nekā paša dzīvotgriba?

— Protams, tas ir īpašs gadījums, kad ar specifiskiem treniņiem cilvēkus saliedē kolektīvā. Es runāju par nepieciešamību audzināt cilvēku par normālu sabiedrības locekli, spējīgu rēķināties ar citiem cilvēkiem. Bērnam jāsaprot, ka viņam ir pienākums dot labumu sabiedrībai ne tāpēc, ka citādi viņš neizdzīvos, bet tāpēc ka sociums ir vieta, kurā viņam jāatrodas pastāvīgi. Tas ir pamats, bez kura viņš nevar pastāvēt, viņa ģimene, par kuru viņam jārūpējas. Mēs varam tā audzināt savus bērnus un vienas paaudzes laikā sasniegt atbilstību dabai.

— Ko jūs domājat ar izteikumu — "sabiedrības labā"?

— Kā vērtīgs tiek atlasīts tikai tas, kas attiecas uz apvienošanos, bet pārējais tiek atmests. Mums šķiet, ka pasaulē mēs gūstam panākumus ar darbošanos. Taču tā ir ilūzija. Tagad, kad pasaule kļūst integrāla un grimst krīzē tāpēc, ka mēs neatbilstam integralitātei, visi panākumi ir atkarīgi tikai no mūsu spējas apvienoties.

— Daba mūs uz to virza, bet jūs sakāt, ka to nepieciešams ieaudzināt, jo pats no sevis tas taču nenotiks. Tātad tas ir kaut kas virs egoisma iedabas? Kā tam jāizpaužas skolā?

— Skolai jākļūst citādai. Vispirms bērnam jāmāca nevis priekšmeti, bet prasme būt sabiedrības loceklim.

— Ko tas nozīmē? Vai, piemēram, nolikt krēslu ne tikai sev, bet arī citiem?

— Ne tikai to. Vajadzīga vienotai pieeja: katrs sevi pēta, saņem piemērus, tiek audzināts un vadīts tikai saistībā ar citiem. Mazais cilvēciņš no brīža, kad viņš sevi apzinās sociumā, proti, no trijiem gadiem, jāiekļauj dzīvē kopā ar pārējiem, dzīvē, kur viņš ir atkarīgs no visiem un visi atkarīgi no viņa. Tādai attieksmei jārodas dabiski, instinktīvi: ieradums kļūst par viņa otro dabu visās sabiedriskajās attiecībās. Tas sakāms arī par mācībām: mums jāmaina sava pieeja. Mēs skatāmies uz dabu no egoistiskām, individuālām pozīcijām un tā par dabu arī mācām. Taču, ja raudzīsimies uz dabu kā uz vienotu veselumu, kurā viss ir savstarpēji saistīts un sabalansēts, tad arī bērniem iemācīsim izprast saikni: mums jābūt saistītiem gan savā starpā, gan ar dabu, gan vienā globālā sistēmā. Tad bioloģijas, fizioloģijas, ģeogrāfijas utt. mācīšana kļūs par vienas kopējas zinātnes mācīšanu, jo mēs esam vienotā, nedalāmā dabā, tikai paši to sadalām pa disciplīnām. Mēs esam dabu sagriezuši gabalos un pētām tos kā citu ar citu nesaistītus. Taču mēs dzīvojam vienotā, nedalāmā pasaulē. Zemeslode ir apaļa. Ja mūsu pieeja dabai būtu globāla, mēs būtu atklājuši citas formulas: kā nedzīvais, augu, dzīvnieku un cilvēka līmenis sasaistīts kopā, kāda savstarpēja harmonija pastāv. Tad visas disciplīnas tiktu mācītas citādi — kā viens priekšmets, kas atklāj vienoto dabu.

— Vai iespējams, ka tādā skolā būs priekšmets "Kā radīt harmoniju?"?

— Jā, tieši tas mums jādara.

— Ir viedoklis, ka tāda audzināšana pasargā bērnus no krīzēm, jo pašā sākumā bērns uz realitāti skatās citādi un redz to daudz dziļāk. Bērns katru priekšmetu apgūst pamatīgi, detalizēti, taču neviens tos nesasaista kopā. Nepieciešama cita audzināšanas programma, kura izvirza prasību sasaistīt parādības.

— Būtībā mēs pētām nevis dabu, bet tās daļas, raugāmies uz to šauri un specializējamies dabu pētīt izkropļotā veidā kā kaut ko savstarpēji nesaistītu.

— Interesanti, ka ASV audzināšanas sistēmas uzdevums ir audzināt bērnu, kurš būs gatavs konkurencei 21. gadsimtā. Bet mūsu piedāvātā metodika panākumu sasniegšanai 21. gadsimtā ir pilnīgi pretēja tai, ko mēģina īstenot ASV. Tur bērnam stāsta, ka spēja izturēt konkurenci 21. gadsimtā darīs valsti stiprāku, un visi pēc tā tiecas. Taču viņu pieeja šā mērķa sasniegšanai ir iznīcinoša un rada pretēju rezultātu.

— Es negribēju runāt par viņu nākotni, tomēr tā būs piemērs visiem. Amerika ir savākusi labākos zinātniekus un progresīvākās jaunās tehnoloģijas. Savu nākotni viņi iedomājas tā: jaudīga tehnoloģiska lielvalsts, kura ir līdere tehnoloģisko un zinātnisko sasniegumu izstrādē. Ražošana tiek pārcelta uz Āziju. Es pieļauju, ka drīz mēs būsim šā modeļa krīzes liecinieki. Ja zinātne nenodarbojas ar dabu kopumā, arī tā piedzīvo krīzi un sabrukumu. Patlaban mēs redzam, kā pasaule kļūst arvien tuvāka un ciešāk savā starpā saistīta, un nezinām, kā darboties tādos apstākļos, nezinām, kas saista kopā tās daļas.

— Piedāvātie risinājumi skar tehnoloģiju jomu: mācīsim bērniem mūsdienu komunikācijas metodes un gūsim panākumus. Taču tas ir pilnīgi aplams virziens. Akcentēts tiek viens aspekts, bet netiek ņemtas vērā bērna sociālās vajadzības, par kurām jūs runājat.

— Ar to, ka bērns redz nesadrumslotu, vienotu pasaules ainu, mēs atrisinām visas viņa un sabiedrības problēmas, bet, galvenais, sabiedrības un dabas līdzsvara un harmonijas problēmu.

— Vai bērna acīs vajag palielināt sabiedrības svarīgumu?

— Nē, viņam gluži vienkārši jāizjūt, ka viņš un sabiedrība ir vienots veselums. Tā, piemēram, senajām ciltīm nebija nodalījuma "es" un "viņi". Viņiem šķita neiespējami, ka viens cilts loceklis varētu apmānīt otru, jo tas taču tika pielīdzināts brālim. Mums tādas izpratnes nav, mēs brāļi apmānām daudz biežāk nekā svešo!

— Mēs runājām par sistēmu kopumā. Tagad pievērsīsimies ģimenes, mājas jomai. Vai vecākiem par to ir jārunā ar bērniem?

— Nepieciešama visas sabiedrības piekrišana virzībai pa šo ceļu tāpēc, ka mums nav citas izvēles. Mūsu pienākums ir mainīt sabiedrisko domu un pakāpeniski, darbojoties dažādās sistēmās, šo pieeju ieviest. Bet ja ne, tad krīzes un dabas katastrofas tik un tā mūs piespiedīs to darīt.

— Kā var mājās sākt īstenot globālo ideju, par kuru mēs runājām? Skola darbojas citādi, bet arī vecākus saista šī vienotības ideja un viņi vēlas kaut ko darīt lietas labā.

— Es domāju, ka skolās nevaldīs sacensības gars. Ja mēs mainīsim sabiedrības, klases vai grupas redzējumu, kā arī attieksmi pret panākumiem, tad viss būs pilnīgi citādi. Mēs jau runājām par to, ka skolā nedrīkst likt atzīmes un rīkot eksāmenus. Vajag vērtēt tikai bērna iesaistīšanās pakāpi kopējās darbībās, viņa palīdzības un atbalsta mēru. Kad viņš kopā ar visiem pēta dabu globalitātes un integralitātes aspektā, tad viņa uzvedība un vērtējums būs vienots. Teiksim, attieksme pret draugiem un attieksme pret priekšmetu tiks apskatīta par vienu veselu.

— Tātad mums kā audzinātājiem vissvarīgākā ir bērna spēja sajust sabiedrību tā, kā viņš jūt pats sevi, nedalīt to savā un apkārtējā sabiedrībā.

— Bērnam jājūt, ka bez grupas viņš nevar gūt panākumus, ka tikai saiknē ar pārējiem, ar viņu piekrišanu un savstarpēju atbalstu, nevienam nepaliekot vienam, viņš var gūt panākumus.

— Mēs to novērojam skolā. Ir pētījumi, kas parāda, ka klasēs ar draudzīgu atmosfēru skolēnu sekmības līmenis ir daudz augstāks. Viņi nedarbojās kopā grupās, bet katra paša rezultāts paaugstinājās. Citiem vārdiem, kad mums emocionālā līmenī ir slikti, mēs slikti mācāmies.

— Visu pēdējo četrdesmit gadu pētījumu galīgais secinājums ir tāds: mācīšana draudzīgā grupā ir daudz efektīvāka nekā parastā klasē. Līdz šim tas netiek izmantots.

— Taisnība, to izmanto minimāli. Lieta tā, ka grupā bērns iegūst lielu spēku, un tas var būt arī bīstami un biedējoši — negatīvā pieredze šai jomā ir zināma. Savā praksē es vairākkārt esmu saskārusies ar cilvēkiem, kas audzināti internātā. Daudzi mani pacienti izjutuši, ka absolūti nav piemēroti sabiedrībai, viņi ir pat pārcietuši sociālo traumu tāpēc, ka nav varējuši iedzīvoties savā grupā. Tādējādi viņu dzīve tai vai citā pakāpē bija sagrauta. Tāpēc tas, par ko mēs runājam, automātiski rada manī bažas: ja mēs izmantojam grupas spēku, grupai jādarbojas ļoti pareizi. Kā to lai panāk? Kā lai garantē, ka nebūs tamlīdzīgu ekscesu?

— Mēs runājam par līdzsvaru. Skatoties uz dabu un uz savu stāvokli, mēs saprotam, ka citas izvēles nav — mums jābūt sasaistītiem kopā, citādi būsim pagalam. Tāpēc mūsu pienākums ir izskaidrot bērniem apvienošanās nepieciešamību. Ar to mēs ievērojam dabas likumus. Taču svarīga ir audzināšana, bet ne cilvēka, viņa vēlmju apspiešana. Mēs gribam pieradināt bērnu iesaistīties sabiedrības dzīvē.

— Bet kā saglabāt individualitāti, lai netiktu apdzēsts bērna "Es"?

— Viņa "Es" necietīs, jo mēs viņam paskaidrosim, kā gūt panākumus, izmantojot to, ka viņš ir kopā ar pārējiem. Pat zinātnē nav iespējams kaut ko panākt, ja nav komandas, ja nav pētnieku grupas.

— Pilnīgi pareizi. Viss norisinās grupā, un panākumi ir atkarīgi no tās locekļu saliedētības pakāpes, no viņu vēlmes būt kopā domās, centienos, tieksmēs. Globālās dabas iezīmes, kas šodien atklājas, izvirza pienākumus. Tāpēc es te nesaskatu neko sarežģītu. Galvenais — gūt mācību no kibuciešu un komunisma izgāšanās krievu variantā, kur tika izmantots apspiešanas spēks.

— Atrast veidu, kā būt kopā.

— Jo labāk mēs sagatavosim bērnus skolā, jo vieglāk viņiem būs dzīvē.

— Mēs runājām par to, ka vissvarīgākie audzināšanas elementi ir apkārtne, sabiedrība, kurā mēs bērnu pakāpeniski ievadām. Mūsu mērķis ir panākt, lai bērns sevi uztver kā sabiedrības daļiņu, nevis kā kaut ko atsevišķu, un vērtē savus panākumus sabiedrības panākumu kontekstā. Tā viņš sāks sevi un apkārtējo vidi uztvert kā vienotu, saliedētu ģimeni. Iemācot bērniem globālo pieeju, mēs nodrošināsim arī pareizu, jauna tipa pieeju dabas izpētei. Tādējādi no viņu vidus izaugs jauni zinātnieki un pētnieki, par kādiem mēs pat sapņot neuzdrošinājāmies. Turklāt bērna individualitāte netiks nomākta. Tieši pretēji, viņam būs iespēja atrast savu vietu sabiedrībā un saprast, ka apvienošanās un grupa nodrošina daudz lielākus panākumus kā personīgs pētījums. Tādas audzināšanas panākumi radīs bērnā auglīgu pamatu, kas nākotnē dos maksimāli augstus un labus rezultātus. Jāķeras pie realizēšanas!

Otrā daļa

INTEGRĀLĀ AUDZINĀŠANA — ATTĪSTĪBAS GARANTIJA

BAIĻU AVOTS

— Mūsu šodienas sarunas tēma — bailes un trauksme — interesē visus. Katrs no kaut kā baidās. Kļūstot pieauguši, mēs uzzinām, kā šīs bailes noslēpt no citiem, bet maziem bērniem tās ir ļoti skaidri pamanāmas. Viņiem ir ļoti daudz šaubu, jautājumu un pilnīgi nesaprotamu problēmu. Mēs neapspriedīsim baiļu problēmu — ar ko tās saistītas, kāds ir to cēlonis, avoti. Nav cilvēka, kurš ne no kā nebaidītos. Vidēji katram piektajam attīstās ne vienkārši bailes, bet pat patoloģiskas bailes. Šie rādītāji gan atsevišķa cilvēka dzīves, gan cilvēces attīstības tūkstošgadu skatījumā nemitīgi pieaug. Bailes vēršas plašumā. Ir metodes, kuras izmantojot mēs palīdzam saviem pacientiem kaut kā tikt galā ar šīm bailēm. Jautājums tāds — kur meklējama šīs problēmas sakne? Ir tāda sajūta, ka mēs to pilnībā nesaprotam, nemitīgi no kaut kā baidāmies. Kāpēc?

— Bailes mūs pasargā. Tās neļauj mums pastrādāt muļķības, nodarīt sev kaitējumu, palīdz mums saglabāt dzīvību, dzīvi. Mēs taču arī saviem bērniem mēdzam piekodināt: "Piesargies, skaties, esi labs zēns, neej tur, lai tev pāri nenodara, viņš ir slikts puika, netuvojies viņam, tur ir policists" utt., tā mēs nemitīgi mācām savus bērnus baidīties. Mēs to varam novērot arī dabā pie dzīvniekiem. Pieņemsim, lauvene dodas ar saviem mazuļiem pastaigā, lai kaut kur savannā mācītu tiem dzīves gudrības, un viņa māca mazuļiem visas dzīvei nepieciešamās lietas. Pirmkārt, tās ir nepatīkamas un dzīvībai bīstamas lietas. Pēc tam viņa māca tiem, kā sagādāt iztiku, bet, kamēr tie ir mazi, bezpalīdzīgi un viņa pati sagādā tiem barību, viņa tiem māca baidīties, baidīties no reālām lietām, bet nebaidīties no iluzorām briesmām. Bailes ir cilvēka dabas pamatā. Tām ir vairāki veidi. Ir bailes no dzīves šai pasaulē, proti, bailes par to, ka man vai tuviniekiem var klāties slikti —

šo baiļu avoti meklējami apkārtējā pasaulē. Ir bailes no aizkapa pasaules, no tiesas un soda. Mūsu pasaulē ir vairāk nekā 700 baiļu un trauksmju veidi. Tā kā mēs esam egoisti un mūsu būtība ir vēlme gūt baudu, tad šī mūsu vēlme visu laiku baidās, vai varēs gūt baudu, vai būs viss, ko tā grib, nu kaut vai daļēji, nu kaut cik, vai es izjutīšu ciešanas. Man, teiksim, vienmēr ir bailes, vai es nejutīšos slikti. Tātad baiļu sajūta ir viena no pamatsajūtām, un uz šā fona izvēršas visa mūsu dzīve, plāni, programmas, rīcība. Un cilvēki ļoti cieš.

— Attiecībā uz pieaugušajiem saprotams, kā jūs paskaidrojāt, ka dažāda veida bailes pastāv tāpēc, ka manai vēlmei gūt baudu var tikt nodarīts kaut kāds kaitējums — tās ir visparastākās bailes. Viszemākā līmeņa bailes. Ir arī augstāka līmeņa bailes. Bet kā bailes rodas bērnam, viņš taču nezina, kas viņu sagaida šai pasaulē, vai to, kas notiks tālāk?

— Var droši runāt par to, ka informācija no paaudzes paaudzei tiek nodota ar sēklas pilienu un barības vielām augļa attīstības laikā mātes miesās. Visiem taču redzams, ka jaunā paaudze ir daudz attīstītāka un gatavāka dzīvei jaunajos apstākļos nekā tā paaudze, kas tai devusi dzīvību. Tātad, ja mēs nepārvaram savas bailes un problēmas, tad nododam tās no paaudzes paaudzei, un tās atkārtojas mūsu pēcnācējos. Turklāt šīs problēmas acīmredzot uzkrājas no paaudzes paaudzē. Mēs dzīvojam aplamību pilnā laikmetā, mūsu pasaules un dzīves uztvere ir daudz sliktāka nekā agrāk. Mēs redzam, ka jaunā paaudze bēg no dzīves. Tā veido sev dažādas mākslīgas čaulas, tā nevēlas būt saistīta ar iztikas nodrošināšanu, bērniem, naudu, rūpniecību. Jaunā paaudze bēg uz mākslīgi veidotām vidēm. Tas nav nejauši, ka mēs izgudrojām internetu, tas nav nejauši, ka jaunā paaudze radījusi sev šādu mākslīgo vidi — tādu vidi, kurā var atrasties, aizbēgt ne tikai no bailēm, bet vispār no nezināmā. Un tur viņi jūtas kā mājās. Viņi nevis gluži vienkārši pieslēdzas internetam, lai to izmantotu, bet vienkārši ieiet tajā kā citā pasaulē. Tas ir baiļu un trauksmes rezultāts, citādi viņi būtu to varā.

— Bailēm ir vairāki psiholoģiska rakstura cēloņi. Viens no baiļu veidiem ir uzvedības bailes jeb bailes no darbošanās. Ir tāds viedoklis, ka cilvēks piedzimstot ir kā balta lapa un ka viss, ko viņš piedzīvo, viss, ko mēs dzīves laikā rakstām uz šīs lapas, — ir tas, kas no viņa galu galā iznāks.

— Es teiktu, ka pastāv divu cēloņu kombinācija. Kad cilvēks piedzimst, viņā ir visa informācija par nākamo cilvēku, kurš sāk attīstīties. Protams, šo pamatinformāciju mēs nevaram mainīt, tātad tā turpinās attīstīties. Taču daudz kas ir atkarīgs no sabiedrības, no apkārtējās vides, cik lielā mērā un kas attīstīsies vairāk, kādā savstarpējā saistībā, un vai mēs spēsim šīs savstarpējās sakarības noskaidrot. No vienas puses, cilvēks ir kā shēma, kā zīmognospiedums. Tas, kā viņā attīstīsies katra mantotā īpašība un kāda būs šī īpašību savstarpējā saikne, ir atkarīgs no sabiedrības, no apkārtējās vides. Ja radīsim cilvēkam pareizu apkārtējo vidi, viņam nebūs tādu fobiju problēmu, kādas ir patlaban. Esmu pārliecināts, ka pareiza audzināšana atbilstošā vidē mums palīdzēs no tām atbrīvoties.

— Kas ir pareiza audzināšana?

— Apkārtējo cilvēku sabiedrības darbība, kura sniedz bērnam pārliecības sajūtu un galvo par viņu. Cilvēks ir sabiedriska būtne. Viņš ir tik ļoti atkarīgs no sabiedrības, ka tai nav problemātiski novērst visus trūkumus, kurus viņš izjūt, pārdzīvojot bailes. Tas attiecas pat uz tādām bailēm kā bailes no slēgtām telpām vai bailes no augstuma. Sabiedrībai ir piemēri un modeļi, ko cilvēkam piedāvāt, tāpēc no savas vides viņš saņems atbalstu un pārstās baidīties.

— Bet ko lai dara, ja runa ir par vecākiem, kuri ļoti pārdzīvo, ka nespēj savam bērnam palīdzēt? Es aizgāju ar savu bērnu uz poliklīniku, un tur tēvs kliedza uz savu trīs gadus veco dēlēnu, lai tas pārstāj baidīties no ārsta. Es uz to raudzījos kā profesionāle un nodomāju, ka tēvs nesaprot bērna ciešanu cēloni. Ko viņam pateikt, lai viņš šo sapratni gūtu?

— Jums, psihologiem, būtu jāvada nodarbības televīzijā, izveidojiet televīzijas kanālu un translējiet programmas, apmāciet vecākus, dariet to labi, patīkami un pievilcīgi, māciet, kā audzināt bēnus.

Es sev jautāju, kāpēc mums jāskatās pa televizoru dažādas šausmas un jāklausās muļķības, ko tur runā? Vai tas ir svarīgāk nekā kļūt par labiem vecākiem? Skolotāji, psihologi, advokāti, — izveidojiet savu kanālu! Tas tēvs, kurš pārdzīvo, ka viņa bērns izjūt bailes, noteikti ieslēgs kanālu, kur varēs saņemt paskaidrojumus. Šai kanālā jābūt informācijai, ieteikumiem, ko darīt ar bērnu bailēm, kā dzīvot sabiedrībā.

— Kā bērniem izveidot pareizu pieeju bailēm, kādi paskaidrojumi mums viņiem jāsniedz?

— Vecāki to nespēj. Mums vajag organizēt bērnam labu apkārtējo vidi, ievietot bērnu grupā, iekļaut sporta komandā, lai tur viņš ar savu biedru atbalstu gūst pārliecību.

— Ir bērni, kuri ir vairāk pakļauti bailēm nekā pārējie. Kāds tam cēlonis?

— Mēs teicām, ka baiļu cēloņi mrklējami radīšanas pamatos, mūsu vēlmē gūt baudu, kura ir radīšanas materiāls. Jūtīgiem cilvēkiem bērnībā vērojamas novirzes — jo vēlmes ir vairāk attīstītas, jo cilvēkiem lielāka uzņēmība, un tāpēc arī bailes izpaužas sakāpināti asa apkārtējās realitātes uztvere. Ir zināms, ka arī izciliem cilvēkiem bērnībā ir bijušas dažas atkāpes no normas. Realitātes sajūta vienmēr nāk vienlaikus ar neapzinātām vai apzinātām bailēm par to, ko es sajūtu: "Vai tas ir labi vai slikti? Vai tas neradīs kādu ļaunumu?" Šīs bailes ir jāciena, ja to nebūtu, mēs sevi nekavējoties sagrautu. Tas nozīmē, ka mums vienīgi jāzina, kā pret tām izturēties. Nav sliktu baiļu. Nav tādu baiļu, kuras mums vajadzētu aizgaiņāt vai iemidzināt. Mēs to darām tāpēc, ka neprotam tās pareizi izmantot. Ja ir kādas bailes, kāda problēma, tad cilvēkam jāpaceļas virs tām pāri. Man jāpaceļas pāri bailēm, jāredz, ka es augu, pateicoties bailēm, problēmām, trūkumiem, iztukšotībai, bezpalīdzībai, — jāpaceļas augstāk. Es paceļos tām pāri tāpēc, ka šī pacelšanās man ir svarīga, tā mani saista un kļūst par pašu galveno uzdevumu. Un tad savās bailēs es saskatu palīdzību.

— Vai to bērnam var izskaidrot?

— Nē. Taču mēs nedrīkstam bailes apspiest tiešā veidā. Mums tās tikai jākompensē ar sabiedrības palīdzību.

— Bet ko darīt ar tiem bērniem, kuri ne no kā nebaidās, vai tā patiešām ir galējība?

— Jā, tas patiešām ir briesmīgi. Tā ir vēl lielāka problēma nekā bailes. Es redzēju, kā viens tāds bērns met somu uz ceļa un pēc tam skrien pēc tās. Lai notiek, kas notikdams. Viņš zina, ka viņu var sabraukt, bet viņš vēlas izaicināt likteni. Te ir cita problēma, turklāt daudz dziļāka: sava likteņa meklējumi un tā izaicināšana. Mums ir tāda tieksme, kura rodas tāpēc, ka trūkst kontakta ar ko augstāku, un ar tādu rīcību bērns met izaicinājumu liktenim.

— Psiholoģija arī apskata šo aspektu, kad runā par bērniem, kuriem ir grūti pieņemt sabiedrības ierobežojumus. Tas ir saistīts ar šo parādību.

— Iespējams, ka viņi nevēlas pieņemt kopējo attieksmi pret dzīvi. Viņi vēlas izjust dzīves īstenoto vadības programmu un dzīves attieksmi pret sevi.

— Vienā sarunā jūs teicāt, ka bailes cilvēku attīsta. Mani tas ļoti izbrīnīja. Es pētīju literatūru, bet cēloņus tam neatradu.

— Problēma ir nevis pašās bailēs, bet gan mūsu attieksmē pret tām. Skaudību, naidu, godkāri, apmānu — visu, kas ir mūsos, — visas labās vai sliktās īpašības, noslieces, mēs varam pareizi un labi kontrolēt tāpēc, ka nekas nav radīts bez jēgas, vai tāpēc, lai mums kaitētu. Viss domāts tam, lai mēs iemācītos šīs izpausmes pareizi pārvaldīt. Tāpēc mums bailes jākontrolē, nevis apspiežot, bet pārvirzot, mums jāpaceļas tām pāri. Ja bailes joprojām palielinās, mēs pacelsimies vēl augstāk pāri tām.

— Jūs runājat par pacelšanos. Es nesaprotu, ko tas nozīmē "pacelties". Kā pareizi izskaidrot cilvēkam, ko nozīmē "pacelties"?

— Cilvēks mācās pareizi realizēt visus savus dotumus. Viņš tos pārvalda, nevis tie — viņu. Tad cilvēks saprot, kāpēc daba viņam tos devusi.

— Izdarīsim secinājumus. Mēs runājām par bailēm, par to, ka

vajag iemācīties pret tām pareizi attiekties. Mēs baidāmies tad, kad neprotam bailes pareizi izmantot, bet, ja spēsim ar tām "spēlēties", tad atklāsim, ka bailes ir mūsu egoisma pārvaldīšanas instruments. Bērnus, kuri baidās, vajag ievietot grupās, iesaistīt sporta pulciņos, lai viņi tur spēlēdamies no apkārtējiem varētu iegūt pārliecību par sevi. Un arī mājās vajag viņus ieskaut ar siltumu un mīlestību. Bet, lai palīdzētu pacelties pāri bailēm, vajag runāt ar bērnu par to, cik ļoti bailes mūs attīsta. Nevis koncentrēties uz to, no kā viņš baidās, bet censties saprast, ka šai sajūtai ir izšķiroša nozīme attīstībā un ka tai vajag pacelt viņu labākā stāvoklī.

BAIĻU VEIDI

— Šodien mēs runāsim par dažādiem baiļu veidiem, noskaidrosim baiļu rašanos un būtību. Es gribētu sākt mūsu sarunu ar jautājumu, kas satrauc daudzus vecākus. Kāpēc bērni baidās no tumsas?

— Bet vai tad jūs no tumsas nebaidāties?

— Nu ne jau tā kā mans dēls.

— Nevar būt. Nav tāda cilvēka, kurš nebaidītos no tumsas. Jautājums ir tāds — kas tā par tumsu. Iepriekšējā sarunā mēs spriedām par to, ka bailes liktas mūsu iekšējo kvalitāšu pamatā un ka mums nav tās jāiznīcina, bet tikai jāpaceļas tām pāri. Bailes pārvēršas par trīsām: trīsās šīs pasaules priekšā, trīsās nākamās pasaules priekšā. Tātad bailes no tumsas — ir baiļu pamatveids, pats pirmais baiļu veids.

— Kāpēc tieši šis baiļu veids ir pamatveids?

— Tāpēc ka tumsa — tā ir pati radīšana.

— Radīšana ir tumsa?

— Jā, radīšana ir tumsa. Ir taču teikts: "Es — gaisma un radu tumsu." Un tieši tas mūs biedē. Zemapziņas līmenī mūsos slēpjas bailes atrasties ārpus kaut kā. Tas ir tāpat kā bērnam, kurš nespēj atrauties no mātes. Jo vecāks viņš kļūst, jo vairāk spēj no tās attālināties. Bet sākumā viņš grib atrasties tai pēc iepējas tuvāk, — jo pašā iesākumā viņš taču atrodas mātē — viņas miesās. Tā tas notiek ar mums. Tāpēc bailes no tumsas būtībā nozīmē bailes no tā, ka nav gaismas, tās ir bailes no nezināmā. Pārvarēt bailes es varēšu ar nosacījumu, ka šīs tumsas dzīlēs attīstīšos, iemantošu sapratni, kas atklāj tumsu. Mums jāsaprot, ka tumsa ir ļoti svarīga, ka tā ir nepieciešama, ka mums nevajag to iznīdēt; ja nebūs tumsas, mēs negribēsim no tās iziet un virzīties uz gaismu — piepildījuma un saprāta gaismu. Tādējādi tumsa man būs nevis lietu trūkums, bet kaut kā augstāka, vērtīgāka trūkums, es sajutīšu tumsu nevis parastajā dzīvē, ne ķermeniskajā eksistencē, ne naudas, slavas un pat ne zināšanu trūkumā, bet garīgo ieguvumu trūkumā. Jo tumsa — tā ir kaut kā nepietiekamība. Nu tad, ja man ir tumsa, lai šī sajūta rodas kādu augstāku lietu dēļ!

— Bērns baidās no tumsas. Kā uz jūsu skaidrojuma pamata var iemācīt viņa vecākiem risināt šo problēmu?

— Mēs varam nonākt pie tāda atzinuma: vispirms jau tas ir labi, ka pastāv tumsa, un ir labi, ka bērns no tās baidās. Iedomājieties tādu ainu: mazs bērns naktī iziet no mājas un mierīgi visur pastaigājas. Tad jau labāk lai baidās. Viss ir atkarīgs no tā, kā to izmanto. Ja viņš baidās tumsas, tas ir labi. Jautājums ir tāds, kā mums izturēties pret šīm viņa bailēm, lai viņš pareizi attīstītos. Tātad mums viņš jāmāca atbilstoši viņa vecumam, proti, jāpaskaidro, ka tumsā nav nekā briesmīga — cik nu tas spēj palīdzēt, jo mēs arī paši baidāmies. Ja es atrodos tumšā un svešā vietā, ir ļoti bail! Nevar būt tā, ka cilvēks šādā situācijā jūtas labi. Kad es naktī piecelos, bet pēc tam atgriežos gultā, tad, pat acis neatverot, zinu, kā man jāiet. Tad es nebaidos atrasties tumsā. Es pat neieslēdzu gaismu. Vieta taču ir pazīstama! Tātad bailes man rodas ne jau tumsas, bet gan nepazīstamās vietas dēļ. Tieši tur ir tā problēma. Ja bērnam vieta nav pazīstama, tad lai viņš to iepazīst!

— Un kas viņam jāiepazīst?

— Viņam jāzina, kas stāv aiz šīs tumsas! Viņam jāsaprot, ka tumsa tikai pastumj viņu uz priekšu, lai viņš uzzina, kas tas ir. Bet tad tumsa pārstāj būt tumsa. Vēlreiz atkārtoju: kad es naktī piecelos, es zinu, kas man ir apkārt, kas atrodas manā guļamistabā. Un tāpēc man nav nekādu problēmu, es nejūtu tumsu, es pat gaismu neieslēdzu. Kāpēc? Tāpēc ka man tas netraucē. Es zinu! Un šī zināšana aizpilda manī tumsas vietu. Un tāpat jābūt ar visu to, ar ko mēs dzīvē saskaramies.

— Kas tad bērnam būtu jāzina? Viņš taču spēlējas savā istabā, viņš to pazīst. Bet, kad iestājas nakts un jāiet gulēt, viņš skrien pie mātes un tēva un grib gulēt pie viņiem.

— Vajag atkal un atkal tur ieslēgt gaismu, atkal un atkal paskaidrot. Tikai paskaidrošana.
— Varbūt lai viņš guļ pie ieslēgtas gaismas?
— Varbūt nedaudz gaismas par ļaunu nenāks.
— Tomēr lai nav pilnīga tumsa?
— Nē, nē! Lai viņš mēģina patstāvīgi tikt galā ar savām bailēm. Vai nu mēs viņam palīdzam, sniedzot zināšanas, vai palīdzam kādā citā veidā. Taču atstāt viņu, lai viņš pats pārvar savas bailes, — tas ir slikti. Tas nozīmē, ka mēs nedodam viņam risinājumu.
— Es gribu parunāt par bailēm no neveiksmes. Par pieaugušajiem viss ir skaidrs, bet, kad trīsgadīgs bērns baidās, ka viņam kaut kas neizdosies, tas man nav saprotams. Kā to var izskaidrot?
— No triju gadu vecuma bērns sāk just nepieciešamību pēc apkārtējo cilvēku atbalsta. Līdz tam bērni vispār nejūt, ka atrodas sabiedrībā. Triju gadu vecumā bērns jau zina, kas ir viņa draugs un kas ne, ar ko viņš spēlējas, ar ko ir kopā. Viņā jau rodas apkārtējās sabiedrības apziņa. Tāpēc visas bailes, kas rodas bērniem no trijiem gadiem un vēlāk, var pārvarēt ar apkārtējās cilvēkvides palīdzību. Tikai jāzina, kā to izdarīt. Ņemsim par piemēru tās pašas bailes no tumsas. Lai viņa biedri vispirms ieiet tumšajā istabā, lai viņš pats tajā ieiet kopā ar viņiem. Lai sāk tur skraidīt, lēkāt, "trakot kā bez prāta". Tas sagraus viņa bailes no tumsas.
— Es nodarbojos ar spēļu sagatavošanu bērniem. Kādu metodiku jūs man ieteiktu, lai es varētu palīdzēt bērnam pārvarēt bailes no neveiksmes?
— Tas ir cits baiļu veids. Vispirms jānoskaidro, kas tās izraisa: vai pazemināts pašvērtējums, apkārtējo vai arī vecāku vērtējums. Bet varbūt bērns baidās zaudēt kādu balvu? Tādā gadījumā tās nav bailes piedzīvot neveiksmi. Pašas bailes no neveiksmes — tas ir kaut kas apkopojošs, tas ir cēlonis tam, ka viņš var kaut ko zaudēt, negūt panākumus. Tad šīs bailes jau pārvēršas citos baiļu veidos. Neveiksme spēlē — tas ir cēlonis, bet sekas var būt visai attālinātas. Teiksim: "Kad mēs vasarā aizbrauksim pie vecmāmiņas un viņa uzzinās, ka

kaut kur kaut kad man kaut kas nav izdevies, es par to kaunēšos."
Bērns ir spējīgs izdomāt veselu tādu seku ķēdi, un tas var viņu salauzt.

— Kā tomēr palīdzēt bērnam pārvarēt bailes, salīdzinot sevi ar citiem? Ko teiks māte, tēvs, draugi, ja es izrādīšos par kādu sliktāks?

— Tas nenotiek tai vecumposmā, par kuru jūs runājat. Un protams, ne jau triju gadu vecumā. Te jau notiek sāncensība, cīņa par līdera pozīcijām.

— Tas ir jau sākumskolā.

— Tas sākas no piecu gadu vecuma. Bērni noskaidro, kurš stiprāks, kuram vislielākā ietekme vienaudžu vidū. Un tad jāstrādā šai vidē. Mums jāsaprot, ka cilvēks — tā ir sabiedrības daļiņa, un nedrīkst viņu no tās izraut un nodarboties ar viņu atsevišķi. Šis princips ir veiksmju vai neveiksmju avots audzināšanas procesā. Mēs aizvedam bērnu pie psihologa, maksājam naudu, notiek 20 sarunas, un ar to viss beidzas. No tā nav nekāda labuma, tā drīzāk ir palīdzība vecākiem, bet ne bērniem. Viņi taču uzskata, ka devuši savam bērnam visu iespējamo un ka no sarunas ar psihologu izpratuši problēmas būtību. Taču bērns nav mainījies. Mēs nesaprotam, ka bērniem apkārtne — ir viss. Viņu bailes, biklums, panākumi vai tieši pretēji, par spīti visiem demonstratīva uzvedība tad, kad viņam nekas nepadodas, — viss ir atkarīgs no apkārtnes. Atvest bērnu vienu pašu bez visas klases pie psihologa nav pareizi.

— Tātad tam ir jābūt darbam grupā?

— Es domāju, ka katrai klasei vajag "piestiprināt" psihologu, kurš saprot bērnus, pazīst viņus, pazīst viņu vecākus, kurš kopā ar viņiem spēlējas, piedalās viņu strīdos un kautiņos — kļūst kā viņš. Viņam ir jābūt tādam pašam kā viņi, jo viņš taču ir profesionāls psihologs! Viņa pienākums kļūt par viņu draugu, viņiem nav jāsajūt, ka viņš stāv augstāk. Viņš ir tāds pats kā viņi, vienā līmenī ar citiem. Patiesībā tam jābūt profesionālim. Bez tāda darba mēs nevarēsim pareizi audzināt nākamo paaudzi.

— Nesen presē parādījās ziņojums par bērnu, kurš izspēlēja paša nozagšanu tikai tāpēc, ka gribēja izvairīties no eksāmena, no kura ļoti baidījās. Kā viņam lai izskaidro to, kas ar viņu notiek?

— Iespējams, ka daudzreiz vieglāk ir nolikt to eksāmenu, nekā izdomāt visas tās viltības, mocīties un ciest, baidoties, ka viss atklāsies. Tādas lietas notiek tāpēc, ka mēs nemācām viņiem pareizi izturēties pret dažādām dzīves situācijām. Mēs nemaz nepalīdzam viņiem izanalizēt un pareizi novērtēt visu, kas ar mums notiek. Nu, izgāzās eksāmenā. Kas tur briesmīgs? Nu, nebūs teicamnieks, un kāds sliktu nodomās. Pat ja bērns kaut ko ir nozadzis, — nu kas tad ir? Protams, par to jāsamaksā sods, kādam, iespējams, vajadzēs sēdēt cietumā, taču dzīve ar to nebeidzas! Uz zādzību ir spējīgs jebkurš cilvēks. Nu, noliksim vienam priekšā miljardu, citam priekšā — miljonu, bet trešam priekšā — simts latus. Pilnīgi skaidrs, ka katram ir savs augstākais galējais noturības punkts, un, ja tas tiks pārsniegts, cilvēks noteikti nozags. Vajag bērnam šīs lietas izskaidrot. Taču neviens cilvēkbērnam nestāsta par viņa iedabu, un bērns domā, ka kaut kas tāds notiek tikai ar viņu, ar citiem ne. Viņš nesaprot, ka ir viens no daudziem, ka visiem viss ir vienādi. Viņam nav skaidrs, kā uzvedas pārējie. Bērns uzskata, ka tie, kurus viņš ciena, — ir īsti debesu eņģeļi. Tas pats pārejas vecumā vērojams attiecībās starp zēniem un meitenēm. Viņi absolūti neko nezina par pretējā dzimuma uzvedību, tāpēc vēlāk viņiem rodas milzīgas problēmas saskarsmes jomā. Katrs sariko tādas "spēles", ka izkropļo pretējā dzimuma pārstāvja uztveri un izraisa nepareizu atbildes reakciju. Īsi sakot, mēs klasē neveicam psiholoģisko darbu. Taču katrai klasei nepieciešams savs klases psihologs. Viņam jābūt īstam profesionālim un jāsaprot, ka no katra bērna jāveido cilvēks. Kamēr tā nebūs, mēs neko nepanāksim. Es domāju, ka tas ir daudz svarīgāk par visām mācībām un eksāmeniem.

— Tātad jūs sniedzāt visiem vecākiem metodiskus ieteikumus, kā sarunāties ar bērnu. Vajag paskaidrot, ka tāda ir bērna un visu pārējo cilvēku iedaba, ka nekas briesmīgs nav noticis, ja viņš tā rīkojies. Bet ko tālāk? Kaut kas taču jādara! Nav labi, ka viņš kaut ko ir nozadzis! Vai pietiek ar izskaidrošanu?

— Pietiek. Nav jāsoda. Galvenais, lai viņš saprot. Viņam jāpaskaidro: "Tu tā uzvedies tāpēc, ka tas ir tavā dabā. Tiksim skaidrībā, kāpēc mums ir tāda iedaba, kāpēc tu piedzimi ar tādām īpašībām, vai tās piemīt arī citiem, ko no mums prasa daba, kā mums ar to sadzīvot."
— Un ko tad tā daba no mums prasa?
— Ja jau mūsos ir tādas īpašības, tad acīmredzot tām paredzēts kāds lietojums. Cilvēkā nav nekā slikta. Bet sakarā ar "sliktajām" tieksmēm jārosina domāt — varbūt es sasniegšu kaut ko labu, ja tās pārvarēšu, paraudzīsimies, ko es gūšu, ja nezagšu, ja nekaušos, ja būšu saliedēts ar pārējiem. Tiksim skaidrībā, kāpēc manas sliktās īpašības dzīvo manī un man visu laiku tās jāpārvar. Ko es no tā iegūstu? Mums tas jāizskaidro un vienlaikus jānodrošina apkārtējo atbalsts.
— Tas nozīmē, ka, šīs iezīmes pārvarot, es iegūstu?
— Jā, protams. Mēs, pieaugušie, gluži vienkārši tāpat vien nekaujamies un neapvainojam cits citu, mēs saprotam, ka bez kaušanās un apvainojumiem ir mierīgāka dzīve. Es taču negribu visu laiku baidīties, ka kāds no aizmugures iezvels man ar rungu? Es gluži vienkārši zinu, ka mēs visi vairāk vai mazāk esam ieinteresēti radīt sev apkārt tik komfortablu vidi, cik nu to spējam. Ja mēs pareizi audzināsim savus bērnus, tad viņi sev izveidos daudz labāku sabiedrību.
— Tagad daudzās ģimenēs izpaužas tendence bailes vispār nepieminēt. Vecāki pieļauj, ka tādas taktikas dēļ bērns pārstās baidīties. Vai tam ir kāda loģika, vai arī tas ir pilnīgi aplami?
— Es uzskatu, ka viss šis periods aplams. Mums pirmām kārtām ir jāizveido pareiza sistēma. Vajag, lai pieaugušie zinātu, kā pareizi strādāt ar bērniem, turklāt ne vienkārši ar bērniem, bet bērnu grupām. Ne jau tāpat vien mūsu pasaule ir integrāla, globāla pasaule, tāda kā "mazs ciematiņš", kurā mēs visi savstarpēji esam saistīti cits ar citu. Mums vajag strādāt nevis ar vienu bērnu, bet ar visiem bērniem un viņu vecākiem, ar visu to sabiedrisko apkārtējo vidi, kurā viņš atrodas. Mums vienlaikus jānodarbojas ar visiem kopā. Kāpēc kaut ko

"izdzīt"? Sarīkosim katras dienas beigās apspriedi — un katru reizi lai tiesneša lomā ir kāds cits. Teiksim, mūsu klasē ir 30 skolēnu, kuri mācās piecas dienas nedēļā. Tad, lūk, lai katru dienu pieci skolēni ir tiesneši. Viņi pastāstīs, kas dienas laikā noticis klasē. Piemēram, pēdējā stundā būs tā tiesa (apspriešana), kurā šie pieci bērni vērtēs pārējos. Pavērosim, ko viņi ir pamanījuši, kā runās, kāpēc ir noticis tas, kas noticis, un tā joprojām. Secinājumus, kurus viņi izdarīs par aizvadīto dienu, dzirdēs visi, un visi varēs izteikt savas domas — piekrist vai nepiekrist.

— Bet klases skatījumā?
— Jā. Tad viņi spēs paši sevi izvērtēt. Skolēni, kas vērtē, mainīsies — katru dienu būs citi pieci.
— Ko mēs ar to panāksim?
— Pirmām kārtām mēs spēsim izanalizēt, pārbaudīt, noskaidrot. Bet psihologs, kurš atrodas blakus viņiem, bērniem palīdz, orientē viņus, kā to visu pareizi pamanīt. Katras tādas tiesas nobeigumā viņi varēs sev uzrakstīt sava veida likumu grāmatu — uzvedības noteikumus sev, savai klasei.
— Kaut ko līdzīgu statūtiem?
— Statūti, "konstitūcija", saskaņā ar kuru viņi uzvedīsies. Tad bērns sāks saskatīt, ka tādējādi viņš veido sevi un savu apkārtni. Kad šodienas bērni izaugs, viņi vēlēsies veidot sabiedrību, kas balstīta uz pareizas saskarsmes likumiem. Jautājums ir vienīgi par to, kā šos likumus īstenot. Zinātne par dabas augstākajiem likumiem var pastāstīt daudz, diemžēl cilvēce acīmredzot vēl nav pietiekami daudz cietusi, lai vēlētos tos īstenot.
— Mēs runājām par darbu klasē. Vai to pašu var darīt arī ģimenē? Dienas beigās sapulcēties kopā ar bērniem un apspriest dienas notikumus?
— Tas iespējams arī ģimenē, ja tajā ir vairāki bērni.
— Diena ir pagājusi, un rītdienai mēs nosakām kaut kādus likumus.
— Tikai tad vecākiem "jānolaižas" līdz bērnu līmenim.

— Ko tas nozīmē? Ka arī es tajā iesaistos?
— Protams, iesaisties! Tieši tāpat kā tā mazā meitenīte, tava meita. Tavs vīrs arī piedalās.
— Un viņi abi var pārkāpt likumu?
— Jā, protams. Mēs visi tajā piedalāmies, "nolaidušies" līdz bērnu līmenim.
— Bet vai ar viņiem jāsarunājas kā ar bērniem vai it kā ar pieaugušajiem?
— Kā ar visiem.
— Visi var kļūdīties, visiem var būt bailes no kaut kā.
— Teiksim, māte pastāsta, ka šodien nespēja novaldīties un apēda kūciņu, pārkāpa savu diētu, un viņai līdz pat šim brīdim ir nepatīkama sajūta. Kā lai viņa atbrīvojas no šīs sajūtas? Varbūt bērni viņai kaut ko ieteiks. Tā nebūt nav spēle. Pārrunas aptver ļoti nozīmīgus, dziļus jautājumus: kā cilvēks var atrisināt kādas problēmas, vai viņam vajag ļauties sirdēstiem, kā sevi nomierināt un turpmāk būt stipram. Apspriešana palīdz izdarīt svarīgus secinājumus.
— Tātad šodien mēs sarunā pieskārāmies daudzām tēmām. Mēs runājām par bailēm no tumsas un nonācām pie secinājuma, ka baidīties no tumsas ir labi, ka vajag bērnam pastāstīt par to, kas viņam atrodas visapkārt. Jo vairāk viņam būs zināšanu par realitāti, sākot no savas guļamistabas un tālāk, jo mazāk viņš baidīsies. Turklāt nedrīkst atstāt bērnu vienu ar viņa bailēm, spiest viņu pašu ar tām cīnīties. Tieši otrādi — vajag iet viņam palīgā. Bet, ja gribam uzvarēt viņa bailes, tad lai bērns ar bērnu grupu ieiet tumšā istabā, — kopā viņi šīs bailes uzveiks. Mēs runājām arī par bailēm no neveiksmes, par to, ka apmēram no triju gadu vecuma bērns sāk izjust, ka apkārtējie cilvēki viņu atbalsta vai neatbalsta, sajūt apkārtējo attieksmi pret sevi. Līdz tam viņš apkārtējos vispār nejūt. Tāpēc, sākot no trijiem gadiem, var sākt skaidrot bēnam, ka viņš ir sabiedrības daļiņa. Kad bērns dara blēņas vai veic labus darbus, tajā izpaužas viņa iedabas specifika. "Tagad tu izdarīji kaut ko sliktu, — nebaidies, tas nav nekas briesmīgs. tāda ir tava iedaba, ar citiem arī tā notiek. Tev tas jāsaprot, nav jāpār-

dzīvo un no tā jābēg." Mēs kopā ar viņu to apspriežam un saprotam, ka tas ir normāli. Pati apspriešana aizstāj sodu, tas vairs nav nepieciešams. Bet noslēgumā mēs runājām par to, ka katrai klasei nepieciešams psihologs, kurš palīdz organizēt tiesu un grupas apspriešanu. Tādas pārrunas var organizēt arī mājās un apspriest dienā notikušo, izdarīt secinājumus rītdienas interesēs, kopā uzrakstīt noteikumus, lai turpmāk neatkārtotu kļūdas, kuras šodien, iespējams, bija izdarītas, lai pareizi spētu atrisināt dažādas problēmas. Arī māmiņa var kļūdīties, arī skolotājs var pieļaut kļūdu — tas ir normāli. Galvenais, lai tas būtu virzīts uz katra izaugsmi.

FANTĀZIJAS UN BURVESTĪBAS (SĀKUMS)

— Šodien runāsim par bērnu fantāzijām, par fantāziju vietu dzīvē un par to, kā pareizi ar tām strādāt, kur varētu slēpties problēmas, kā no tām izvairīties un kā pareizi attīstīt bērnu fantāziju. Visās mūsu sarunās jūs uzsverat, ka bērnam vajag teikt patiesību par to realitāti, kurā viņš eksistē. Kā izturēties pret fantāzijām, iztēli?

— Negatīvi. Tāpēc ka tas, ko mēs saucam par fantāzijām, ir vai nu pasakas, kur dzīvnieki vai augi runā cilvēku valodā, vai filmas, kurās parādās citplanētieši un citi fantastiski tēli. Iespējams, ka tos var izmantot kādā filozofiskā formā vai kā alegorijas, bet, kad mēs sniedzam bērnam tādu pasaules ainu, parādām dzīvi tādā veidā, kā tas vērojams šādās filmās, spēlēs, uzvedumos, viņš to uztver reāli, nopietni. Tas iespiežas viņa prātā un nogulsnējas atmiņā. Viņš tos uztver kā mūsu pasaules stereotipus, neatšķir realitāti no fantāzijas, viņam viss redzētais ir patiesība.

— Tas atkarīgs no vecuma.

— Ir taču 30 un 40 gadus veci bērni... Es runāju nopietni: viss, ko cilvēks saņem no savas apkārtnes, uz viņu iedarbojas, kaut kādā mērā viņš visu to uztver kā reālas parādības. Tāpēc audzināšanā aizliegts stāstīt fantāzijas, izmantot parādības, kurām nav reāla pamata.

— Jūs runājat ne jau par iztēli, bet gan par fantāzijām, par to, kas nevar eksistēt īstenībā.

— Es vēlos pateikt, ka mums nav ļauts ieviest bērna pasaulē nereālas formas.

— Domāšanas formas vai kādas neesošas lietas?

— Jā, un arī dažādus tēlus, piemēram, it kā Saule sarunātos ar

Mēnesi vai augi un dzīvnieki — cits ar citu. Tā dzīvē nav, un nevajag to iedvest bērnam!

— Vai tas nesagraus visu bērna attīstību?

— Tā taču ir aplama attīstība, ja noved pie dažādām fantāzijām, pie tā, kā realitātē nemaz nav. Tieši tāpēc jau mēs dzīvojam ilūzijās un ticējumos, baidīdamies no kaut kādas mistikas: te ēnas staigā, te mājā dzīvo spoks, un tā ir jāattīra, pirms tajā var ievākties uz dzīvi. Mums vajag pacelties pāri šiem priekšstatiem, kuros pinamies jau tūkstošiem gadu.

— Jūs sakāt, ka tas rada ilūzijas?

— Tas rada tādas ilūzijas, ka mēs, paši to neapzinoties, visas šīs lietas un darbības uztveram kā realitāti. Kaut kur dziļi sevī mēs spēlējamies ar šiem tēliem un pat pārnesam tos uz savstarpējām attiecībām. Mēs redzam, kā sarunājas mūsu bērni, atdarinot dažādus skatuves personāžus. Tas pats notiek, kad tu stāsti bērnam par to, ka vilks sarunājas ar aitu vai cilvēks — ar koku. Viņš to tā arī uztver: viņam liekas, ka var sarunāties ar vilku. Viņš atceras, ka viņam par to ir stāstīts. Zemapziņā tas saglabājas visu mūžu.

— Kas ar viņu notiek, kad viņš saskaras ar pastāvošo realitāti?

— Viņam pastāvošā realitāte nemaz neeksistē, viņam fantāziju pasaule ir patiesība, viņš domā, ka viss tā arī ir, kā viņam stāstīts.

— Bet viņš taču redz, ka tā nav? Lielākā daļa 5–6 gadus veco bērnu aktīvi dzīvo pastāvošajā realitātē, un viņiem nav nekādu problēmu tās uztverē.

— Tomēr šī pretruna viņos mīt. Es redzu, kā cilvēki ved savus bērnus uz zooparku un stāsta tiem visas šīs muļķības.

— Varbūt tā ir sava veida vilšanās?

— Tā ir nevis vilšanās, bet gan apmāns!

— Bērna skatījumā. Viņš taču gaidīja, ka pērtiķītis zooparkā ar viņu sāks runāt...

— Tieši pērtiķītis, šķiet, ir vienīgais, kas spēj ar mums sarunāties, viņš mums ir visvairāk līdzīgs. Taču bērns redz, ka zaķi nerunā un ka peles Pelnruškītei nepalīdz. Un tā ir problēma...

— Jā, un pati Pelnrušķīte — arī problēma.
— Kāpēc?
— Tāpēc ka mums ar bērnu ir jārunā par reālām lietām, tāpat kā ar pieaugušo. Citādi tas rada visādas ilūzijas. Vai redzējāt filmu "Skaistulīte" (par prostitūtu, kas atkārto Pelnrušķītes laimīgo likteni)? Tad, lūk, psihologi apgalvo, ka šī filma par 13% Eiropā palielinājusi prostitūciju nepilngadīgo vidē.
— Tā ir tik romantiska filma!
— Psihologi apgalvo, ka divpadsmit trīspadsmit gadus vecas meitenes, noskatījušās šo filmu, saskatīja tajā skaistu un vieglu ceļu uz panākumiem. Tā kā filma tolaik bija ļoti populāra un to noskatījās miljoniem cilvēku, tā radīja ļoti katastrofālas sekas. Citiem vārdiem, mums jāsaprot, ka cilvēks visu, ko viņam parāda, uztver kā patiesu stāstu.
— Jebkurā vecumā?
— Pat ja tas ir pieaudzis cilvēks — arī viņš uztver tāpat kā bērns. Jūs zināt, kā pieaugušie mīl skatīties multfilmas...
— Tas sagādā lielu baudu, ir tāda kā spēle...
— Tā ir spēle. Tikai mēs nesaprotam, līdz kādai pakāpei tā veido mums aplamus priekšstatus. Tikai nedomājiet, ka es gribu no jūsu dzīves aizslaucīt visu skaisto un patīkamo. Nepavisam ne. Bet mums jāatrod jauns piepildījums, kas nav balstīts uz apmānu.
— Gatavojoties sarunai, es nedaudz paanalizēju visas šīs problēmas, un man šķiet, ka patlaban norisinās sava veida burvestību "inflācija" bērnu pasakās. Tu paņem kādu grāmatiņu, un tā tev rokās pēkšņi sāk mirguļot un mainīt krāsas... Tas notiek visos līmeņos, visu laiku tiek runāts par brīnumiem. Es domāju, ka tādējādi vecāki meklē veidu, kā parādīt bērnam, ka viņš dzīvo brīnumainā pasaulē.
— Mums vēl daudz kas jālabo, pārejot no individuālās, egoistiskās pasaules uz kopējo, altruistisko...
— Es gribu ar jums apspriest vienu no psiholoģijas teorijām. Vairākos kursos es mācījos, ka ar tautas pasaku palīdzību var atspoguļot visvisādus iekšējos konfliktus, kuri raksturīgi absolūti visiem bērniem.

Šīs pasakas galvenokārt vēsta par to, kā galvenais varonis pārvar dažādus šķēršļus. Vairumā gadījumu to varonis ir antivaronis, tas ir vismazākais zēns vai arī visneveiksmīgākais. Taču viņš tiek ar visu galā un, par spīti grūtībām, rod risinājumu. Un, strādājot ar bērniem, es redzu, ka netiešā veidā tas viņus attīsta. Pagaidām es lasu viņiem pasaku tāpēc, ka vēl nevaru par to runāt tieši...

— Tādā pasakā nav nekāda apmāna. Tādi piemēri ir dzīvē. Nu, varbūt gandrīz tādi — tikai mazāk veiksmīgi un izcili...

— Bet šajās pasakās ir dažādi pūķi...

— Lūk, tas jau nav labi, tas taču ir izdomājums.

— Tātad jūs sakāt, ka jābūt kaut kādai robežai...

— Ja tādas parādības realitātē nav, mums aizliegts to izmantot audzināšanas mērķiem.

— Tātad tas var būt stāsts par kādu varonību, bet...

— Teiksim, ja runa ir par cilvēku, kurš savā ceļā pārvar dažādus šķēršļus un gūst panākumus, tad — cik vien tīk. Tādi piemēri jāmin. Bet nevajag iesaistīt pūķus.

— Nu, bet ja tos izmanto kā simbolus? Teiksim, drakons iemieso sevī kaut kādu šķērsli, kuru ir grūti pārvarēt?

— Tādi piemēri mums vispār jāizslēdz no audzināšanas darba. Tas ved pie "elku pielūgšanas", pie ticības nereāliem spēkiem un tēliem.

— Ko tas nozīmē?

— Čūska sarunājas ar cilvēku, pierunā to apēst ābolu no koka! Mums aizliegts tādā veidā iepazīstināt bērnu ar šo stāstu. Bet ja mēs to lasām, tad uzreiz mums jāpaskaidro, ka tiek runāts alegoriski par mūsu īpašībām, ar kurām mūs apveltījusi daba. Citādi viņā saglabāsies priekšstats, ka tāda runājoša čūska patiešām ir dzīvojusi un tai bijušas divas kājas.

— Kā lai bērni attīsta jaunrades spēju? Lai nodarbotos ar jaunradi, viņiem jāprot fantazēt, kaut ko iztēloties.

— Iztēle — tas ir reāls priekšstats par iespējamiem objektiem vai notikumiem! Es taču iztēlojos sev to, kas var notikt. Tā ir nākotne, kura iestāsies pēc brīža vai pēc vairākiem gadiem. Tā ir tas, kas notiek pasaulē. Vajag tikai dot laiku attīstībai, un mēs līdz tai nonāksim.

— Kā tomēr lai attīsta bērna iztēli?

— Vajag minēt piemērus no dzīves: "Skaties, viņš bija mazs, izauga un kļuva par lidotāju. Bet tas kļuva par ievērojamu zinātnieku vai izcilu sportistu."

— Kā es varu iemācīt bērnam iztēloties to, ko viņš nekad nav redzējis? Jūs taču runājat, ka nevajag atrauties no realitātes? Radošā domāšana balstās uz to, ka tu paņem kādus šablonus no šīs pasaules un būvē no tiem kaut ko pavisam citu.

— Tieši tā!

— Kā lai es to izdaru, ja nemācu bērnam iziet no stereotipiem? Piemēram, ir dzīvnieks un ir cilvēks. Es redzu, ka cilvēks prot runāt un tad savienoju to visu kopā. Iznāk, ka arī dzīvnieks māk sarunāties.

— Bet tas ir atrauts no realitātes!

— Kā tad lai es iemācītu bērnam iziet no šīs domāšanas stereotipiem? Iemācītu viņam domāt ne tikai par to, kas eksistē realitātē, bet arī kaut kādā ne — realitātē? Arī tagad, kad mēģinu domāt par pasauli, kura ir pilna mīlestības, un par saikni, kas visus saista, man taču jāiztēlojas tas, ko es nekad neesmu redzējusi!

— Ir apmāns, un ir patiesība. Pastāv lietas, kurām mūsu pasaulē nav vietas. Dzīvnieks ir dzīvnieks, bet cilvēks — tas ir cilvēks. Ja es iešu pa ceļu, kuru jūs piedāvājat, tad gluži vienkārši radīšu daudzus aplamus stāstus, pasakas. Bet, ja es bērnam visu pareizi izskaidrošu, viņš patiešām iztēlosies reālas lietas un brīnišķīgi attīstīsies. Citādi viņa attīstība būs balstīta uz apmānu.

— Taču realitāte mums šķiet tāda pelēka un garlaicīga. Man ir daudz interesantāk iztēloties sevi lidojam ar pūķi, nekā būt par ārstu.

— Tāpēc mēs visi dzīvojam ilūzijās, paši sevi sapinam, neesam spējīgi savā dzīvē atrisināt nevienu konkrētu problēmu. Mēs pieprasām viens no otra, no saviem bērniem kaut kādu noteiktu uzvedību, no valdības — kaut kādu rīcību, bet tās ir vienas vienīgas ilūzijas.

Mēs neesam reālisti! Viss ir tieši otrādi! Prieks un laime ir tepat blakus, bet mēs nevaram to sasniegt. Mūsu ceļi ar to "nekrustojas" tāpēc, ka darbojamies plaknē, kura ir tāla no realitātes. Mēs nepareizi spriežam par sevi un citiem cilvēkiem, par savu sievu un saviem bērniem, valdību, ārstiem. Mēs skatāmies uz visiem caur savu fantāziju brillēm. Attīrīsim sevi no ilūzijām un fantāzijām! Tad ieraudzīsim, kā pasauli atbrīvot no ciešanām.

— No kurienes nāk šī vēlēšanās un nepieciešamība izdomāt, fantazēt?

— No senajām kultūrām.

— Vai tad fantāzijas nav cilvēka dabisko īpašību daļiņa?

— Vajadzību fantazēt rada mūsu cilvēciskā iedaba, tā palīdz mums attīstīties. Taču fantāzijām ir jābūt reāli iespējamām, nevis nepiepildāmām nākotnes vīzijām. Šodien vieni piedāvā fantāzijas, lai nopelnītu, bet citi gatavi par tām maksāt, lai atvairītu dzīves problēmas.

— Bet iztēles spēja cilvēku attīsta.

— Mēs strīdamies tikai par to, kas nepastāv dabā! Mums nepieciešams pietuvināt sev visu, kas dabā ir derīgs, un attālināties no visa nereālā tāpēc, ka tas rada mūsu dzīvē sajukumu.

— Jūs teicāt, ka viena no formām, ko var izmantot, — ir alegorija. Vai varat pakavēties pie tās sīkāk? Piemēram, stāstā par Ādamu, Ievu un Čūsku — vai pietiek, ja pasaka: Čūska — tā ir cilvēka iekšējā balss? Bet ko jūs sacīsit par fabulu "Lauva un pele"? Lauva sākumā peli nicināja, uzskatīja par vājāko no visiem dzīvniekiem, bet, kad tā izglāba lauvu no būra, zvēru karalis pārliecinās, ka arī pele ir svarīga?

— Mēs taču runājam par bērniem...

— Tātad mums nevajag jaukt viņiem prātu?

— Jā. Var izmantot šos piemērus kā simbolus divām dabas formām: pašai stiprākajai un cietsirdīgākajai (milzīgais plēsoņa lauva) un pašai vājākajai (mazā pelīte), lai parādītu, ka vājais tomēr var izrādīties stiprajam noderīgs. Tas ir pieļaujams tikai noteiktos gadījumos. Ja pret dzīvi sāk izturēties daudz reālāk, es domāju, ka tad nav nekāda lielā problēma man piekrist. Jo vairāk cilvēks attīrās no visādām fantāzijām, jo patiesāk viņš redz savu dzīvi. Tik daudz var iemācīties no tā, kas patiešām eksistē.

— Kāda ir jūsu attieksme pret spēlēm, kuras attīsta fantāziju un iztēli? Tādas spēles ir ļoti raksturīgas bērniem 4–5 gadu vecumā. Bērns iztēlojas sevi par policistu vai ārstu, vai ugunsdzēsēju. To taču drīkst, vai ne?

— Bez šaubām, un drīkst pat iztēloties, ka atrodamies gaisa balonā.

— Bet reizēm viņi iztēlojas sevi par varoņiem, kas uzvar, par spēkavīriem. Arī tad taču viņi iztēlojas kaut ko nereālu... Vai ir atšķirība starp bruņinieku un supermenu?

— Jā, protams, ir atšķirība. Bruņinieki mums ir zināmi no vēstures, bet supermeni neeksistē. Taču iztēloties sevi par supermenu, kurš lido pāri dažādiem šķēršļiem vai izpilda vēl kaut kādus nereālus trikus...

— Manuprāt, supermens — tas vispār ir bīstami! Ir bijuši gadījumi, kad, tādas filmas saskatījušies, cilvēki lēkuši no jumtiem. Psihologs Jungs apgalvoja, ka zemapziņas līmenī cilvēkā atrodas kaut kādi simboli, kas, piemēram, iemieso spēku. Tie bieži vien ir dzīvnieki. Vai bērns spēlējoties var iztēloties sevi, piemēram, par lauvu?

— Nav vēlams tāpēc, ka dzīvē tā nenotiek, un tas atkal radīs bērnam, kā jau minēju mūsu sarunas sākumā, izkropļotu priekšstatu par īstenību. Nesen Šveicē pieaugusi sieviete ielēca bedrē pie baltajiem lāčiem tāpēc, ka jau kopš bērnības uzskatīja tos par labiem, jo viņi taču ir tik pūkaini un skaisti, tātad — arī labvēlīgi. Tas bija brīnums, ka viņu izglāba!

— Izdarīsim secinājumus. Mums jārunā ar bērniem tikai par reālām lietām, un tas ir dzelžains likums. Mums viņiem jāstāsta tikai par to, kas var notikt dzīvē, — viss pārējais izkropļo bērna realitātes uztveri. Tieši tad, kad mēs runājam ar viņiem par to, kas patiešām eksistē, bet ne par to, kā nav, mēs paveram viņiem iespējas dziļi iepazīt pastāvošo realitāti. Tieši to mēs neizmantojam, bet stāstām viņiem visādas blēņas.

FANTĀZIJAS UN BURVESTĪBAS
(TURPINĀJUMS)

— Iepriekšējā sarunā mēs spriedām par fantāzijām un sapratām, cik šis jautājums ir revolucionārs. Jūs teicāt, ka ilūzijām, kuras mēs izraisām bērnos, stāstot par fejām un brīnumdariem, vārda tiešā nozīmē nav robežu.

— Mēs tā izraisām ilūzijas ne tikai bērnos, bet arī pieaugušajos, — tā ir patīkama un labi pārdodama prece. Paraugieties, kas notiek ar stāstiem par Hariju Poteru! To autore rakstniece Džoanna Roulinga tiek uzskatīta par visslavenāko un visietekmīgāko sievieti Anglijā. Mēs redzam, ka fantāzijas ir pieprasītas.

— Esmu lasījusi visas viņas grāmatas.

— Patiešām? Saistībā ar savu profesiju?

— Ne tikai. Man patīk fantastika.

— Kā tas var patikt?

— Man šķita interesanti noskaidrot, par ko cilvēki sajūsminās. Sižets ir ļoti spraigs, taču vēstījumā ir daudz jēdzienu, kas saistīti ar cilvēku savstarpējām attiecībām, palīdzības sniegšanu un labestību. Līdztekus tam grāmatā ir daudz ļaunuma un pat baiļu. Šīs grāmatas un pēc tām veidotās filmas ļoti biedē, un, kad cilvēks tās dod lasīt jaunāka vecuma bērniem, tas rada problēmas, jo tā bērniem tiek radīta citas realitātes sajūta.

— Tur jau tā problēma!

— No citas puses, vēlme pēc burvestībām cilvēkiem — gan bērniem, gan pieaugušajiem — ir tik reāla un dabiska! Kā tad lai bērnam atklājam pasauli, kurā ir tik daudz grūtuma, ja gribam viņam parādīt labo un saikni starp mums?

— Es domāju, ka tagad mēs pārdzīvojam periodu, kad mums vajag atbrīvoties no visām šīm fantāzijām un brīnumiem.
— No viltus brīnumiem?
— Vispār no visiem brīnumiem un visvisādām fantāzijām, kuras pavada cilvēci no pašiem senākajiem tās attīstības laikmetiem. Mēs būsim spiesti atzīt, ka tā ir tukša un kaitīga izklaide, jo provocē mūsos melīgos priekšstatus iztēlot par īstenību. Tādas izklaides dēļ mēs sākam jaukt īstenību un fantāzijas, un tas traucē mums reālajā dzīvē pieņemt pareizus lēmumus. Mēs uz cilvēkiem un dzīvi raugāmies ideālistiski, atrauti no realitātes. Veidojas plaisa starp ideāliem un reālo lietu stāvokli. Tas cilvēku dezorientē, kaitina, provocē uz neapdomātu un viņam pašam nesaprotamu rīcību. Viņš dzīvo izdomātā pasaulē, ar kuru reālajai dzīvei nav nekādas sakarības. Kāpēc mālēt kaut kādu patiesībā neeksistējošu pasauli?
— Vai jūs runājat par pieaugušu cilvēku?
— Jā. Taču tas sākas bērnībā. Vispirms viņš lasa pasakas, kurās dzīvnieki un nedzīvi priekšmeti runā cilvēku balsīs. Pēc tam tas turpinās grāmatās par Hariju Poteru un "rozīgajās" Holivudas filmās, kur pēkšņi kāds kādu mīl.
— Tur mīl visi! Bet pati mīlestība ir ilūzija! Teiksim tā: bezgalīga romantika.
— Tas viss ir meli! Tas cilvēka dzīvē rada tikai neveiksmes un nepatikšanas.
— Patiešām, viss, par ko raksta žurnālos, dzīvi parāda pilnīgi ideālistiskā gaismā, pat par tādu tēmu kā grūtniecība un dzemdības. Es pilnībā piekrītu jums, ka tādās fantāzijās ir daudz tukšuma. Taču fantazēšanas spēju var izmantot bērna attīstības procesā. Piemēram, ja viņš grib justies stiprs vai ātrs, tad var iedomāties dzīvnieku, kam šīs īpašības piemīt.
— Kad mans tēvs gribēja, lai es kļūstu par mūziķi, viņš mani veda uz kinoteātri skatīties filmas par izciliem mūziķiem.
— Redzu, ka jūsu tēvam savu sapni īstenot nav izdevies...

— Nav, es esmu saistīts ar tehnikas jomu. Taču man rādīja piemērus no dzīves un ar tiem gribēja piesaistīt, nevis vienkārši uzbūrā fantāzijas. Mums jāmaina pieeja un skaidri jānodala derīgā fantāzija, kura palīdz plānot dzīvi, attīstības procesu un mērķi.

— Vai jūs nevarētu sīkāk paskaidrot, kas ir labā fantāzija?

— Parādības, kuras pastāv šai pasaulē un kuras bez mazākām šaubām var īstenot ar manu vai kāda cita cilvēka palīdzību.

— Vai pie tām pieder stāsti un filmas par sasniegumiem?

— Tieši tā. Taču tie ir reāli sasniegumi. Ja gribi būt tāds kā Maķedonijas Aleksandrs vai Napoleons, fantazē, tas ir iespējams. Par tādām fantāzijām nevar teikt, ka tās ir bez reāla pamata. Tās ir īstenojamas. Cilvēkam vajag iztēloties kādu izcilu sasniegumu, lai pēc tā tiektos. Bet ko lai iesākam ar tādām fantāzijām kā Harijs Poters, supermens un citām izdomātām pasakām?

— Bet kā uztvert trikus?

— Noteikti pēc tam vajag paskaidrot, kā tos izdara. Tas attīsta.

— Vispirms triku parādīt, pārsteigt, bet pēc tam atklāt?

— Jā. Tā var izskaidrot daudzus fizikas likumus.

— Pats burvju mākslinieks paskaidro, kā viņš to izdarījis, un bērns, kuram sākumā tā šķita burvestība, saprot, ka pasaulē viss ir reāls.

— Tās ir ļoti interesantas un sarežģītas lietas. Tās var izpētīt un demonstrēt skolā un pēc tam izskaidrot. Tad visi ar prieku mācīsies dabaszinātnes.

— Viena vienīga izprieca: kopā fizika un triki! Šī ir īsta burvju mākslas skola atšķirībā no Harija Potera skolas. Psiholoģijā runā par vēl vienu fantāziju veidu: iztēloties, kas notiks ar nedzīvu priekšmetu pēc kaut kādas iedarbības vai kādas īpašības iegūšanas. To uzskata par pamatu, lai attīstītu spēju sajust otru. Ja mēs no tā atsakāmies, tad sagraujam bērnam jūtu aizmetņus, ko nākotnē gribētu attīstīt un saasināt.

— Tas ir kaut kas līdzīgs sevis pielīdzināšanai mums apkārt esošajiem priekšmetiem.

— Bērni vienmēr vispirms pielīdzina sevi visam, ko redz, bet pakāpeniski mēs virzām viņus uz to, kam patiešām vajag sevi pielīdzināt.

Vai, pēc jūsu domām, šis process ir dabisks, vai tas neved sāņus — maldu ceļos?

— Šī pieeja ir dabiska: cilvēks sevi pielīdzina visam, kas pastāv pasaulē, un izjūt par visu atbildība.

— Bet kā lai bērnam izskaidro dabas kopējo spēku?

— Šā jautājuma būtība ir tāda: kā to lai izskaidro ne tikai bērniem, bet visiem, jo pieaugušajiem to aptvert ir pat grūtāk nekā bērniem! Izskaidrot dabas spēkus, to saistību ar kādu vienu spēku, tās virzību, mērķi, jo daba mūs attīsta un dabā viss notiek pēc plāna, tikai mēs to nesaprotam. Ja mēs šo kopējo dabas spēku izpratīsim, atklāsim, tad tas vien jau mūs mainīs. Šis kopējais dabas spēks ir radījis gan Visumu, gan mūs, cilvēkus, tas vada mūs, rada visu apkārtējo. To var saukt par dabas radošo spēku, jo daba rada visu. Svarīgi ir tai nepiedēvēt cilvēkiem raksturīgas īpašības un atstāt to tādu, kāda tā mums izpaužas, — kā spēku.

— Vai tad mēs redzam to kā spēku?

— Neredzam, bet izjūtam tā izpausmes, analizējot ar mums notiekošo atbilstoši šā spēka iedarbībai uz mums. Jaunākajā vecumā abstraktās uztveres attīstība norit vieglāk, un to apstiprinājuši piemēri. Bērns dabiski uztver paskaidrojumus un pierod analizēt, apkopot un sintezēt savus novērojumus. Jaunajai paaudzei trūkst grāmatu par integrālām attiecībām bērnu vidē, par savstarpējo atkarību un savstarpējām cilvēku saitēm, par globālo domāšanas formu. Par to vajag rakstīt, taču — bez fantāzijām. Bērniem patīk dažāda veida apspriešana. Īpaša uzmanība jāpievērš jēdzienam "daba", tas jāizmanto pakāpeniski. Citādi viņi sāks tai piedēvēt cilvēkiem raksturīgas īpašības. Kā daba var būt cilvēks, ja Visums ir radīts pirms cilvēka dzimšanas?

— Bērns un arī pieaugušais cilvēks mēģina katrai parādībai rast formu, jo mums ir ļoti grūti iztēloties spēku. Elektrību kā spēku mēs saprotam tikai vecākajās klasēs.

— Pēc pētījumiem, Visums izveidojies pirms 15 miljardiem gadu. Pēc 10 miljardiem gadu izveidojās Saules sistēma un planēta Zeme.

Bet mēs uz tās dzīvojam tikai dažus miljonus gadu. Kā gan daba varētu būt ierobežotā, nepilnīgā cilvēka attēls?

— Tā nevar būt. Bet bērnam liekas, ka pieaugušais spēj visu, un, ja daba var visu, tad viņš dabas spēku uztver kā materializētu.

— Tāpēc mēs sakām, ka daba ir spēks, kurš ietver sevī visu realitāti. Šis spēks uztur visu un dod spēku visam, ko daba radījusi. Tās kopējam spēkam, tāpat kā citām dabas spēku daļiņām, pasaulē nav formas. Vai tad gravitācijas spēkam ir forma? Mēs jūtam tikai šā spēka darbības rezultātus. Nedzīvā — augu un dzīvnieku pasaule, kā arī cilvēks ir tikai dabas kopējā spēka darbības sekas. Spēks — netverams jēdziens tāpat kā elektrība, kuru mēs varam atpazīt tikai tur, kur tā izpaužas matērijā.

— Nu, bet pastāv taču saikne starp mani un šo spēku? Kāda ir šī saikne?

— Lai atbildētu uz šo jautājumu, nepieciešams vispirms izskaidrot īpašību vienlīdzības likumu: mēs jūtam tikai daļu no dabas, tikai tās īpašības, kuras ģenerējam paši, atgādinot radiouztvērēju: tas rada noteiktu vilni un tieši tāpēc uztver tādu pašu vilni, kas nāk no ārpuses. Man visapkārt ir daudz dažādu dabas parādību, taču ja manī pašā attiecīgu īpašību nav, es šīs parādības nejutīšu.

— Vai var piedēvēt dabai cilvēkiem raksturīgās īpašības, iztēlojoties, ka tā kopā ar mani raud, smejas vai uz mani dusmojas? Vai visu piedod un piekāpjas? Kā lai es labāk izskaidroju bērnam, ka dabai ir mūsu attīstības plāns, ka tā stāv augstāk par mums? Kā mēs varam paši sev attīstīt trūkstošās, bet nepieciešamās īpašības, lai sajustu visu dabu visā tās daudzveidībā, ja patiesībā, kā jūs uzskatāt, mēs sajūtam tikai nelielu tās fragmentu?

— Te mēs nonākam pie fundamentāla secinājuma! Mūsu dabas izjūta izpaužas vēlmē saņemt, uzsūkt, absorbēt. Mēs to saucam par egoismu. Bet pastāv vēl cita veida sajūtas — sajust ārpus sevis. Šo sajūtu vajag sevī attīstīt. Daba tam ir sagatavojusi līdzekli — kā attīstīt mūsu spēju sajust ārpus sevis. Tā ir pacelšanās pāri egoismam, vienotības sajūta, mīlestība pret savu tuvāko. Mēs kļūstam par globālu, integrālu cilvēci, un tas aizvedīs mūs pie visas dabas iepazīšanas.

— Es mīlu savu biedru, bet ne dabu ārpus sevis...

— Tas nav vienkārši, un nav iespējams atbildēt divos vārdos. Šo ideju cilvēkā iedzīvina pakāpeniski, vispirms izskaidrojot cilvēka iedabu un pašreizējās sajūtas. Pakāpeniski viņš sāk apjaust ļaunumu, kas ietverts egoistiskajā iedabā un kā naidu un skaudību nomainīt ar atdevi un mīlestību.

— Tas ir process.

— Protams.

— Runāt ar bērnu par to, ka viņam ir slikta iedaba, vajag ļoti piesardzīgi.

— Bērni to uztver vienkārši un dabiski. Kad viņiem izskaidro patiesību, viņi viegli to pieņem.

— Bērns negrib, ka viņam būtu slikti.

— Viņam ir slikti saistībā ar atdevi un mīlestību. Vai tu kādu mīli? — Nu, pārbaudīsim ar piemēriem par biedriem. Kāpēc tu viņu mīli? Vai tāpēc ka viņš tev kaut ko dod vai tāpēc ka tu no viņa baidies? Tā pakāpeniski mēs iedziļināmies psiholoģijā, un bērns sāk saskatīt savu patieso iedabu: viņš nevienu nemīl un tikai grib sev izdevīgumu. Ar šo iedabu viņš ir piedzimis, tāpēc viņam nevajag sevi identificēt ar to.

— Vai šai iedabā ir arī kaut kas labs?

— Nē. Kā tas var rasties, ja ir rakstīts, ka "cilvēka sirds ir ļauna no dzimšanas"? Taču attiecībā uz ko tā ir slikta? Te mēs sākam viņam atvērt realitāti: šīs pasaules līmenī pastāv vienas vērtības, bet absolūtā labuma aspektā tās ir pretējas.

— Var taču teikt, ka viņam jau sākotnēji ir labā pamatiezīmes — atdeve un mīlestība — , tās tikai jāattīsta.

— Ja mēs to pasniedzam kā patiesību, tad bērns uztver vienkārši un dabiski: tāda ir daba. Tādu skaidrojumu pieņemt vieglāk nekā tās fantāzijas un melus, ar kuriem mēs viņiem piebāžam galvu.

— Tas ir šīs sarunas kopsavilkums.

HIPERAKTIVITĀTE

— Šodien parunāsim par hiperaktivitātes problēmu, jo hiperaktivitāte ir kļuvusi par visaptverošu parādību. Ārsti un audzinātāji meklē šīs problēmas atrisināšanas iespējas, izmantojot plašu līdzekļu klāstu, sākot no dziedināšanas ar dzīvnieku palīdzību un sporta nodarbībām un beidzot pat ar ārstniecisko preparātu izrakstīšanu. Tomēr problēma joprojām ir un paliek, turklāt tā ir nopietna. Ko par to teiks mūs sarunas pastāvīgie dalībnieki?

— Ja problēma kļūst vispārēja, tad tā vairs nav parādība, bet kļuvusi par realitāti un pret to nav jāizturas kā pret slimību. Slimi mēs esam tad, ja uzskatām šo situāciju par pārejošu.

— Šobrīd šo parādību skaidro kā traucējumus, kā traucēkļus.

— Protams, ja kaut kas traucē, tas ir traucēklis.

— Arī tā var uzskatīt. Šai parādībai ir dažādi simptomi un plašs izpausmju spektrs. Pamatā tās tiek saistītas ar uzvedības problēmām — par to runā visi. Šīs problēmas rodas jau pirms tam, kad bērns, viņa vecāki izjūt ciešanas un audzināšanas sistēmā izpaužas sekas. Bez šaubām, cieš visi: ja klasē ir viens tāds bērns, cieš viņš pats un visi apkārtējie. Pēc statistikas datiem, līdz 10% apsekoto bērnu tiek novērtēti kā hiperaktīvi, un šis rādītājs aug. Pieaugušajiem šis procents ir zemāks, tas nozīmē, ka ar laiku cilvēkiem izdodas tuvoties normai. Statistiski vidēja lieluma klasē kā minimums ir četri bērni, kuriem oficiāli konstatēta hiperaktivitāte. Taču skolotāju pieredze rāda, ka klasē ir 40 tādu bērnu, bet četriem no viņiem hiperaktivitātes izpausmes ir galējas. Uzvedības problēmas izpaužas ne tikai klasē, bet arī parastās situācijās. Ar to nodarbojas dažādi speciālisti, un visi runā par to, ka tādas uzvedības gadījumu, kurus izraisījis miera trūkums un nespēja koncentrēties, kļūst arvien vairāk. Protams, arī vecākiem nav miera.

— Protams, jo tas sakņojas mūsu iedabā, bet mēs dzīvojam īpašā laika posmā. Ir noslēdzies laiks, kad egoisms lineāri palielinās no paaudzes paaudzē, un tagad cilvēcei sāk atklāties globālā savstarpējā saistība. Mūsu lielais egoisms jau ir kļuvis par integrālu egoismu, proti, tas kā milzu tīkls ieskauj savstarpēji saistītus 7 miljardus egoistu. Daudzus tūkstošus gadu cilvēku dzīve bija samērā mierīga. Viņi dzīvoja tai vietā, kur bija dzimuši, netiecās pēc svešām zemēm, par sievām ņēma savu kaimiņu meitas, mantoja sava tēva nodarbošanos. Pat apģērbs tika nodots no paaudzes paaudzei, nemaz nerunājot par māju un saimniecību. Taču tagad mēs nevaram atrast sev vietu, atvaļinājumā mēs lidojam tālāk no mājām. Tas rāda, ka arī pieaugušajiem hiperaktivitāte rada ciešanas, taču viņiem ir iespēja izlādēties patstāvīgi. Pirms 100 gadiem futbola līdzjutēji nerīkoja tādus grautiņus kā tagad: simttūkstoš cilvēku skrien, kliedz, sakropļo cits citu. Cilvēki meklē iespēju nomierināt nervus, remdēt augošo vēlmi gūt baudu. Hiperaktivitāte parādījusies pēdējos 50 gados, un daudziem pieaugušajiem un bērniem tā rada problēmas. Hiperaktivitāte ir ieguvusi citu formu: nemiers izpaužas ne tik daudz kustībās kā iekšēja piepildījuma meklējumos. Viņiem traucē kaut kas sevī, bet ne ārēji. Tikai 10% hiperaktīvo bērnu nomierinās ar kustību palīdzību — tāpēc mēs viņus redzam, bet pārējie grimst depresijā.

— Mums, psihologiem, tas ir labi zināms.

— Bērniem ir spēles, kino, internets, mēs viņiem dodam visu, ko spējam. Tomēr vienlaikus pastiprinās depresija, kuras cēlonis ir hiperaktivitāte: viņi grib arvien vairāk, bet nespēj gūt piepildījumu. Aktivitātes pārspīlēšana nav attiecināma uz kustību.

— Vai jūs saprotat šo jēdzienu kā pastiprināšanos?

— Egoistiskās vēlmes pastiprināšanos, kurai jāgūst piepildījums, bet kura to nespēj gūt: nav ar ko sevi piepildīt, kaut arī mēs bērniem dodam visu! Paraugieties, kas mūsdienu bērnam ir!

— Vesela pasaule!

— Ceļojumi, spēles, sakaru līdzekļi. Un ar to visu vēl ir par maz, tas viņus nepiepilda. Tā ka problēma nav tā, ka hiperaktivitāte mums traucē. Ja ņem vērā visas problēmas, ko izraisa egoistiskās vēlmes, kuras nerod piepildījumu un tāpēc tiek nomāktas ar ārstniecības preparātiem vai dažādām slodzēm, tad mēs ieraugām hiperaktivitāti, parādību, kas aptver visus.

— Jūs runājat par vispārēju parādību, un es to saprotu, jo redzu daudzus nemiera piemērus. Tas parādās arī jaunākā vecuma bērniem. Agrāk vienu spēli bērni spēlēja gadu, divus, bet tagad viņi momentāni zaudē par to interesi un prasa jaunu. Taču ir īpaša grupa, kurā tas izpaužas galējībās. Tādiem bērniem ir grūti tikt galā ar uzbudinājumu un impulsiem, kas raujas uz āru.

— Mēs izšķiram cilvēkā četrus egoisma attīstības līmeņus: nedzīvais, augu, dzīvnieku un cilvēku līmenis. Egoisms aug un demonstrē sevi dažādi katrā no šiem četriem līmeņiem. Ja tas atrod veidu, kā piesātināties, tad ir mierīgs. Patiesībā viņš nav mierīgs, bet vienkārši izlādē sevi ar parādībām, kuras neizpaužas kustībā.

— Vai vēlaties teikt, ka kustība notiek iekšienē, bet ne ārpusē?

— Tieši tā. Citos gadījumos viņš piesātinās tikai kustībā un viņam nav svarīgi, kurp virzīties un ko darīt, galvenais — sajaukt galvu sev un citiem. Tieši šo parādību mēs tik plaši novērojam.

— Un saucam to par hiperaktivitāti.

— Tā ir saistīta ar milzīgu vēlmi gūt baudu, kura mūsos attīstās. Un mēs neradīsim tai risinājumu ar piedāvātajām metodēm. Apspiežot bērnus, mēs izraisām viņos ļoti dziļas un nevēlamas parādības. Ja radies sastrēgums, ūdens ceļas aizvien augstāk un augstāk. Tam jādod ceļš, citādi sasprāgs visa sistēma. Ja mēs problēmu nelabojam, tā izpaužas daudz augstākā līmenī. Dodot bērniem zāles, mēs izvirzām problēmu daudz augstākā līmenī. Galu galā mēs iegūsim cilvēkus ar dažādām novirzēm, ja laikus nepavērsim viņiem iespēju izlādēties dabiskā veidā atbilstoši viņu egoisma prasībām. Tas var izpausties kā psihiskas slimības, dzimumdzīves perversijas, cietsirdība.

— Hiperaktivitāte bērniem bieži izpaužas kā tieksme uz likuma pārkāpumiem. Taču ir gadījumi, kad izdodas šo tieksmi ievirzīt pozitīvi: bērns var vienlaikus veikt vairākas darbības, viņam pietiek enerģijas visai dienai. Ir tādas darbības, ko citi cilvēki nespēj veikt, bet hiperaktīvie spēj. Taču laika posmā līdz pilngadībai viņiem rodas problēmas ne tikai skolā, bet ar kolēģiem arī darbā. Viņi nespēj koncentrēties uz ko vienu, ir egocentriski — vairāk domā par sevi, mazāk spēj saprast citu. Nemierīguma dēļ ar viņiem ir grūti spēlēties. Kā pret to izturēties un kā viņiem palīdzēt? Kā sniegt piepildījumu, un par kādu piesātinājumu mēs runājam?

— Šeit, bez šaubām, izpaužas audzināšanas trūkumi. Mums katrs no viņiem jāpadara par psihologu pašam sev: jāpaskaidro, kas viņu virza, kas ar viņu notiek, kāpēc viņš patstāvīgi lec kājās un "uzsprāgst". Par visām šīm parādībām nepieciešams runāt ar bērniem. Mēs viņiem neizskaidrojam cilvēka iedabu, tās evolūciju un procesus, kuri notiek mūsu laikos. Viņiem jāpazīst dzīve, bet par dzīvi diemžēl mēs ar viņiem nerunājam.

— Interesanti, kā man — psiholoģei — tas būtu jādara?

— Jūs kā psiholoģe varat to darīt individuālās sarunās. Taču mūsdienu skolā bērnam dzīvi neizskaidro. Galvu piebāž ar zināšanām, viņam māca profesionālās gudrības, nevis viņu audzina, proti, neveido no viņa cilvēku. Viņam jāzina, kas ar viņu notiek, bet to viņam nemāca. Tāpēc viņš nezina, kā pareizi izturēties pret sevi un citiem. Vajag viņam paskaidrot, kas rada šīs problēmas, kāpēc tās radušās un kā tās atrisināt. Labi palīdz aktiermeistarības pasniegšana, kas saistīta ar to, kā "iziet no sevis" un nospēlēt citu... Viņam jābūt partnerim darbā ar šīm izpausmēm, kuras viņš sajūt, turklāt saskata tās kopā ar saviem biedriem. Kāda ir biedru attieksme pret viņu, un kāda ir viņa attieksme pret biedriem. Vai viņu starpā ir saticība? Kas vispār notiek klasē un kāpēc? Bērniem jābūt daudz patstāvīgākiem, labāk jāsaprot situācija un jācenšas pašu spēkiem tikt galā ar dzīvi.

— Nešaubos, ka tas viņiem būs grūti.

— Taču bez paskaidrojuma viņi nesaprot savas uzvedības cēloņus un cieš. Dažbrīd mēs uz kādu dusmojamies, bet, kad saprotam cēloni, izturamies ar sapratni gan pret problēmu, gan cilvēku. Tā vajag bērnus mācīt.

— Ja tiem bērniem, kuri izceļas ar hiperaktivitāti vai uzmanības deficītu, paskaidrotu viņu uzvedības cēloni, vai viņi būtu mierīgāki un vai tad mēs kā sabiedrība mainītos? Ar viņiem jau vispār ir grūti runāt, jo viņi nespēj koncentrēties ilgāk par 3 minūtēm.

— Ja runāsi tieši par viņu problēmu un ļausi viņiem iespēju paskaidrot un izteikties, redzēsi pavisam citu ainu.

— Spēja sarunāties viņiem nav neattīstīta, viņi vienkārši nespēj nosēdēt uz vietas.

— Bet klasē jau var arī stāvēt! Lai stāv...

— Par klasi vajag padomāt. Ja tu nesēdi, tad taču tu nemācies, — skolā kustības nav paredzētas. Bet, ja bērniem vajag kustēties, lai spētu izteikties, vai var veicināt viņu spēju runāt par problēmu un izprast cilvēka dabu no iekšienes?

— Bez šaubām. Cilvēks, kurš zina problēmas avotu, var sevi labāk sagatavot, organizēt, saprast, kā izturēties pret citiem cilvēkiem. Ja viņš nezina, kā sevi izpaust, tad cieš. Viņam vajadzēs izlādēties, bet citā veidā — tā, kā to darām mēs. Bērni ir mazi cilvēciņi, un pret viņiem attiecīgi jāizturas. Tas sakāms par tiem, kam mācības padodas. Disleksija arī ir viens no hiperaktivitātes veidiem. Šie bērni nav spējīgi apgūt vielu tādā tempā, kādā darbojas viņu smadzenes.

— Bet kā jāpaskaidro bērnam, ka viņš atšķiras no pārējiem?

— Kad jūs runājat ar bērnu, vai tad nejūtat nepieciešamību paskaidrot viņam, kāpēc viņš tā izturas?

— Es viņu atbalstu, atzīstot, ka viņa vēlme būt kustībā ir leģitīma, jo kādam vajag vairāk kustēties, citam — mazāk. Hiperaktīvs skolēns citādi domā, citādi saprot, bet mums ir grūti pieņemt, ka klasē visi nav vienādi.

— Tātad jūs akcentējat atšķirību starp viņu un pārējiem bērniem.

— Bet viņš taču tā jūtas! Es neakcentēju viņa atšķirību, bet parādu viņa īpašību pozitīvo aspektu, jo visi pārējie tās uzskata par negatīvām.

— Nav labi tā runāt ar visu klasi, jo katrs ar kaut ko atšķiras no pārējiem. Ja mēs izskaidrosim situāciju, izejot no kopējā cēloņa, viņi vieglāk to pieņems, izturēsies pret to dabiski. Viņi sapratīs, ka galu galā attīstās normāli. Pat ja viņu uzvedība nav racionāla un atšķiras no vispārpieņemtās, viņi to uztvers pareizi. Ja cilvēks jūtas nomākts tāpēc, ka viņu uzskata par negatīvu izņēmumu, tad viņš gluži vienkārši ir nelaimīgs.

— Bet kā lai bērniem paskaidro, kāpēc visi nav vienādi? Kāpēc klasē ir daži, kuri visiem traucē mācīties? Kāpēc viņi nemitīgi lec kājās?

— Viņiem ir tādas vēlmes, kas ne mirkli neļauj ieņemt miera stāvokli. Viņi mēģina dažādi gūt piepildījumu un pastāvīgi meklē iespēju izlādēties. Bet citiem tas nav nepieciešams, jo viņu vēlmes attīstās lēnāk.

— Tātad hiperaktīvie bērni ir vairāk attīstīti kā pārējie?

— Bez šaubām, jo viņu egoisms ir lielāks. Tāpēc viņi var sasniegt dzīvē vairāk nekā citi, ja viņiem iemāca prasmi pastāvīgi sevi līdzsvarot — bez piedāvātajiem aktivitāti nomācošajiem medikamentiem, jo pagaidām sabiedrība nav izstrādājusi pareizu pieeju hiperaktivitātei. Ar laiku gēni un hormoni līdzsvarosies, bet iekšējā tiecība pēc pašizteikšanās saglabāsies augstāka par parasto. Tādi cilvēki galu galā būs daudz veiksmīgāki. Ko par to saka statistika?

— Tās dati jāpārbauda. Bet jau tagad ir zināms, ka daudzi veiksmīgi ārsti pēc iedabas ir hiperaktīvi, tāpat arī programmētāji: datoram viņu nemierīgums netraucē, bet uztveres ātrums viņiem ir īpašs.

— Kāpēc to neizmantot sabiedrības labā? Es saskāros ar tādiem cilvēkiem, kad strādāju ar mūsu arhīvu, viņi ir lieliski darbinieki.

— Viņiem patiešām ir īpašas spējas, tikai jāpalīdz tās atklāt.

— Tieši par to es runāju. Un jāsāk ar jaunākā vecuma bērniem.

— Vai, pēc jūsu domām, viņiem jāmācās atsevišķi vai kopā ar citiem bērniem? Agrāk viņus no pārējiem nošķīra, bet tagad iekļauj grupā, nodrošinot ar papildu audzinātāju vai palīgu, jo visiem jārada apstākļi mācīties.

— Tagad ir arī skolas, kurās no agra vecuma praktizē sadalīšanu ne tikai pa virzieniem: tehnika, bioloģija, valodas, māksla. Klases komplektē ne tikai pēc specializācijas, bet arī pēc uztveres līmeņiem: ir klases veiksmīgākajiem, mazāk veiksmīgajiem un tā joprojām. Šajā gadījumā cilvēkam ir vieglāk mācīties tādā sabiedrībā, kurā vairumam ir tādas pašas īpašības kā viņam.

— Parasti viņi izceļas sportā. Droši vien sportistu vidū ir daudz hiperaktīvu cilvēku. Nemierīgums ar laiku tikai nedaudz samazinās. Bērnu vidē hiperaktivitāte izpaužas 5–10%, bet pieaugušo vidē — 6%. Tas nozīmē, ka tā ne visiem samazinās.

— Gluži vienkārši pieaugušajiem hiperaktivitāte neizpaužas kustībās, bet pāriet citā formā — iekšējā trauksmē.

— Cilvēks mācās lietderīgi izmantot šo īpašību, neizjūtot to kā mūžīgu traucēkli. Bet tas ir atkarīgs arī no apkārtējo attieksmes pret viņu. Tais ģimenēs, kur bērnu uztver tādu, kāds viņš ir, gūtā pārliecība devusi bērnam spēkus saprast savu specifiku un pareizi to izmantot.

— Jāpalīdz viņam atrast piemērotu nodarbošanos. Tad viņš zinās, kā apdzēst impulsus un transformēt hiperaktivitāti citā formā. Šai aspektā sports nav sevišķi piemērots, jo prasa fizisku piepūli.

— Lielākā daļa futbolistu nav mācījušies skolā, nav sēdējuši nodarbībās klasē. Bet sports patiešām prasa noturīgumu un iekšēju disciplīnu.

— Mēs vēl neapspriedām ārstniecisko preparātu lietošanu hiperaktivitātes mazināšanai.

— To es kategoriski neatbalstu. Mēs nesaprotam parādības būtību: runa ir par vēlmi gūt baudu, ko nedrīkst apspiest ar zālēm. Mēs cīnāmies ar sekām, nenoskaidrojot problēmas cēloni. Tā mēs sagraujam cilvēku, jo vēlāk tas izlauzīsies uz āru kā nevēlama uzvedība citās jomās.

— Bet, ja bērnam tomēr ir jāizdzīvo skolas periods, kā lai palīdz viņam fiziski iekļauties sistēmā?

— Pagaidām uz šo jautājumu grūti atbildēt, bet nedomāju, ka mums pret hiperaktivitāti būtu jāizmanto ārstnieciskas vielas. Es redzu, cik viegli tās izraksta — jebkurai problēmai ir tabletīte. Tas ir ļoti slikti. Nabaga vecāki jau to neatbalsta, bet viņiem nav citas izejas, jo bērnam draud izslēgšana no skolas. Nostāja ir ļoti skarba. Nepieciešamas īpašas klases un jauna pieeja: jārunā ar bērniem par viņu problēmām. Vecāki pamatoti baidās no medikamentozās ārstēšanas. Tā nepalīdz, ja tai nepievieno arī citas metodes.

— Ar to mēs šodien sarunu beigsim. Mēs runājām par to, ka hiperaktivitāte jāuzskata nevis par parādību, bet gan par realitāti. Tā ir nevis problēma, bet gan mūsu stāvokļa spogulis, stāvokļa, kurā mēs nonācām egoisma attīstības dēļ un kurš prasa jaunu, integrālu piepildījumu, bet to nesaņem. Tā apslāpēšanas mēģinājumi rada smagas sekas. Mēs runājām arī par to, ka hiperaktīvi bērni ir vairāk attīstīti un nākotnē var gūt lielus panākumus. Lai viņi justos kā sabiedrības daļa, vajag runāt ar viņiem par parādībām, ko viņi izjūt, un izskaidrot to cēloņus. Ja par to runās atklāti, būs vieglāk citam citu saprast. Hiperaktivitātes tēma ir ļoti plaša, un mēs to turpināsim savās sarunās.

DEPRESIJA

— Šodien mēs gribam pieskarties ļoti svarīgai un plašai tēmai, kurai pēdējo gadu desmitos tiek pievērsta ļoti liela uzmanība. Pasaulē šai tēmai veltīti dažādi simpoziji, atsevišķas mācību programmas skolās, to pūlas atrisināt valdības un sabiedriskās organizācijas. Šī tēma ir depresija. Vispasaules veselības aizsardzības organizācija apgalvo, ka vismaz 80% pasaules iedzīvotāju tādā vai citādā pakāpē ir saskārušies ar šo problēmu. 20% visu iedzīvotāju ir piedzīvojuši klīnisko depresiju. Tagad tas ir otrais izplatītākais saslimšanas veids pasaulē un saslimstība ar depresiju novērojama arvien biežāk. Šī satraucošā informācija rada jautājumu: "Kāpēc?" Kāpēc tas notiek tieši tagad, kāpēc tādā mērogā un kā ar to cīnīties? Centīsimies to noskaidrot un saprast, ko varētu darīt. Mēs patiešām vērojam klīniskās depresijas pieaugumu, kura aptver arvien plašākas vecumu grupas, — tai jau ir epidēmijas raksturs. Es pievēršu uzmanību tam, ka konferences ir atklātas plašai publikai, lai cilvēki varētu saņemt informāciju un palīdzēt tiem, kuri ir depresīvā stāvoklī, bet nespēj saņemties, lai vērstos pēc palīdzības. Depresija kļuvusi par ļoti sāpīgu problēmu, ar kuru nav vienkārši cīnīties. To dēvē par kluso epidēmiju, jo daudzi no tiem, kas sirgst ar šo slimību, nevar vai negrib par to runāt. Parasti cilvēks kaunas, ka ir šādā stāvoklī. Turklāt ir divi depresijas veidi. Pirmais izpaužas ar pazeminātu aktivitāti, bet otrais — ar agresivitāti, paaugstinātu uzbudinājumu un hipertrofētu aktivitāti, ko izraisa bailes apstāties un sajust sāpes.

— Ja mēs pievērsīsimies daiļliteratūrai, tad redzēsim, ka pirms divsimt gadiem depresija bija aristokrātijas iecienītākā kaite, bija stilīgi atrasties zināmā melanholijā... Tā it kā demonstrēja, ka esi pārāks par citiem, ka tu šo dzīvi nievā... Taču visiem pārējiem iedzīvotāju slāņiem depresija nepavisam nebija raksturīga, tauta strādāja un prata priecāties par to, kas ir. Tagad viss ir gluži citādi. Depresijas cēlonis ir mūsu egoisma attīstība, vēlme gūt baudu, vēlme, kas veido mūsu dzīves pamatu. Tā kā mūsu egoistiskā vēlme pieaug ne tikai kvantitatīvi, bet arī kvalitatīvi, mēs pieprasām vairāk, un kopš pagājušā gadsimta vidus mēs esam sākuši meklēt ... sevi. Tas aizsākās gandrīz vienlaikus visā pasaulē. Parādījās "puķu bērni" — hipiji, izpaudās reliģiju un ticējumu meklējumi, aizraušanās ar Austrumiem, mistiku, *New-Age* kustību... Parādījās un sāka attīstīties jauna tipa vēlme — vēlme atkal atklāt Dabu. Ja ir spēks, kurš mūs radījis, ko tas no mums gaida?! Kas man šajā dzīvē ir?! Kāpēc vai kā dēļ es eksistēju?

— Vai tie ir jēgas meklējumi?

— Tie ir daudz dziļākas jēgas meklējumi, bet ne vienkārši viena darbības veida nomainīšana ar citu. Tā nav vienkārši izklaides industrijas, ceļojumu un mūsdienu kultūras attīstība, kura tolaik aizsākās un kuru veicināja kino attīstība... Galvenais jautājums: "Kāda ir manas dzīves jēga?" nozīmēja to meklēt nevis dzīvē, bet paceļoties pāri tai. Tāpēc mēs cenšamies sevi nodarbināt. Mēs saprotam: ja mums tā visa nebūtu, mēs ieslīgtu depresijā, un jautājums par dzīves jēgu kļūtu ļoti sāpīgs un akūts. Ļaudis grimtu izmisumā un visu redzētu tumšās krāsās. Tas ir briesmīgi, tas var izraisīt vardarbību, karu. Tieši izklaides industrijas attīstība un iespēja aizpildīt brīvo laiku kaut cik atvieglo situāciju, tomēr 20% cilvēku sirgst ar depresiju. 21. gadsimta otrajā gadu desmitā šī slimība ierindosies pirmajā vietā. Turklāt ar depresiju sirgst ne tikai cilvēki, bet arī mājdzīvnieki, un ir zāles ne tikai cilvēkiem, bet arī dzīvniekiem.

— Runājot par zālēm, jāteic, ka tagad, kā liecina aptaujas, to izrakstīšanai pie ģimenes ārstiem vēršas daudz vairāk cilvēku nekā pie psihiatriem.

— Šī problēma ir tik izplatīta, ka izgājusi ārpus psihiatrijas ietvariem.

— Tas ir ļoti sāpīgi. Cilvēki, kuri nāk pie manis uz pieņemšanu, stāsta, ka viņus visur pavada sāpes. Tā ir briesmīga sajūta, un es saprotu, ka cilvēks dzer jebkuras zāles, lai tikai izbeigtu ciešanas.

— Turklāt cilvēki izmanto visādus enerģijas dzērienus, taču tie nepalīdz. Jautājums par dzīves jēgu... Mēs nesaprotam, ka bez šiem 20% cilvēku, kuri sirgst ar depresiju un kuri paši to apzinās un atzīst, ir vēl daudz tādu cilvēku, kuri sirgst ar depresijas izraisītām slimībām.

— Depresija nepārprotami izraisa arī citas slimības, gan garīgas, gan fiziskas.

— Ir ārsti, kuri uzskata, ka daudzas fizioloģiskas problēmas jāārstē ar antidepresantiem. Tad cilvēkam uzlabojas garastāvoklis, viņš spēj normāli darboties un arī pārējie simptomi izzūd.

— Pusaudžu vidē šī problēma jūtama īpaši asi. Viņi lielos daudzumos lieto alkoholu, lai apslāpētu tukšuma sajūtu.

— Alkohols, narkotikas — tas viss ir neapmierinātības rezultāts.

— Ko piedāvā integrālā audzināšana?

— Integrālā audzināšana uzskata, ka mūsu paaudzei ir raksturīga paaugstināta egoistiskā vēlme, kura liek mums atbildēt uz jautājumu par dzīves jēgu. Mūsu paaudze ir īpaša, tai ir īpašas vēlmes un īpašas tieksmes, un, trūkstot piepildījumam un atbildēm uz jautājumiem, kas viņus satrauc, cilvēkiem attīstās depresija. Ja mēs zināsim, kur slēpjas problēma, ja mums būs līdzekļi pieaugošo vēlmju apmierināšanai un piepildīšanai un rastas atbildes uz vitāli svarīgiem jautājumiem, depresijas nebūs. Mēs redzēsim laimīgu paaudzi, kura apzinās savu sūtību, zina, kas to gaida, saprot, kāpēc vēlme pamostas tādā formā, kāpēc dzīves jēga viņiem ir tik svarīga, lai arī viņi paši to nevēlas atzīt. Invalīdu paaudzes vietā nāks paaudze, kura pareizi attīstīsies, atklās sev pasaules pilnību un sajutīs, ka ir vērts dzīvot harmonijā ar pilnīgo un bezgalīgo dabu. Līdzināšanās dabai, atbilstība dabai rada dabas pilnības un mūžīguma sajūtu.

— Tātad viņi spēs pārvērst izmisumu par izaugsmi?

— Protams, tāpēc jau tā ir atklājusies. Mēs dzīvojam pārejas periodā un tāpēc par ārstniecības līdzekli piedāvājam integrālo audzināšanu. Tā ir nevis mērķis, bet gan līdzeklis visu cilvēka vēlmju piepildīšanai!

— Vai cilvēks, kas sācis apgūt integrālo audzināšanu, jutīsies labāk? Mani tas interesē kā praktiķi...

— Jā, gandrīz no pirmās minūtes. Es vēroju to savos skolēnos un atceros sevi meklējumu procesā — kādā depresijā biju, kādā bezpalīdzīgā stāvoklī. Es meklēju izeju zinātnē, reliģijā, bet nekur nespēju gūt apmierinājumu un mieru, līdz atradu šo metodiku.

— Kad cilvēks atnāk ar depresijas sajūtu, bet tu viņam piedāvā metodiku, kā pacelties pāri savam egoismam, viņš ne pārāk dedzīgi pieņem šo iespēju. Viņš tajā atpestīšanu nesaskata...

— Sākumā vajag viņam paskaidrot, ka šai metodikai jāpiepilda cilvēka vēlme tieši tagad, kad vēlme ir pāraugusi materiālo līmeni, kad mūsu pasaulē tai vairs nav iespējams rast piepildījumu. Mēs redzam, ka cilvēki nevar rast sev piepildījumu citādi, kā vien apslāpējot sevi ar zālēm, narkotikām vai alkoholu. Tas liecina, ka vēlmes nāk no daudz augstāka līmeņa. Tāpēc mēs cilvēkam nevaram neko piedāvāt šai pasaulē, lai tās apmierinātu.

— Tātad tas nav filozofijas jautājums. Cilvēkam ir viss, taču tajā viņš nesaskata jēgu.

— Filozofisks jautājums — tas ir jautājums, par kuru man reizēm tīk padomāt un ar to ir gana, bet šeit tiek runāts par manas dzīves piepildījumu, bez skaidrības šajā jautājumā es nespēju pavirzīties. Tā nav ziņkārība, bez piepildījuma man nav dzīvības enerģijas.

— Taču parastais cilvēks neatrodas šai stāvoklī pastāvīgi, tas iestājas un pāriet, ja vien tā nav klīniskā depresija. Klīniskā depresija ir ļoti smags stāvoklis, no kura patstāvīgi iziet nav iespējams. Ir dažādi depresijas līmeņi. Visizplatītākais variants — kad cilvēkam ir aktīvs dzīvesveids, taču tai pašā laikā viņš izjūt neapmierinātību.

— Mēs nevaram ar zālēm aizstāt cilvēka vajadzību piepildīt vēlmi, mēs gluži vienkārši noklusējam problēmu. Cilvēks nespēj priecāties par dzīvi, par piepildījumu. Es gribu būt laimīgs, es gribu justies labi!

— Ļoti bieži cilvēki izjūt tukšumu, taču nav gatavi to atzīt. It īpaši tas attiecas uz veiksmīgajiem sociāli ekonomiskā aspektā. Bet kā ar pēcdzemdību depresiju?

— Tā ir pavisam cita parādība, kas saistīta ar hormonālām izmaiņām. Lai gan nav izslēgts, ka arī tā lielā mērā raksturīga mūsu gadsimtam un ir kopējās depresijas un kopējās egoistiskās vēlmes sastāvdaļa. Bija laiki, kad sievietei neradās jautājums, vai viņai jādzemdē...

— Pastāv pretruna starp vēlēšanos izpaust sevi un nepieciešamību veltīt sevi bērnam, ģimenei. Un rodas spēcīgs konflikts, kas sievieti paralizē. Lai arī sievietes dabiskā sūtība ir veltīt sevi bērnam, viņā rodas zināma pretestība...

— Mūsdienu sieviete uzskata, ka viņa var sasniegt visu, taču bērns viņu ierobežo. Pirms divsimt gadiem viņas dzīve aprobežojās ar ģimeni un bērniem, bet tagad ģimene un bērni viņas dzīvē ieņem otro, trešo vai ceturto vietu. Visu veidu depresija rodas uz mūsu kopējā egoisma pastiprināšanās fona, to izraisa vēlme nevis kaut kā izdzīvot, bet sasniegt daudz augstāka līmeņa pašizpausmi. Mums jāatrod iespēja izskaidrot, ka integrālās audzināšanas metodikas uzdevums ir piepildīt cilvēka vēlmes un sniegt gandarījumu, pēc kā viņš tiecas. Cilvēks depresijas stāvoklī grib gūt īstu piepildījumu, viņš necieš melus. Lai apspiestu depresiju, cilvēki izmanto zāles, narkotikas, alkoholu, taču drīz viņi nonāks līdz tādam stāvoklim, kad nespēs lietot šos "aizstājējus", viņi tos atgrūdīs kā viltojumu...

— Tieši psihologiem tagad ir pilnīgi skaidrs, ka narkomānijas vai alkoholisma priekštece parasti mēdz būt smaga depresija.

— Pēc dažiem gadiem kļūs skaidrs, ka alkoholiķi un narkomāni vairs nevar izmantot alkoholu un narkotikas.

— Vai viņi vairs neizjutīs atkarību?

— Viņi gluži vienkārši sajutīs, ka tie ir meli, un nespēs šīs vielas izmantot kā līdzekli sevis nomierināšanai. Vēlme gūt piepildījumu un gandarījumu kļūs tik spēcīga, ka to vairs nespēs apmierināt narkotikas un alkohols. Un tad šiem 20% pievienosies vēl 30–40% iedzīvotāju.

— Tas būs briesmīgi! Bet ko sniedz tieši jūsu metodika? Kāpēc tieši tā, bet ne kāda cita?

— Mūsu vēlme, mūsu egoisms izpaužas globālā un integrālā

formā, proti, mēs, visi cilvēki, kļūstam savstarpēji saistīti, bet uzvedamies kā egoisti, kā individuālisti. Ar savām vēlmēm mēs esam pretstats dabai, kura jo dienas jo vairāk sevi izpauž kā vienotu veselumu. Mēs arvien vairāk nostājamies pret dabu. Visu krīžu atrisinājums iespējams, tikai sasniedzot atbilstību dabai. Tad mēs gūsim piepildījumu. Citādi kļūsim arvien tukšāki, līdz aiziesim bojā. Kad mēs jūtamies iztukšoti, meklējam dzīves jēgu. Ja esam apmierināti, tāds jautājums nerodas. Ne jau materiālais piepildījums ir nepieciešams, bet gan morālais, garīgais. Tāpēc ka depresija un jautājums par dzīves jēgu rodas cilvēkiem, kuru dzīve materiālā ziņā ir nokārtota.

— Vai var teikt, ka pret tukšumu, vientulību un atsvešinātību mēs piedāvājam apvienošanos, saikni ar citiem un jēgu, bet ne vienkārši "dzīves garšu"? Cilvēks, kam ir depresija, atrodas noslēgta neapmierinātības un izmisuma apļa iekšpusē... Darbs grupā tad viņam ļoti palīdz, tas iedarbojas labāk nekā daudz kas cits. Sabiedrība dod cilvēkam spēkus...

— Taču gala rezultātā mēs redzam, ka tas nav risinājums, tas ir mēģinājums samierināties ar īstenību.

— Par kādu piepildījumu mēs runājam? Kad mēs runājam par piepildījumu, es iztēlojos tādus, kādi man šai pasaulē ir zināmi. Kādu īpašu piepildījumu piedāvā jūsu metodika, ar ko tā atšķiras no citām?

— Tā aizved cilvēku līdz tādam stāvoklim, kad viņš sāk saskatīt dzīves jēgu. Viņš atklāj, ka dzīve nebeidzas līdz ar nāvi, viņš paceļas augstāk pāri laikam, kustībai un telpai, sāk redzēt savu kustību mūžīgās dzīves straumē. Viņš to sajūt!

— Vai var teikt, ka šī mūžības daļiņa ir mūsos? Un, tā kā šī daļiņa ir mūžīga, to nav iespējams piepildīt ar laikā ierobežotu un pārejošu baudu? Tas ir cits — īpašs vēlmes veids.

— Un mēs to atklājam milzum daudz cilvēkos, plašās iedzīvotāju masās, kuri uzdod jautājumu par dzīves jēgu, par to, kā pacelties pāri šai dzīvei un pāriet citā eksistences līmenī — lai neatrastos zem egoisma preses.

— Izdarīsim kopsavilkumu mūsu sarunai. Mēs runājām par depresiju un to, ka depresiju izraisa cilvēka egoisma palielināšanās. Atšķirībā no visas pārējās dabas cilvēka vēlmes pieaug, attīstās un noved viņu līdz stāvoklim, kad viņš sāk pieprasīt vairāk, nekā šī pasaule spēj viņam dot. Atbilstoši šai vēlmei cilvēks meklē kaut ko augstāku, kaut ko mūžīgu, bet neatrod to šīs pasaules laikā ierobežotajās un pārejošajās baudās. Tāpēc viņš jūtas slikti un meklē ārstniecības līdzekļus vai dziedināšanu, lai aizmirstos un atbrīvotos no šīs sajūtas. Viņa vēlmes meklē un neatrod piepildījumu, taču tās nevar atvairīt. Problēmas atrisinājums — panākt cilvēka vēlmju atbilstību dabai. Tas nozīmē mainīt vēlmi — vēlmi saņemt aizstāj atdeve. Tādā gadījumā cilvēks atklāj bezgalīga piepildījuma iespējas, un viņš ne vien izveseļojas no depresijas, bet sasniedz arī mūžīgās dabas harmonijas izjūtu.

LABAIS UN ĻAUNAIS

— Šodien mēs turpināsim sarunu par jautājumiem, kas saistīti ar cilvēka attīstību un nobriešanu, bet tēmu, kurai es gribētu patlaban pieskarties, sauc "Labais un ļaunais". Ko nozīmē šie jēdzieni un kā tos izskaidrot bērniem? Jūs bieži iesakāt izskaidrot atziņu: "Cilvēka sirds ir ļauna jau no dzimšanas." Taču psihologiem ir tieši pretēja pieeja: strādāt ar bērnu, akcentējot, ka viņš nav slikts, bet tikai var slikti rīkoties. Tas nozīmē, ka psihologi arī ar vecākiem runā par šo norobežojumu, lai viņi saprastu, ka viņiem mājās ir nevis slikts bērns, bet gan tāds, kurš slikti uzvedas. Jāmācās meklēt ceļu no iekšpuses, lai iegūtu ko labu.

— Jūsu sacītais ietver skaidru pretrunu.

— Taisnība. Bet vecākiem ir jānošķir jēdzieni "tu neesi slikts" un "slikta uzvedība".

— Rodas jautājums: "Kas tu vispār esi?" Tātad "tu esi slikts" vai "tu esi labs", vai "tu esi neitrāls". Un tevī ir gan labais, gan sliktais.

— Kas ir labais un kas — ļaunais? To noskaidrot nav nemaz tik vienkārši. Ir teorijas, kuras apgalvo, ka cilvēks ir labs, bet ir Freida teorija, kurā cilvēks raksturots kā "ļauns jau no dzimšanas". Protams, to sekmēja Otrā pasaules kara notikumi, kas pierādīja, kāds ļaunums ir iespējams pasaulē. Protams, ir viedoklis, kas raksturo cilvēku kā tādu, kurš meklē savstarpējo saikni, labo un īsteno atrodot labā meklējumos. Bez šaubām, pastāv zināms konflikts, un es ne jau vienkārši tāpat vien ierosināju šo jautājumu.

— Mūsu attieksmei pret kategorijām "labais" un "ļaunais" patiesībā nevajadzētu būt atkarīgai no laika. Cilvēks nav ne labs, ne slikts, bet divi spēki — labais un ļaunais — ir katrā no mums. Un mums uz cilvēku jāraugās kā uz neitrālu vietu, par kuru cīnās labā un ļaunā iedaba — kurš no tiem pārvaldīs, sagrābs varu.

— Lieliski! Labākā daļa šajā viedoklī ir tas, ka pastāv izvēles iespēja.

— Taisnība, tieši cilvēks izvēlas, kas pār viņu valdīs. Viņam neizdosies izvairīties ne no viena, ne no otra. Viņš nespēs pacelties pāri abām dabas parādībām un gluži vienkārši izvēlēties — šo es gribu, bet to — negribu.

— Viņš nevar būt tikai labs vai tikai slikts.

— Te patiesībā ir veselas sistēmas, kuras viņš varēs piesaistīt sev, lai valdītu ar pilnām tiesībām. Labā un ļaunā sistēmas cieši tur cilvēku savā varā. Un tad viņš pieņem lēmumu. Gala rezultātā viņam tiek dots spēks pacelties pāri savām vēlmēm un pāri labajam un ļaunajam un noteikt, kas vadīs viņa vēlmi. Citiem vārdiem sakot, viņš pats ir tas, kas atrodas pāri abiem spēkiem un pāri pašai vēlmei.

— Būtībā tas ir tas, ko bērns nevar izdarīt, vai ne? Viņš jau tikai sāk to mācīties.

— Šis process norit pakāpeniski, bet mums vajag sākt viņu tam gatavot. Mums bērns psiholoģiski jāsagatavo tam, ka viens cilvēks uzskata tā, bet otrs — citādi. Taču mums bērnam jāizveido labs pamats, jāsniedz viņam paskaidrojumi, kad tiek runāts par vēlmi, par viņa *ego*, par labo un par slikto. Gan viens, gan otrs mudina rīkoties, nu tad pacelsimies pāri gan labajam, gan sliktajam. Tātad to var bērnam izskaidrot un viegli var padarīt viņu par psihologu pašam sev. Bērns taču ļoti vēlas būt līdzīgs pieaugušajiem. Ja viņš sapratīs, ka pieaugušais domā tā, tad arī gribēs tāpat uzskatīt.

— Pareizi, taču bieži viņa uztvere ir daudz šaurāka. Viņš nevar redzēt augstāk par to līmeni, kādā redz un kādā dzīvo.

— Tiesa, bet mēs viņam sniedzam labā un sliktā, viņa un vēl kāda cita savstarpējo attiecību piemērus: viena situācija, otra, trešā. Tā mēs nodrošinām viņu ar pētījumu modeļiem, un pēc tam viņš tos uzņem sevī un ar to palīdzību varēs risināt daudz nopietnākas problēmas. Viņš spēs izanalizēt katru gadījumu.

— Tas nozīmē, ka, izmantojot valodu, mēs paveram viņam dažādas iespējas. Ir taču vairāk nekā viens uzvedības modelis, tiesa? Tātad tev ir izvēle. Kad bērns uzvedas agresīvi, viņš jūt, ka tāda rīcība tai brīdī bija vienīgā pareizā. Bet, kad praksē mēs ar viņu šo situāciju izanalizējam, parādām viņam, ka viņš spētu rīkoties citādi, ja būtu padomājis vai ievilcis elpu, uz mirkli apvaldījis savas emocijas. Tas nav gadījums, kad man kāds iesita un es atbildēju ar to pašu.

— Es nedomāju, ka mēs redzēsim šā darba rezultātus. Paskaidrot to visu bērnam mēs spēsim, un viņš pat var piekrist un saprast. Bet vai spēs tā rīkoties, kad pienāks attiecīgais brīdis? Mēs pieļaujam, ka bērni visu laiku aug, bet viņu vēlme aug vēl ātrāk. Un tāpēc tad, kad viņi no jums saņems padomu, morālu pamācību...

— Tā nav pamācība, bet, teiksim, stratēģija.

— Lai būtu stratēģija, bet tā balstīta uz pagātnes piemēriem. Vai tā palīdzēs, ja tas atkārtosies daudz augstākā līmenī?

— Labi, bet kā jūs izskaidrosiet to bērnam, ja viņš nervozē arvien vairāk un vairāk?

— Bijušais stāvoklis viņam jau vairs nav piemērs — tas ir vājš piemērs. Bērns sacīs: "Iepriekšējā reizē es arī gribēju, bet ne tik ļoti kā tagad. Tagad, kad tik ļoti vēlējos, viņš man nodarīja pāri..."

— Nu un kā tad to izdarīt pareizi?

— Tikai ar apkārtējo ietekmes palīdzību. Apkārtne viņam parādīs, ka tā viņu nepieņem tādu, kāds viņš ir tagad, ka tā nav ar viņu vienisprātis.

— Taču arī tagad apkārtne nav ar to vienisprātis.

— Kāda apkārtne? Bērni? Ar ko viņi nav vienisprātis?

— Tā nesamierinās ar agresivitāti, vardarbību un tomēr...

— Nevar būt, ka apkārtējiem bērniem nebūs pieņemamas šādas bērna uzvedības izpausmes. Tad viņam jābūt prātā jukušam vai absolūti atrautam no vides. Tas nevar būt, ka apkārtējie nevarētu pat paskaidrot un likt sajust, ka tie viņu tādu nepieņem un nav mierā ar viņa klātbūtni.

— Tāpēc ka viņš tā reaģē.

— Apkārtējie parādīs, ka nepieņem viņu, ka viņš tās vidē nav vēlams. Vai zināt, kas ir sitiens pa patmīlu?

— Tas ir pats sliktākais, kas var būt. Palikt vienam, būt visu atstumtam...

— To jau es arī domāju. Jāpanāk, lai sabiedrība kļūst svarīga visiem. Tāpēc mums vispār nevajag ar bērnu strādāt, mums nevajag viņam pieskarties.

— Bet jūs taču ieteicāt organizēt apspriešanas un sarunas ar bērnu. Kāpēc mēs visu to darām, ja viņš nevar domāt uz priekšu, bet izmantot tikai iepriekšējo pieredzi?

— Tikai tāpēc, lai viņam sagatavotu pamatus, piemērus, modeļus labākai vides sapratnei, iespējai atrast kopēju valodu. Ar visu to mēs it kā čukstus viņam skaidrojam: "Ja tā uzvedīsies, zini, ka viņi tevi nemīlēs. Vai gribi par to pārliecināties? Paraugies, pievērs uzmanību." Ir taču iespējams, ka patiesībā viņš to neredz. Viņš joprojām domā, ka ir stiprs, ka viņš visiem vēl parādīs. Bet mēs viņam sakām kā balss aizkadrā: "Zini, viņi tevi nemīl, viņi negrib ar tevi draudzēties. Viņi grib aiziet prom no tevis, tāpēc ka negrib pieņemt tevi savā kompānijā." Mēs izskaidrojam viņam apkārtējo valodu, lai viņš kļūtu pret to jūtīgāks. Tāpēc ka galu galā tikai sabiedrība viņu var ievirzīt pareizā gultnē.

— Bet kā gan vide, kura sastāv no indivīdiem, no tādiem pašiem bērniem kā viņš, var izveidot tādu apkārtni?

— Neko nepadarīsi, — tas ir grupas darbs, un tas paveicams tikai ar apkārtējās sabiedriskās vides palīdzību. Izmantojot frontālo iedarbību, neko nepanāksim ne atsevišķas personības, ne pieaugušo, ne arī bērnu audzināšanā. Rezultāts būs vienāds gan četrdesmit gadu, gan četru gadu vecumā.

— Cilvēks pretojas un uzreiz nepieņem.

— Nav cita ceļa, kad cilvēks atrodas *ego*, iekšēju pamudinājumu, labā un ļaunā izpausmju varā. Tādā situācijā viņš nevar kļūt par tiesnesi pats sev. Tas notiks tikai ar priekšnoteikumu, ja viņš būs saistīts ar sabiedrību, kura spēs viņu noturēt savās rokās. Tad viņš varēs sevi tiesāt, balstoties tikai uz šīs savas apkārtējās sabiedrības nostādnēm. Bet citādi — kā viņš pats to izdarīs? Uz kāda pamata? Kā viņš sevi noturēs, ar kādiem spēkiem? Kā viņš varēs sevi apvaldīt?

— Mēs visi esam sabiedrības produkti un vēlamies tai piederēt. Ja tā signalizē mums, ka "tas sabiedrībā nav pieņemts", mēs maināmu savu uzvedību. Taču līdz šim mēs novērojam sabiedrībā daudz agresijas un vardarbības.

— Saprotiet, mēs tajā ziņā neko nevaram darīt, jo cēlonis visam, kas notiek ar mums šai pasaulē, ir kauns.

— Ko tas nozīmē?

— Viss ļoti vienkārši. Kauns — tā ir elles dedzinošā liesma.

— Jā, tā ir — smaga sajūta.

— Ja mēs to izmantotu pareizi, nevajadzētu ne brīdinājumu, ne paskaidrojumu, nekādu filozofisku prātojumu un darbību, kas nosaka mūsu attieksmi pret kādu. Mums vajag tikai bērnā pamodināt nedaudz kauna.

— Un attiecībā pret ko?

— Tikai pret apkārtējo sabiedrību. Pret cilvēkiem šajā pasaulē. Tikai tad es varu sevi vērtēt. Citiem vārdiem, kauns un apkārtne — tie ir divi pamati. Zinot, kā tos pārvaldīt, katrs cilvēks sabiedrības ietekmē varēs sevi vadīt un mainīt. Skaudību, godkāri, varaskāri daba devusi mums ar nodomu. Pareizi izmantojot sabiedrību, mēs spēsim pacelties pāri savam egoismam, jo vēlēsimies parādīt, ka esam ko vērti. Izmantojot šīs cilvēka vajadzības, var no viņa veidot altruistu — kā no pieaugušā, tā no bērna.

— Tātad būtībā vajag nevis veidot cilvēku, bet viņa apkārtējo vidi? Vide — vai tie lielākoties ir pieaugušie cilvēki?

— Tie, ar kuriem viņš rēķinās. Tie, kuri viņam svarīgi.

— Taču jābūt piesardzīgam tādas īpašības kā kauns izmantošanā, jo to izjust patiešām ir smagi.

— Nē, mēs izturamies piesardzīgi, tikai lai palīdzētu. Es pret viņu izturos kā biedrs... Viņam jājūt, ka arī es esmu biedrs, nevis augstāka būtne. Un tad es paskaidroju bērnam, kas ar viņu notiek un ko no viņa gaida viņa biedri.

— Bet tas taču notiek pēc tam, kad kaut kas ir noticis. Jūs klusu sarunājaties ar viņu...

— Ja viņš izjūt sabiedrības spiedienu, es jau varu viņu mācīt. Un viņš manī uzmanīgi klausīsies, jo nevēlas krist kaunā, un pats jūt, ka ir vainīgs.

— Tātad viņš izjūt kaunu ne jau par kādu no savām īpašībām? Viņa kauns saistīts ar apkārtējiem.

— Viņu ietekmē tikai sabiedrības attieksme pret viņu. Ar tās palīdzību mēs varam ieaudzināt cilvēkā mīlestību pret savu tuvāko, ne tikai apturēt viņa agresiju.

— Var arī teikt, ka tev nav jākaunas, tāpēc ka tevī ir tāds spēks, kurš liek tev tā uzvesties.

— Protams, taču es nedomāju, ka pat pieaugušie spēj šo skaidrojumu pieņemt.

— Mūsu sarunās jūs visu laiku atgriežaties pie viena jēdziena, ko psiholoģijā dēvē par spoguli. Tas nozīmē, ka cilvēku aicina visu laiku raudzīties uz sevi it kā no malas. To atzīst arī jaunākās mūsdienu psiholoģijas teorijas, piemēram, pieeja, kas balstās uz darbu ar dzīves situācijām, mudina izstāstīt par tām un paraudzīties uz tām no malas, nevis dzīvot, glabājot tās sevī. Tas nozīmē — nepārtraukti izklāstīt šos faktus un skatīties, kas ar mums noticis.

— Uzņemt to videofilmā un kopā apspriest.

— Bet, kad jūs teicāt, ko bērnam paskaidrosit, man radās jautājums: "Kas notiek ar autoritāti?" Kā jūs to izdarīsit grupā, ja vēlaties palikt bērna draugs? Vai uzskatāt, ka savu autoritāti nezaudēsit? Man šķiet, ka tādos gadījumos tiek zaudēta autoritāte, iespēja noteikt, kas ko izlemj. Tā izpaužas arī vēlmē palīdzēt katram bērnam. Tad, kad mēs, pieņemsim, atrodamies grupā, kuras vecākais ir tāda paša vecuma kā es vai vecāks. Kas notiks, ja kādam būs jānosaka robežas vai kāds jāaptur, ja noticis kaut kas slikts, bet grupā visi ir vienlīdzīgi?

— Ir jābūt kādam augstākam pirmavotam, vispāratzītam pieņēmumam. Un tas jājūt pašam bērnam, viņa skolotājam un viņa ģimenes locekļiem. Mūsu gadījumā — tie ir mūsu pētījumu secinājumi, kas publicēti internetā un ko apstiprinājušas daudzas autoritātes. Mums jāievieš audzināšanā šo atziņu elementi, kuri mums atklāj pasaules uzbūves pamatus. Bērniem šīs atziņas jāsaņem ne no skolotāja.

— Jūs to neiekļaujat bērna un skolotāja pienākumos un sakāt, ka tam paredzēts kāds trešais.

— Tiesa. Bērns skolotājā saskata arī pats sevi. Turklāt kopā ar bērniem jāmācās materiāli, kas skar šo tēmu un šāda stāvokļa psiholoģiju. Ļoti svarīgi, lai bērns redz, ka šo pārmaiņu, kas ar viņu notikusi apkārtējo ietekmē, godā viņa biedri un ģimene. Varu minēt piemērus. Mūsu bērni kopā lasa rakstus, kurus viņiem pēc tam izskaidro, un redz, ka arī vecāki tos lasa. Viņi ievēro, ka visi sevi pakļauj šiem principiem, nevis grib, lai to darītu tikai bērni vien.

— Te ir kaut kas daudz augstāks — likumu sistēma, atbilstoši kuriem skolotājs izturas pret mani. Bērns nenāks sūdzēties skolotājam, jo viņš parādīs bērnam, kā vajag uzvesties.

— Taču šīs metodikas problēma ir tā, ka mums — gan cilvēkam pašam, gan visiem viņam apkārt esošiem — jānodarbojas ar visu problēmu kopumu. Nav nozīmes bērnu uz pāris stundām izraut no skolas un strādāt ar viņu, ja pēc tam viņš atgriežas tai pašā sabiedrībā vai tai pašā ģimenē, it kā nekas nebūtu noticis, un turklāt prasīt no viņa, lai viņš mainās. Man ar viņu jānodarbojas, iesaistot sabiedrību. Galu galā, cilvēks ir sabiedrības produkts. Ja mēs mainīsim sabiedrību, mainīsies arī cilvēks.

— Problēma ir tā, ka, tādas lietas dzirdot, cilvēks uzreiz kļūst pakļāvīgs: "Ko gan es varu padarīt tādam lielam mehānismam? Ko es varu izmantot pret informācijas un sakaru līdzekļiem?"

— Viņam ir taisnība. Bet mēs zinām, ka ik pa piecpadsmit gadiem rodas jauna paaudze. Ja sāksim rīkoties tagad, pēc piecpadsmit gadiem mums būs jauna cilvēce. Pasaulē nav nekā dinamiskāka, ietekmīgāka par cilvēku. Sāksim tūlīt strādāt ar bērniem. Izvēlēsimies vecumu, teiksim, sākot no 1. klases skolā un vecākus bērnus. Mēs vērsīsimies pie visiem, izmantojot plašsaziņas līdzekļus, un sāksim ietekmēt procesus.

— Vai jūs to redzat kā vecāku padomes organizētu iniciatīvu?

— Tai jākļūst par vislielāko valsts problēmu. Jo tā ir sabiedrības, valsts, pasaules problēma. Ja tā kļūs par pilsoņu problēmu, tad par to sāks interesēties valdība, jo tai ir svarīgas vēlētāju balsis.

— Es uzskatu, ka tas ir visu problēmu avots, un ceru, ka galu galā valdībā ienāks cilvēks, kurš izpratīs šo audzināšanas sistēmu, kuram būs attiecīgas pilnvaras, un viņš ietekmēs lietu kārtību. Pārmaiņām sabiedrībā jānoris uz jaunās globālās audzināšanas sistēmas fona. Tādas pārmaiņas var veikt vienas valsts ietvaros.

— Vai tai nav jābūt vispasaules sistēmai? Vai pietiek, ka to īsteno vienā valstī?

— Pat mazākā mērogā nekā viena valsts.

— Vai pietiktu tikai ar vienu pilsētu?

— Pats galvenais, lai sabiedrība pētītu šīs jaunās sajūtas bērnos un pieaugušajos, kurus aptver šī integrālā audzināšanas sistēma.

— Ir nepieciešams, lai tiktu atzīts šo vērtību svarīgums un izpaustos vēlme veikt pārmaiņas. Bērnam tas jāsajūt visur: plašsaziņas līdzekļos, bērnudārzā, skolā, mājās, no vecākiem un draugiem. Vārdu sakot, viņam apkārt ir jābūt atbalstošai un audzinošai videi.

— Es uzskatu, ka tas ir iespējams. Viss ir atkarīgs no tā, cik krīžu un ciešanu mēs vēl pārdzīvosim, pirms izlemsim un sāksim šo sistēmu īstenot dzīvē.

— Mani satrauc jautājums par mīlestību pret savu tuvāko un par mīlestību pašam pret sevi. Psiholoģijā pauž dažādas atziņas, bet tās visas ietver vienu domu: bērna attīstības process sākas tad, kad viņš redz savu attēlu mātes acīs un saprot, ka viņa to mīl, sajūsminās, priecājas un rūpējas par viņu. Un tad viņš būtībā apgūst sajūtu "es esmu labs" un no viņa mīlestības pašam pret sevi attīstās spēja mīlēt tuvāko. Bet jūs citādi raksturojat procesu, kad notiek pāreja uz mīlestību pret tuvāko. Psiholoģija apgalvo, ka, pamatojoties uz to, ka es varu mīlēt sevi, es varu iemīlēt tuvāko. Psiholoģijā ir daudz tādu uzskatu, kuri apgalvo: ja es nemīlu sevi, tad nekad nespēšu nonākt līdz tuvākā mīlestībai.

— Es to zinu. Tā ir skaista egoistiska pieeja. Vispirms ļaujiet man iemīlēt sevi, bet pēc tam, pamatojoties uz šo mīlestību, es iemīlēšu jūs. Skaisti!

— Ir arī virzieni, kuri uzskata, ka noteiktā periodā sabiedrība bērnam šķiet problemātiska. Vajagot dot iespēju viņam attīstīt viņa "es", attieksmi pašam pret sevi, bet pēc tam viņš spēs atkal atgriezties sabiedrībā. Tiesa, šis virziens nav pārāk raksturīgs paraugs. Tomēr, kad es uz to raugos bērna attīstības aspektā, man šķiet, ka tas būtībā pēta sevi no vides iekšienes. Sākumā ar savas mātes palīdzību. Un tikai pēc tam viņš mācās tuvināties citiem cilvēkiem, bet ne otrādi.

— Tātad māte rīkojas aplami.

— Kāpēc? Tieši māte rīkojas pareizi.

— Kādā ziņā? Vai ar to, ka visu laiku dažādā veidā parāda, ka viņš ir gaidīts un labs? Kāpēc tas ir labi? Mātei jārunā ar viņu, jāparāda labās un sliktās puses viņa uzvedībā un nemitīgi tā jālabo un jāattīsta. Jābūt diviem grožiem, diviem spēkiem.

— Bet es runāju tikai par to svarīgo procesu, kad notiek pāreja no mīlestības pret sevi vai sevis kā laba cilvēka pieņemšanas uz mīlestību pret tuvāko.

— Ja es domāju par sevi, ka esmu labs un man ir labi, tad, pamatojoties uz to, es tuvāko tikai sodīšu un apsūdzēšu.

— Ja es esmu labs, tad acīmredzot viņi ir slikti, ja jau kaut kas slikts noticis.

— No brīža, kad cilvēks ienāk pasaulē, māte viņu audzina ar dialoga palīdzību — norāda, ko viņš dara pareizi un ko ne, kad rīkojas labi un kad — slikti. Viņai visu laiku ar bērnu jāsarunājas, ņemot vērā divus aspektus, divus virzienus, un jāpaskaidro viņam, ka to var darīt, bet to — nedrīkst, pat ja viņas priekšā ir maz ko apjēdzošs zīdainis.

— Jā, bet kā tad viņam attīstās mīlestība pret tuvāko?

— Viņš sāk sajust, ka attieksme pret cilvēkiem jāvirza pa diviem kanāliem: pa labā un pa ļaunā kanālu. Un tad tādā pašā veidā viņš sāks izturēties pret apkārtējiem, jo māte — arī ir tā vide, kura izturas pret viņu labi un slikti. Tad viņam būs viegli ieiet jebkurā sabiedrībā.

— Tātad jau no sākuma jānosaka atļautā robežas?

— Es neuzskatu, ka labais un ļaunais ir kaut kādi ierobežojumi. Ja māte izturas tādā veidā, viņa ļauj bērna egoismam attīstīties pareizā, nevis izkropļotā formā. Kāpēc vajag bērnam teikt, ka viss ir labi, un nekādi viņu neierobežot? Līdz ar to mēs nesniedzam viņam uzvedības modeli. To dod ar divu pretējas iedarbības spēku palīdzību, un tad bērns, atrazdamies starp tiem, sāk saprast un just, ko viņš drīkst un ko — nedrīkst, kas ir labais un kas — ļaunais. Viņš skatās uz māti, lai saprastu, vai ir vērts tā rīkoties vai nav, viņš aug starp drīkst un nedrīkst, tā viņš aug.

— Un tas veicina to, ka viņš sāk veidot attieksmi arī pret vidi, ne tikai pret sevi. Tas viņu no domas, ka es esmu labs, aizved pie domas, ka ir vide, no kuras nāk labais un ļaunais, un ka viņam jāformulē sava attieksme pret to.

— Ja māte vēlas sagatavot bērnu dzīvei, viņai jāizturas ar mīlestību, taču atbilstoši videi.

— Jūs runājāt par pārlieku labām mātēm.

— Tās mātes ir — muļķes. Atvainojiet, ka es tā viņas nosaucu.

— Ar to arī beigsim. Šodien galvenā tēma bija — labais un ļaunais. Lai kā arī būtu, apkārtējā cilvēkvidē jārada labā un ļaunā izjūta un jāveic pārmaiņas sabiedrībā. Tad šīs pārmaiņas palīdzēs cilvēkam pareizi izturēties pret realitāti un saprast, ka vienmēr ir divi groži: labais un ļaunais, kuri viņu vada, un starp tiem abiem viņam jāveido pašam sevi.

MEITEŅU AUDZINĀŠANA

— Mēs apspriežam tēmu "Meitenes un zēni" un viņu audzināšanu. Projekta ietvaros, kurā tika pētīta zēnu un meiteņu uzvedība, noskaidrojās, ka viņi uzvedas dažādi. Piemēram, grupā, kurā saruna noritēja starp zēniem, varēja izvērst apspriešanu ar 15–20 zēniem, no kuriem katrs izteica savas domas. Kad novērojām meiteņu grupu, izrādījās, ka aktīva apspriešana notiek grupā, kurā ir tikai 5–6 dalībnieces. Ja meiteņu skaits grupā būtu lielāks, apspriešana noritētu gurdeni. Vai jūs nevarētu paskaidrot, kāpēc tā notiek?

— Meitenēm ir vairāk vajadzību, jo viņas vairāk izjūt tukšumu un mazāku piepildījumu nekā zēni. Zēni jau no dabas nav pārāk runīgi un nemīl debatēt. Sievietēm patīk vairāk runāt. Dabas atklāšanās notiek sievietē, bet saruna — tā ir atklāšana. Mūsu pasaulē sieviete nemitīgi sarunājas ar bērniem, bet vīrietis ir vairāk aizņemts ar darbu, intelektuālo vai fizisko, un mazāk nododas sarunām.

— Kāpēc tad meitenēm ir vieglāk diskutēt mazās grupās?

— Tāpēc ka meiteņu vajadzības, lai kādas tās būtu, ir vieglāk pamanāmas nekā zēnu vajadzības. Vīrieši var sēdēt klusējot un tikpat kā nesarunāties.

— Ja es pajautāšu vīram, kāpēc viņš ar mani nerunā, viņš atbildēs, ka tāda ir viņa daba. Nav jau tā, ka viņš vispār ar mani nesarunājas, — viņš vienkārši atbild strupi, ar grūtībām.

— Bet sieviete tik un tā apvainojas, ka ar viņu nerunā.

— Sievietes tādas atbildes neuzskata par runāšanu. Ar to viņām ir par maz.

— Nu, protams, viņām ir vajadzība sēdēt kopā ar vīrieti un "runāt par mūsu attiecībām".

— Interesanti ir lūk, kas: ja zēniem dod kādu stimulu — spēlēt spēles vai izlīst pa pazemes eju, viņi traucas izpildīt uzdevumu, bet meitenes ar to ne visai aizraujas.

— Tas saistīts ar mūsu smadzeņu darbību, bet ne ar to, ka mēs to gribam vai negribam. Meitenēm un zēniem par valodu un uzvedību ir atbildīgi pilnīgi dažādi smadzeņu sektori.

— Patiešām atšķirība pastāv. Ir pētījumi, kuri pierāda šīs atšķirības prāta attīstībā, un ir rezultāti, kuri apstiprina, ka sievietēm labāk padodas humanitārie priekšmeti. Tomēr nevajag domāt, ka šīs iezīmes ir pretnostatāmas kā melnais un baltais. Patiesībā ir sievietes, kurām vairāk raksturīga darbošanās nekā runāšana, t. i., viņas vidēji runā mazāk nekā citas sievietes. Un ir vīrieši, kuru profesionālā darbība saistīta ar valodas izmantošanu: pārdevēji, psihologi, arī skolotāji, kuriem visu laiku jārunā.

— Taču viņu sarunas ir vairāk vērstas uz mērķi un tā īstenošanu nekā to sieviešu sarunas, kurām baudu vai apmierinājumu rada pats sarunas process.

— Vai tas, ka var par kaut ko parunāt? Pat tad, ja saruna nedod nekādu rezultātu?

— Nē, jūs taču redzat, kā tas notiek: sieviešu sarunas var ilgt stundām.

— Mēs tagad runājam par audzināšanu, un gribētu zināt, kāda būtu pareiza pieeja audzināšanai. Mūsu mērķis — veidot cilvēku, un nav svarīgi, kas ir mūsu priekšā: meitene vai zēns.

— Protams, taču labošana katram notiks citādi.

— Varbūt ir vērts paskaidrot, ka audzināšanas mērķis ir izveidot cilvēku un sasniegt pilnību. Tas vienlīdz attiecas gan uz meitenēm, gan uz zēniem.

— Par to mēs varam pārliecināties, iepazīstoties ar seno cilšu dzīves aprakstiem un ar to cilvēku pieredzi, kuri dzīvojuši pavisam nesen: zēni un meitenes vienmēr ir spēlējušies atsevišķi, vienus saista vienas lietas, otrus — citas. Kāpēc gan mums nerīkoties atbilstoši dabai? Ir teikts: "Audzini pusaudzi atbilstoši viņa ceļam." Kāpēc to vajag darīt ar varu? Turklāt vienā solā tīšuprāt sēdina zēnu un meiteni. Kāpēc viņus likt kopā ar pieri pret pieri par spīti dabai? Viņiem jāsatiekas citā vietā un citu mērķu dēļ...

— Ir viedoklis, ka pirmatnējās ciltīs tiešām tāda nošķiršana pastāvējusi, taču šodien dominē parādība, ko sauc par uniseksu (universālo stilu), — mēs visi vienādi...

— Tiesa, tāpēc senie cilvēki sekoja dabas likumiem, nevis ar varu uztiepa savu kārtību. Toties mūsdienās cilvēki nevar viens otru atrast.

— Vai tad mēs neesam vienādi?

— Nē, un tieši tāpat atšķiras uztvere. Pat ņemot vērā to, ka mēs nevis audzinām, bet gan dodam izglītību. Kāpēc mēs viņus sēdinām kopā matemātikas, fizikas, ģeogrāfijas stundās? Vai no tā ir kāds labums? Kopīga mācīšana taču neļauj pareizi izpausties ne meitenēm, ne zēniem.

— Sabiedrības idejas būtība, manuprāt, ir saistīta ar iepazīšanos un tuvināšanos. Bet jūs sakāt, ka šāda kopīga mācīšanās nerosina ne iepazīšanos, ne tuvināšanos?

— Jā, tā rada necieņu.

— Vai tāpēc, ka neļauj katram dzimumam attīstīt savu individualitāti?

— Protams! Ja viņi būtu atsevišķi, visus piemērus un metodes varētu izmantot citādi. Lai vieni zīmē automašīnas un lidmašīnas, otri — kleitas un lelles.

— Viņi jau tāpat to dara.

— Taču jāiet pa to ceļu, pie kā viņi pieraduši. Tad tu cilvēku attīstīsi, nevis radīsi no viņa kaut ko izkropļotu un mehānisku.

— Tātad idejas būtība ir — pavērt viņiem iespēju attīstīties atbilstoši nosliecēm. Mēs konstatējam, ka viņu intereses būtībā ir dabiskas. Un tie nav mūsu aizspriedumi.

— Runa ir nevis par aizspriedumiem, bet gan mūsu muļķību, jo mēs neieklausāmies dabā un rīkojamies, uzskatot, ka esam gudrāki par dabu. Tagad mēs redzam rezultātus.

— Ir pētījumi, bet tikai visjaunākajā vecuma grupā, kuros konstatēts, ka zēni un meitenes spēlē atšķirīgas spēles. Vecāki bērni pētīti netiek, jo pastāv taču uzskats, ka mēs visi esam vienādi.

— Kā tas var būt, ka esam visi vienādi?

— Patiesībā informācija par vecākiem bērniem nav analizēta. Man izdevās atrast labu pētījumu, kas pirms gada veikts Lielbritānijā, kur kopš seniem laikiem bērni tika mācīti atsevišķi. Tā tika uzskatīta pat par angļu kultūras iezīmi. Tad pakāpeniski pārstāja bērnus mācīt atsevišķi: no trīs ar pusi miljoniem bērnu atsevišķi māca tikai divsimt tūkstošus. Taču zināšanu pārbaude rādīja, ka meitenēm, kuras mācījās atsevišķi, bija daudz labākas sekmes nekā tām, kuras mācījās kopā ar zēniem. Atsevišķai mācīšanai, kā redzams, ir kaut kādas priekšrocības. Zinātnieki mēģināja to izskaidrot ar meiteņu apzinīgumu vai pasniegšanas metodiku. Viņi pieļauj, ka meitenēm patiešām nepieciešama cita metodika. Zinātnieki norādīja, ka meitenes tik tiešām vēlas vairāk kopīgu pasākumu un mazāk sacensību, kuras spiež viņām klusēt un vairāk biedē.

— Dzimumu sacensība rada bērniem spriedzi: kurš no zēniem ir labākais, kura meitene skaistāka par pārējām? Tas viņus nodarbina vairāk nekā mācības vai kas cits. Kāpēc tas vajadzīgs?

— Pētījumi liecina, ka 6–7 gadu vecumā meitenes dod priekšroku meiteņu sabiedrībai, bet zēni — zēnu.

— Kāpēc neaudzināt viņus atbilstoši šai tieksmei? Vispirms mēs ar varu ejam pret dabu, bet pēc tam saprotam, cik neveiksmīga ir tāda rīcība.

— Mēs reiz novērojām, ka tad, kad atbrīvojās mājas stāvs, uz kuru mums bija jāpārceļas, tur iegāja dažas meitenes. Viņas uzkopa vienu istabu, sakārtoja to un pārvērta par savām mājām. Tas notika ļoti īsā laikā bez kāda lūguma. Tas tika izdarīts dabiski un nepiespiesti. Varbūt mums vajag ļaut viņām iekārtot māju?

— Meitenei tas dabas dots, savukārt vīrietim māja jāpiepilda. Katram sava loma, un apvienojoties viņi kopā rada pilnību. Tāpēc sievieti ir vieglāk audzināt, un daba viņu ir apveltījusi gandrīz ar visu, kas viņai nepieciešams, izņemot nodomu sasniegt augstu mērķi. Vīrietim vajadzīgs pamatīgs labošanas darbs — ļoti plašs un smags. Lūk, kāpēc mēs vairāk ieguldām zēnos. Vīrietim sevi vairāk jālabo, sievietei — mazāk. Viņa ir mazāk jāierobežo. Būtībā viņa ir vairāk gatava dzīvei. Taču viņiem abiem jātiecas pēc tā, lai viens otru papildinātu.

— Mēs novērojam bērnu kolektīvu, kurā tiek veikta integrālā audzināšana, un konstatējām, ka zēni labprāt visu dienu pavada kopā. Ja mēs izveidosim lielu meiteņu kolektīvu, viņas pakāpeniski tajā radīs nelielas apakšgrupas. Vai tas raksturīgs viņu iedabai?

— Tas ir saistīts ar viņu iedabu. Sievietei nepieciešamas telpiskās robežas, tas ir, viņa vēlas pārliecību, ka šī ir viņas vieta, viņas stūrītis vai viņas māja un sienas, — te viņa atrodas. Bet zēni labāk jūtas atvērtā vietā, brīvā plašumā, kur ir lielas iespējas spēlēm. Tāpēc viņiem ne visai patīk rotaļāties divatā, bet meitenei, gluži otrādi, vairāk patīk spēlēties ar savu draudzeni.

— Mēs visu laiku meitenēm izvirzām pretenzijas, ka viņas nevēlas iekļauties visā grupā, bet gluži vienkārši sarunājas viena ar otru. Tātad mēs viņām kaitējam.

— Tas nozīmē, ka jāaudzina aizbildņi.

— Saskarsme vienai ar otru viņām sagādā prieku, kāpēc to liegt? Kāpēc paust neapmierinātību par to, kas viņām būtībā ir labs? Vai tas nozīmē, ka zēnu audzināšanas darbs jāveic nevis telpās, bet dabā? Vai meitenēm to vajag mazāk?

— Meitenēm vairāk jāatrodas telpās. Tātad mēs atgriežamies dabiskajos ietvaros, kuros cilvēce visu laiku ir atradusies.

— Interesanti, ka to mēs arī novērojam savā audzināšanas sistēmā. Mēs ieplānojām, ka reizi nedēļā dosimies dabā. Un tad daļa meiteņu reiz pateica, ka viņas labāk paliktu klasē un pabeigtu savus uzdevumus, nevis ietu uz parku. Taču zēni gaidīja to dienu, kad mēs dosimies pastaigā, tāpēc ka viņiem tas sagādā ļoti lielu prieku.

— Vai pretējas parādības tur netika novērotas? Piemēram, meitenes, kuras vēlas doties uz parku, un zēni, kas grib palikt klasē?

— Nē, tādu gadījumu nebija. Mēs jau nevienu nespiedām doties pastaigā, kaut gan doties pie dabas ir ļoti patīkami, vai ne?

— Sievietei ir tāda iedaba, ka viņa var mēnešiem, varbūt pat gadiem neiet ārā no mājas. Ja viņai ir māja, ģimene un bērni, kā arī nokārtota dzīve, viņa tikpat kā neizjūt nepieciešamību iziet ārā.

— Es pazīstu daudzas tādas sievietes, kuras, dzirdot šos vārdus, kļūtu niknas.

— Bet es runāju par to, kas sievietei dots no dabas, — tā nav mana ideja. Vai tad tā pauž sievietes aprobežotību? Tas nav ne labi, ne slikti.

— Jā, bet es pazīstu ļoti enerģiskas sievietes, kuras nespēj nosēdēt mājās.

— Tas neattiecas uz 100% visu sieviešu, bet sievietei saskaņā ar kopējo dabu nav nepieciešams vairāk kā labiekārtota māja ar bērniem. Tieši tas viņai sniedz pilnīgu apmierinājumu. Vai tad viņai bez tā ir vēl kaut kas interesants, skaists, kas virza uz priekšu? Bet vīrietim, gluži pretēji, ir nepieciešama profesija, panākumi, sabiedrība, kaut kāds plašums, vēriens, mērķis un tikai pēc visa tā māja, sieva un bērni.

— Izdarīsim kopsavilkumu tam, par ko runājām. Ja es vēlos organizēt audzinošu vidi zēniem un meitenēm, tad zēniem jādod iespēja biežāk atrasties dabā, jādod vairāk uzdevumu un izkustēšanās iespēju dabā. Bet meitenēm nepieciešams vairāk nodarbību telpās, viņām jārada saskarmes iespējas citai ar citu mazās grupās.

— Ir teikts: "Audzini pusaudzi atbilstoši viņa ceļam." Kāpēc mums uzskatīt, ka esam gudrāki par dabu? Nevajag uzspiest ar varu to, ko mēs gribam, un to, kas, pēc mūsu domām, viņiem varētu nākt par labu. Mums taču ir skaidrs, ka rīt viss var būt pilnīgi pretēji tam, ko mēs par pareizu atzīstam šodien. Mēs jau apjaušam, cik ļoti maz saprotam, kas notiek ar mums pašiem un visu pasauli. Par to var spriest pēc cilvēku sabiedrības. Esmu priecīgs, ka mūsdienās nav tādu autoritāšu, kurām jāseko, nav spiediena un diktāta. Tāpēc ļausim bērniem attīstīties saskaņā ar viņu iedabu. Mācīsimies no dabas, lai sasniegtu ar to līdzsvaru, un tad visiem būs labi.

— Varbūt meitenēm tādā gadījumā vajadzētu atrasties vairāk blakus mātēm? Lai ir līdzās mātei un redz, kā viņa darbojas mājās, kā viņa gatavo...

— Ja tas būtu iespējams! Tad mums atkal būtu jāmaina visa apkārtējā vide. Ja mūsu sabiedrība atgrieztos līdzsvarotā stāvoklī un ja mēs ražotu tikai tādas lietas, kuras mums nepieciešamas vienkāršai dzīvei, nevis tūkstošiem nevienam nevajadzīgu priekšmetu, tad lielākā daļa sieviešu labprātāk izvēlētos palikt mājās vai strādāt pusslodzi. Arī vīrieši pusi dienas būtu brīvi, un tad viss pavērstos citādi. Mēs iegūtu citu dzīves uztveri, kad ir kam pievērsties pēc darba. Bet tagad tu ar grūtībām paspēj noskatīties tos briesmīgos jaunumus televīzijā un sarūgtināts un sastresots liecies gulēt.

— Es saprotu, ka tad darbavietas nozīmīgums samazinātos un ģimene būtu daudz svarīgāka.

— Visu iepriekšējo vērtību nozīme samazinātos. Cilvēku dzīvē ģimene iegūtu daudz lielāku nozīmi. Ģimenes locekļiem būtu nodarbošanās, hobiji, dažādas patīkamas vienkāršas lietas. Viņi gūtu piepildījumu, īstenojot savus uzdevumus, apmeklētu parkus, patīkami pavadītu laiku. Kas gan tur slikts, ja katru dienu būtu nedaudz brīva laika? Bet tagad cilvēks domā — ja tā notiktu, viņš sajuktu prātā. Turklāt viņš vēl ņem darbu līdzi uz mājām. Ja darbā viņš sēž pretim datora ekrānam, tad mājās — pretim televizoram vai datoram.

— Vai jūs domājat, ka mums dzīvē vajag vairāk brīvā laika?

— Bez šaubām, mums tas nepieciešams bērniem un ģimenei. Mēs taču esam sasnieguši tādus panākumus tehnoloģijās, ka varam to atļauties. Bet ko mēs darām? Viss ir pretēji tam. Runājot par globālu, kompleksu pieeju audzināšanai saskaņā ar zinātni par augstākajiem dabas likumiem, jāizskaidro visas šīs lietas, ieskaitot jauno ģimenes izpratni un jauno attieksmi pret darbu un brīvo laiku.

— Ja mēs lietosim šo metodiku, tad atkritīs sodīšanas nepieciešamība. Būtībā sievietei tas nav ne slikti, ne labi — būt mājās, tas atbilst viņas iedabai. Taču ko darīt tad, ja sieviete jūt, ka tas neatbilst viņas iedabai?

— Nav svarīgi. Katram atradīsies nodarbošanās. Mēs daudz labprātāk attīstītu brīvā laika izmantošanu, nevis pārprodukcijas ražošanu.

— Bauda sacensības vietā. Un tomēr, ja es piedāvāju meitenei izvēli: vai nu būt mājās kopā ar māti, vai nākt uz meiteņu grupu, atrasties audzinošā vidē, vai tā ir pareiza pieeja? Paliec mājās, pamācies no mātes kaut ko, pārliecinies, vai tev mājās ir labi, ja nav, tu vari atrasties audzinošā vidē pie meitenēm mazā grupiņā un apspriest to, kas jūs interesē. Kam dot priekšroku?

— Es uzskatu, ka audzināšanas sistēma perspektīvā daļēji būs virtuāla un daļēji īstenosies mazās diskusiju grupiņās. Vēlams, lai tās būtu tuvu mājām, katrā rajonā. Nepieciešams, lai zēniem ir audzinātājs un meitenēm — audzinātāja. Visu, kas attiecas uz dabas dotumu attīstīšanu un nākamo profesiju, bērni saņemtu no interneta, bet to, kas attiecas uz mācībām un iekšējo attīstību, audzināšanas jomu, saņemtu grupā.

— Tātad audzināšanu bērni saņems grupā savstarpējā saiknē.

— Ar audzinātāja vai audzinātājas palīdzību.

— Audzinātājiem būs jāierosina noteiktas tēmas apspriešana. Biežāk vajag skart tēmu par jutekliko uztveri un savstarpējām attiecībām. Par ko, teiksim, biežāk runās meitenes salīdzinājumā ar zēniem?

— Tā ir vesela jūra jautājumu. Protams, bērni runās par daudz ko. Audzinātājiem jāiet kopsolī ar viņiem, jāpeld pa straumi tai virzienā, kurš bērniem ir interesants. Bet tai pašā laikā nepieciešams nedaudz mainīt sarunas virzību, piešķirot tai attīstību, lai tā nenoritētu kā pa noslēgtu apli, bet būtu mērķtiecīga. Ko mēs tagad noskaidrojam, kāpēc, ko jūs par to domājat? Ar meitenēm apspriešana norit tāpat kā ar zēniem, tikai tēma ir nedaudz citāda vai arī tā pati tēma ir jāatklāj atšķirīgā veidā, ar citu pieeju.

— Kādai jābūt audzinātājas citādai pieejai sarunā ar meitenēm? Ar ko atšķiras apspriešana meiteņu grupās no tās pašas tēmas apspriešanas ar zēniem?

— Teiksim, ja mēs nosēdinātu atsevišķās istabās zēnu grupu un meiteņu grupu un varētu novērot šīs grupas pa apslēptu logu. Turklāt abās grupās tiktu apspriesta viena tēma. Nu, kā jūs to iedomājaties?

— Es uzskatu, ka zēniem radīsies vairākas idejas un viņi nonāks līdz kādam kopsaucējam.

— Zēni sniegs vairāk tiešas atbildes un secinājumus par sacīto. Viņi neatkārtosies. Bet kā uzvedīsies meitenes?

— Man tā liekas, ka katra vēlēsies runāt, izteikt savas domas, pat ja viņu viedoklis jau būs pausts iepriekš.

— Viņām vajadzēs noteikt laika ierobežojumus.

— Lieliska ideja! Paredzēt katrai noteiktu laiku atbildei un uzsist patīkamas skaņas pa gongu.

— Sieviešu grupā tas noteikti jādara.

— Meitenes parasti ļoti apvainojas, ja tām nedod iespēju izteikties.

— Jā, tā ir, bet viņas jau arī viena otru nesapratīs, jo pieeja, šķērsgriezums būs pilnīgi cits.

— Piemēram, šķēlums pa taisnu līniju un pa apli.

— Meitenes savā starpā apmainās viedokļiem, bet zēni pacentīsies nonākt līdz lēmumam un pēc iespējas mazāk runāt.

— Citiem vārdiem, ja mēs gribam meiteņu grupā nonākt līdz kādam kopsavilkumam, tad viņām to izdarīt būs ļoti grūti?

— Mēs vispār tādu mērķi neizvirzām.

— Vai tas nozīmē, ka mērķis ir ļaut viņām izpausties?

— Jā, un arī apjaust, ka viņām ir kāda kopēja sajūta, kopēja sapratne, satuvināšanās kopējā sajūtā, pie kuras viņas nonākušas ar apspriešanas palīdzību. Bet par ko viņas runāja — tas nav svarīgi. Zēniem pats galvenais — pieņemt lēmumu neatkarīgi no tā, vai viņi saprata cits citu.

— Tātad viņi nonāks līdz kādam secinājumam.

— Citiem vārdiem, zēniem nav nepieciešams atrasties emocionālā savstarpējās līdzdalības stāvoklī citam ar citu. Tas nav apspriešanas nolūks, mērķis ir kaut kā konkrēta sasniegšana.

AUDZINĀŠANA ATSEVIŠĶI UN KOPĀ

— Mēs runāsim par zēnu un meiteņu audzināšanu un centīsimies vispusīgi izgaismot šo nebūt ne vienkāršo tēmu un atbildēt uz jautājumu, vai audzināšanai jābūt atsevišķai vai kopējai. Patiesībā mēs jau sen domājam, kā izaudzināt īstu personību, mēģinām strādāt ar bērnu grupām. Šā darba sākumā es palūdzu sameklēt pētījumu datus par atšķirībām zēnu un meiteņu attīstībā un audzināšanā, un man par lielu pārsteigumu tādu pētījumu vispār nebija.

— Jā, tiešām, tādu tikpat kā nav. Es pārskatīju visu, ko izdevās atrast. Par atsevišķo audzināšanu, tās priekšrocībām vai trūkumiem vispār nav nekā. Arī tādas audzināšanas piemēru nav daudz, jo gandrīz visur bērnus māca kopā. Ir pētījumi par meiteņu un zēnu personības attīstību, bet tikai individuālā aspektā, nekad nav pētītas zēnu un meiteņu grupas. Man šķiet, ka nav izpratnes, kāpēc ir nepieciešama atsevišķa apmācība.

— Bet kāpēc vajadzīga kopējā apmācība?

— Tāpēc ka tā atbilst dzimumu vienlīdzības idejai.

— Jā, bet pat tad, ja mēs neatrodamies kopā, tik un tā ir novērojamas atšķirības starp vīriešiem un sievietēm — profesijas izvēlē, dažādās nosliecēs, tieksmēs un tā joprojām. Ļoti daudzās jomās sieviešu un vīriešu pieeja visai atšķiras.

— To pat mēģina slēpt, piemēram, darbā...

— Tāpēc ka ir ieinteresēti to darīt, bet ne jau tāpēc, ka atšķirību nav.

— Man šķiet, ka savulaik bija pētījumi par vīriešu un sieviešu smadzeņu darbības atšķirībām, taču rezultāti ātri vien tika noslēpti.

— Jau studiju gados es dzirdēju par vīriešu un sieviešu smadzeņu attīstības un abu dzimumu matemātikas spēju pētījumiem.

Pētījumos konstatēts, ka, sākot no divpadsmit gadiem, zēniem matemātikā ir daudz augstāki rezultāti. To mēģināja izskaidrot ar atšķirīgām audzināšanas un mācīšanas metodēm, sabiedrības attieksmi, kura vairāk mācībām stimulē zēnus, taču ļoti drīz to visu noklusēja. Man šķiet, ka zinātnieki gluži vienkārši baidās...

— Baidās dziļi ieskatīties problēmā un atklāt cēloņus. Tas raksturo pieejas nenopietnumu. Šķiet, pieaugušiem, kas ir iepazinuši dzīvi, ir jāsaprot atšķirība starp vīrieti un sievieti un katra dzimuma atšķirīgā sūtība gan kopumā, gan arī bērnu audzināšanā. Taču tā vietā kaut ko slēpj.

— Varbūt viņi ne visu saprot, tāpēc tāda spēlēšanās.

— Ne jau tā ir problēma, ka nesaprot, bet gan tā, ka negrib saprast. Integrālās audzināšanas metodikas specifika ir tieši tajā apstāklī, ka tā tiecas pilnībā atklāt visas atšķirības, bet pēc tam šīs konstatētās pretējās īpašības savienot. Tādā pretstatu apvienošanā taču dzimst dabas harmonija, un tieši tā ir optimāla katrai īpašībai, jo galu galā dabā viss sintezējas vienā kopējā iezīmē. Ja mēs aplūkojam atsevišķi vīriešus un sievietes, tad, protams, katram dzimumam ir savas priekšrocības un īpatnības, taču ja pašā sākumā mūsu mērķis ir — atklāt atšķirības tālab, lai vislabākā veidā tās savienotu kopā, tad šī pretējība mūsos bailes neradīs.

— No vēstures zinām, ka iepriekšējās paaudzēs, pat mūsu vectēvu un vecvectēvu paaudzēs, bija maz sieviešu, kas prata lasīt un rakstīt. Viņu audzināšana un izglītošana būtiski atšķirās.

— Jā, tā bija tūkstošiem gadu, un tādējādi attīstījās tāds egoisms, kas vīrieti vērtē augstāk par sievieti. Ja gribam ko labot, ir pilnīgi skaidrs, ka nevar būt nekādas citas pieejas, izņemot savstarpējo papildināšanos. Tādā savstarpējā savienībā katram jāienes kas īpašs, tāds, kas ir tikai viņā.

— Tas nozīmē, ka jebkurā gadījumā pamatuzdevums ir — apvienošanās un savstarpēja papildināšanās. Ko nozīmē šī apvienošanās?

— Tā ir tāda savstarpēja papildināšanās, kad vīrietis un sieviete viens caur otru var sasniegt vienotības sajūtu ar sabiedrību un sajust esamības pilnību.

— Izskaidrosim to pa posmiem.

— Ar audzināšanu jāpanāk, ka cilvēks apjauš savu augsto misiju šai pasaulē, saprot, ka var iziet ārpus dzīvnieciskās eksistences robežām, pacelties līdz integrālai vienotībai ar visu dabu un sajust citu, mums pagaidām apslēptu esamības daļu. Cilvēkam jāzina, ka tieši šī pacelšanās sniegs viņam pilnvērtīgas un bezgalīgas dzīves izjūtu. Tas ir panākams jau šajā dzīvē, ja mēs pareizi izmantosim tos līdzekļus, kuri mums doti. Galvenā joma, kur cilvēks var ieguldīt savus pūliņus, ir attiecības starp vīrieti un sievieti. Tāpat kā šai dzīvē no saiknes starp vīrieti un sievieti dzimst jauna paaudze, tāpat arī garīgā vīrieša un sievietes savienošanās rada jaunu, daudz augstāku harmonijas pakāpi, kurā abi kopā paceļas.

— Kā lai zēnu izaudzina par vīrieti, kurš saprot savu vīrieša sūtību, bet meiteni — par sievieti? Es gribētu sākumā uzdot vēl vienu jautājumu. Vai vīriešiem un sievietēm jānonāk pie viena mērķa?

— Jā, bet kopā, vienotībā vienam ar otru.

— Viņu augstākais mērķis ir viens, vai tas sasniedzams ar apvienošanos mūsu materiālajā pasaulē?

— Jā, tikai apvienojoties.

— Taču pastāv dažādi uzskati par dzimumu attiecībām. Piemēram, ir sievietes, kuras nevēlas precēties un pat izlemj dzemdēt bērnu bez vīra.

— Viņas var saprast.

— Viņas neizjūt nepieciešamību pēc vīrieša savā dzīvē. Bet jūs runājat par to, ka vīrietim un sievietei obligāti jāapvienojas.

— Tas vajadzīgs, lai sasniegtu garīgumu. Daba bez tā neļaus mums attīstīties. Mums jāpanāk atbilstība dabai. Mēs tieši ģimenes dzīvē daudz cietīsim šīs neatbilstības dēļ, proti, tur, kur jārodas jaunai garīgai pakāpei.

— Tātad cilvēka pienākums tomēr ir veidot ģimeni.

— Jā, bet ģimeni izlabotā veidā. Ir vīrieši un sievietes, pretēji spēki, kuri, par spīti savai pretējībai un pateicoties tai, apvienojas kopā, un šīs savienošanās rezultāts ir jaunas mūsu eksistences pakāpes dzimšana.

— Es gribētu parunāt par šīs tēmas audzinošo aspektu. Vai var sacīt, ka tieši nepareiza pieeja meiteņu un zēnu audzināšanai rada sabiedrībā tādas negatīvas parādības kā lielu šķirto laulību skaitu?

— Pat ja neņemtu vērā nepareizo audzināšanu, mēs tik un tā nonāktu līdz tādam stāvoklim kā tagad. To nosaka mūsu iedaba — lepnība, vēlme uzkundzēties otram, it īpaši jau otram dzimumam. Bet tas, ka apzināmies savu atkarību no otra cilvēka, vēl vairāk to veicina, pastiprina vēlmi arbrīvoties un izjust savu varu. Tas ir mūsu augošā egoisma rezultāts. Tāpēc pareizai audzināšanai jāsākas jau no mazotnes. Mums jāiepotē bērniem, it īpaši zēniem, sapratne, ka sievietei dzīvē ir ļoti svarīga vieta. Viņiem jāsaprot, ka svarīga ir ne tikai dzimtas turpināšana, bet arī tas, ka bez sievietes cilvēce gluži vienkārši izmirs. Tomēr sieviete nav inkubators, kas izperē jauno paaudzi. Mūsdienu dzīvei, kas balstīta uz egoisma vērtībām, vīrietim patiešām sieviete nav vajadzīga. Supermārketā viņš var nopirkt gatavas pusdienas, sadzīves tehnika paveiks mājas uzkopšanas darbus. Vīrietis var atļauties būt tēvs un nedzīvot kopā ar saviem bērniem. Tā notiek visapkārt. Lielāko diennakts daļu viņš pavada darbā, bet pārējā laikā turpina spēlēt šīs pasaules spēlītes, palikdams uz visu mūžu bērns. Tāpat kā bērns, viņš joprojām ir vairāk piekēries mātei, nevis sievai. Un tas ir nepareizas audzināšanas dēļ.

— Ja mēs runājam par to, ka audzināšanā ļoti svarīgi, ka viens dzimums saprot otra nozīmi, kāpēc tad jūs iestājaties par atsevišķu audzināšanu?

— Tieši tāpēc.

— Kādas ir atsevišķās audzināšanas priekšrocības?

— Mums jāsaprot viena likumsakarība: jo vairāk mēs nošķiram pretējās puses un tās pētām, jo vieglāk mums saprast, kā vislabāk tās savienot un ko iegūstam ar apvienošanu. Ir teikts: "Gaismas priekšrocības nāk no tumsas", tas nozīmē, ka mums jānoliek pretējās puses viena otrai pretī un jānoskaidro, kāda ir abu pušu pretējības būtība un kāpēc tās radītas tādas. Vienmēr vienai pusei ir kaut kas tāds, kā nav otrai, bet otrajai ir tas, kā pilnībā trūkst pirmajai, tāpēc neviena galu galā nespēs gūt panākumus, ja savas īpašības nepapildinās ar sev pretējām otrās puses īpašībām. Tas vēl cilvēkiem jāizskaidro. Visas mūsdienu sabiedrības slimības — depresija, narkomānija, psihiskās slimības — galvenokārt rodas tādēļ, ka vīrieši nesaņem vajadzīgo papildinājumu no sievietēm. Vīrietim nepieciešams mājas un ģimenes atbalsts, uzmundrinājums, palīdzība. Bet tā vietā viņš līdz mūža galam paliek atkarīgs no mātes.

— Vai jūs domājat bioloģisko māti?

— Nav svarīgi, vai tā ir māte vai sieva. Viņš ir atkarīgs no sievietes, kura atrodas viņam blakus. Viņš ne tik daudz ir piekēries tēvam kā tieši mātei un sievietei. No sievietes viņš saņem vajadzību, vēlmi, to viņš nodod tālāk viņai un atkal saņem no viņas. Vīrietis dzīvo vidū starp divām sievietēm — māti un sievu, bet gadās, ka ir vēl trešā sieviete — sievasmāte. Pateicoties tādam stāvoklim, viņš var savienot pretējas puses un tikai tādā veidā var eksistēt un attīstīties garīgi — vidū starp divu sieviešu spēkiem. Līdz ar to ir skaidrs, cik ļoti mūsu pasaulē vīrietim nepieciešams sievietes atbalsts.

— Man nav skaidrs, kādā veidā atsevišķā mācīšana var veicināt tik augsta līmeņa mijiedarbības izpratni, kādu jūs nupat izklāstījāt?

— Mēs esam uzbūvējuši sev mākslīgu pasauli ar visdažādākajām ērtībām un spēļmantiņām pieaugušajiem un dzīvojam šai pasaulē nedabiski. Dzīvojot tādā pasaulē, mēs daudzus gadus uzkrājām, audzējām sevī milzīgu iekšēju vēlmi pēc kaut kā augstāka, jo mūs nomāc sajūta, ka mums pietrūkst kaut kā dziļa un pamatīga. Mūsdienās tas izpaužas sirgšanā ar depresiju, narkotiku lietošanā, agresijas uzliesmojumos, pašnāvībās un citās mūsdienu pasaules parādībās. Mums jāsaprot, kas ir visu šo sociālo slimību cēlonis. Izskaidrojums tam tāds, ka cilvēks jūtas kā mazs zobratiņš milzīgā mehānismā, kā to filmās savulaik parādīja Čārlijs Čaplins.

— Mazā un vientuļā zobratiņa, proti, vientulības sajūtai ir ļoti liela nozīme.

— Atrodoties tādā stāvoklī, ne vīrietis, ne sieviete nespēj izprast ne pareizu attiecību svarīgumu, ne savas savienošanās augsto mērķi. Mēs neesam tādā garā audzināti. Mūsdienu vīrietis nespēj būt kopā ar vienu sievieti, dzīvot vienā ģimenē, kopā ar bērniem, lai gan tieši tam daba viņu radījusi.

— Vīrietis tā veidots?

— Cilvēks nav radīts ne vientulībai, ne pastāvīgai partnera un ģimenes maiņai.

— Pagātnē populārs bija biologu viedoklis par to, ka vīrietim no dabas dota tieksme maksimāli izplatīt savu sēklu un ka tas pamato viņa poligāmiju. Tas ir visu modīgo teoriju pamatā, kuras attaisno mūsdienu vīriešu uzvedību.

— Tā ir taisnība, taču tas nebūt nenozīmē, ka vīrietim nav vajadzīga māja. Viņam ir ļoti spēcīgs instinkts pēc savas sievietes, savas mājas un ģimenes.

— Kā piedeva.

— Jā.

— Interesanti, mūsdienās ir veikti daudzi pētījumi par pieaugošo sieviešu vientulību un ar to saistīto depresiju. Vai tas pats notiek ar vīriešiem?

— Sievietēm tas spilgtāk izpaužas tāpēc, ka sievietes sūtība ir ģimene un bērni. Daba devusi viņai vēlmi būt līdzās vīrietim, un šī tieksme viņai izteikta ļoti spēcīgi. Sievietei ģimene tomēr nepieciešama vairāk. Vīrietis paliek bērns, pat kļuvis pieaudzis. Viņš kā bērns turpina spēlēties un spēlē aizmirst visu pārējo. Sievietē jau no mazotnes izpaužas vēlme pēc ģimenes un mājas. Lai arī mūsdienu sabiedrība sievietei palīdz un noskaņo viņu uz patstāvību, neatkarību no vīrieša, dabu neapmānīsi — iekšējā sievietes tieksme atrasties blakus vīrietim un radīt ģimeni ne ar ko nav aizstājama. Tāpēc sievietes ir daudz vairāk nomāktas, par spīti visām tām izklaides un daudzveidīgo nodarbošanās veidu iespējām, kuras piedāvā sabiedrība. Galu galā, tas viss domāts tikai tam, lai kaut kā aizpildītu tukšuma sajūtu, ko radījis ģimenes trūkums.

— Vai jūs uzskatāt, ka abi dzimumi izjūt iekšēju tukšumu un ka tieši šīs problēmas atrisināšana ir audzināšanas uzdevums?

— Tuvākajā laikā mums vajadzēs šo problēmu atrisināt.

— Atrisināt tieši ar audzināšanas palīdzību.

— Jā. To var darīt jau tagad, piemēram, izmantojot televīziju. Ir nepieciešamas audzinošas pārraides, domātas galvenokārt bērniem, sākot ar pašu jaunāko vecumu, kurās mēs varētu bērniem un arī pieaugušajiem paskaidrot, ka pareizas attiecības — tā ir savstarpēja papildināšanās.

— Bet tomēr, kāpēc ir nepieciešams zēnus un meitenes audzināt atsevišķi? Vai tālab, lai galu galā nonāktu līdz savstarpējam papildinājumam? Kādai jābūt audzināšanai, lai neveidotos tā vientulības sajūta, kas patlaban tik daudzus skārusi?

— Mūsdienās tiek īstenota bezdzimuma audzināšana, būtībā tā ir nevis audzināšana, bet gan vienīgi izglītošana, un tādējādi vīrietim nav izveidojusies nekāda atbildība, viņš maina sievietes un nejūt nepieciešamību pēc pastāvīgas dzīves pavadones.

— Tāpat kā klasē mainās skolotājas.

— Iespējams, ka tā. Viņš nejūt atšķirību starp dažādām sievietēm. Tāda nenovērtēšana un necieņa veidojas tieši tādēļ, ka zēni un meitenes skolā ir kopā. Ja viņi būtu atsevišķi, tad vairāk cienītu pretējo dzimumu, tiektos pēc tā, izjustu tā savdabību un atšķirību. Bet tagad tā ir pierasta lieta...

— Tātad ikdienišķa un neinteresanta?

— Intereses līmenis ir atkarīgs no audzināšanas, bet pati atrašanās kopā dzēš pretējā dzimuma savdabību...

— Tiek pausta atziņa, ka kopējā apmācībā bērni var labāk izpētīt, saprast viens otru. Es, piemēram, dzirdēju, kā meitenes, 5. klases skolnieces, runājot par savas klases zēniem, izteicās ļoti negatīvi, tomēr bija aktīvas, apspriežot zēnu uzvedību, izskatu, sarunas un to, kādu reakciju izraisa. Pastāv viedoklis, ka tādējādi bērniem rodas iespēja izpētīt citam citu.

— Nu, un ko viņi no tā iegūst? Kāds labums no tādas izpētīšanas, ja pēc tam viņi nespēj izveidot ģimeni, ja vīrietis 30 gadu vecumā nav mitējies mainīt sievietes, nevēlas veidot ģimeni, jo nesaprot, kāpēc tā vajadzīga. Kāda jēga no tādas izpētes? Ja jūs aprunāsities ar tādu vīrieti, tad pārliecināsities, ka viņam nav absolūti nekādas izpratnes par sievieti.

— Tātad jūs uzskatāt, ka īstu izpēti un sapratni mēs nepanāksim.

— Protams, ne. Arī sievietes neizprot vīriešus. Lai patiešām saprastu otru dzimumu, nepieciešams audzināšanas darbs. Tas nav vienkārši. Vajadzīga psiholoģiska pieeja, skatījums uz vīrieša un sievietes pasauli no malas, izpratne, kur ir viņu patiešā dabiskā pretējība. Kaut ko jau iemācām, taču nesniedzam pareizu pieeju un nepaskaidrojam, ka galamērķis ir vienam otra papildināšana.

AUDZINĀŠANAS METODIKAS ĪSTENOŠANA NO MAZOTNES (SĀKUMS)

— Iepriekšējās sarunās jūs norādījāt, ka pēc piedzimšanas bērnam nepieciešama vide, kura līdzīga mātes klēpim. Viņam pēc iespējas ilgāk jāatrodas blakus mātei un viņas aizgādībā. Jūs teicāt, ka šis periods ilgst līdz trijiem gadiem un ka visu šo laiku bērnam jābūt pēc iespējas tuvāk mātei.

— Daudzās kultūras pat pieņemts, ka māte viņu sev piesaitē.

— Tas raksturīgs kultūrām, kuras ir tuvas dabai. Taču Rietumu kultūrā bērnu ļoti agri nodod citas personas — aukles — gādībā.

— Lai pareizi attīstītos, viņam patstāvīgi jājūt sev blakus pieaugušie, kuri palīdz. Viņš it kā atrodas pieaugušo rokās un no turienes vada pieaugušos.

— Vai šiem pieaugušajiem noteikti jābūt viņa vecākiem, vai tie var būt arī audzinātāji?

— Protams, bērnam visvairāk ir nepieciešama māte. Tomēr jau no pirmajām savas dzīves dienām bērns skatās uz pasauli. Ja mēs varētu sevī atmodināt tā perioda iespaidus, tad pārliecinātos, ka sekojām pieaugušajiem un redzējām viņu darbības jau kopš pirmajām dienām šai pasaulē. Mēs visu uzņēmām sevī, sapratām, ko dara pieaugušie, kritizējām viņus, tikai nevarējām to pateikt vārdos. Bērns, kurš guļ gultiņā, tā var skatīties uz pieaugušo.

— Ja mēs uz pasauli raudzītos mazuļa acīm, tad redzētu, ka pieaugušie pieļauj daudz kļūdu?

— Viņi skatās uz mums nevis atbilstoši sava ķermeņa vecumam, bet daudz nobriedušāk. Ja mēs atbilstoši bērna dabai nodrošināsim viņam pareizu attīstību visagrākajā vecumā, mēs atklāsim viņā milzīgu attīstības potenciālu — viņš visu saprot. Viņš nevar ar mums kontaktēties, trūkst sakaru kanāli, bet komunikācija ir mākslīga lieta, ko attīstījusi mūsu pasaule. Daba parūpējusies par to, lai viņš var uztvert pasauli nopietni, ar briedumu un kritiski.

— Jūs teicāt, ka vajag izturēties pret bērnu atbilstoši viņa dabai. Kā tas izpaužas visjaunākajā vecumā?

— Pret viņu jāizturas, saprotot, ka viņš iekšēji ir kā pieaugušais, bet tikai ārēji ir ierobežots ar savu ķermeni. Tāda pieeja bērnam ir vislietderīgākā, viņš labāk mūs sapratīs. Sarunājoties ar viņu bērna balstiņā, mēs aizkavējam viņa attīstību.

— Ļoti daudzas psiholoģijas metodikas runā par to, ka cilvēks ir sociāla būtne. Bērns attīstās nevis viens, bet sabiedrībā — mijiedarbības procesā ar māti. Taču pat mūsdienu audzināšanā viņš tiek nedaudz izolēts.

— Runājot par bērna fiziskā ķermeņa attīstību, jāteic, ka patiešām līdz 2–3 gadiem viņš spēlējas viens pats un tikai no trijiem gadiem sāk izjust, ka viņam nepieciešams partneris.

— Pat ja viņš ne ar vienu nespēlējas, citi cilvēki viņu tomēr interesē. Viņš ņem no tiem piemēru, interesējas par viņiem kā par lietām.

— To var izmantot par tramplīnu sociālajai attīstībai. Iekļausim tomēr bērnu grupā, bet ne tā, ka viņš grupā gluži vienkārši viens pats spēlējas kaktā. Uz savrupību viņu virza egoistiskā iedaba, bet mēs pamēģināsim ar to cīnīties, pakāpeniski, nosvērti un maigi demonstrējot viņam grupas darbības ar citiem bērniem. Tādējādi mēs dabiskā veidā — jo ieradums kļūst par otro dabu — pieradināsim viņu pie apvienošanās.

— Kas konkrēti tiek domāts ar "apvienošanos"?

— Saikne ar citiem bērniem, mijiedarbība ar mērķi integrēties grupā. Komunikācija darbībās. Vajag aizraut bērnu ar tādām nodarbībām, kuras nevar izpildīt viens pats.

— 2–3 gadu vecumā?

— Pat agrāk. Es runāju par vecumu līdz trijiem gadiem, jo pēc tam bērns egoistiski saprot, ka viņam ir izdevīgi mijiedarboties ar citiem. Taču mēs varam spēlēties ar viņu tādā pašā veidā agrāk — no pusgada un tālāk.

— Ja es pareizi saprotu, nav svarīgi, ko mēs darām, svarīgs ir virziens, kādā mēs bērnu vēlamies attīstīt. Šis ir pilnīgi cits virziens. Mēs gribam bērnu attīstīt ātrāk.

— Attīstīt viņu egoistiskā garā. Bet mūsdienu pasaulē, kura attīstās globalizācijas virzienā, nepieciešams audzināt integrālu cilvēku, cilvēku kā sociālu vienību: viņš ir unikāls un neatkārtojams tāpēc, ka ar savu unikalitāti kalpo sabiedrībai. Viņam jāizprot, ka tieši saikne ar sabiedrību glābj gan viņu pašu, gan sabiedrību, sniedzot drošību un radot izaugsmes iespējas, ka mijiedarbība nodrošina panākumus.

— Bērns līdz triju gadu vecumam sabiedrību neuztver, bet ja sāksim ar viņu šai virzienā strādāt, vai tad pakāpeniski ar ieraduma spēka palīdzību mainīsim viņa iedabu?

— Bērns jūt, ka visas mūsu darbības ir dīvainas, nemaz nerunājot jau par viņu savstarpējām attiecībām. Viņš pamana ikvienu un novērtē tā nozīmi attiecībā pret sevi. Ja mēs attīstīsim viņa sabiedrisko pieeju, tad redzēsim, ka viņš spēj no tās gūt labumu. Tā kā ieradumi kļūst par otro dabu, tad viņam zemapziņā ierakstīsies, ka ir labi būt saistītam ar citiem. Tas notiks vēl pirms tam, kad viņa egoisms pret tuvāko sāks augt. Tādējādi mēs ar zālēm aizsteigsimies priekšā slimībai. Nedrīkst aizmirst, ka bērns mūs vērtē ar iekšēji nobrieduša cilvēka skatienu.

— Tātad bērnam jāizjūt, ka būt kopā ir patīkami un labāk?

— Būt kopā ir ne tikai patīkami un labāk, bet tādējādi var sasniegt visu, ko grib. Viņš saņem vēlamo ar noteikumu, ka darbosies kopā ar citiem. Turklāt apmācība noris, darbojoties ar faktiem, uzvedības normām, kuras uzsver: lai ko es gribētu, savā rīcībā man jāsadarbojas ar kādu, jārēķinās ar otra vēlmi. Es dodu un saņemu, un tad mēs abi kopā kaut ko sasniedzam.

— Vai rēķināties ar citiem nozīmē nemitīgi viņiem palīdzēt, just viņus?

— Jā, līdz tādai pakāpei, ka neko nav iespējams paveikt vienam, bez kopējām pūlēm.

— Vecāki, kuriem ir dvīnīši, ievērojuši, ka dvīņi ir kā sistēma. Viņi nekad neko neņem sev, neiedodot otram. Pat ja gadās savstarpēji konflikti, viņi nemitīgi pārbauda, kur atrodas otrs, patstāvīgi jūt viens otru. Vai jūs domājat kaut ko tamlīdzīgu?

— Jā. Galvenais, lai bērna atmiņā, jūtās un apziņā iesakņojas, ka katra darbība ir dabiska tad, kad to pilda kopā ar citiem — ar kāda palīdzību. Viņš dod un saņem, un funkcionē tikai tā. Bet jēdziens "es viens pats" gluži vienkārši neeksistē. Tā mēs gatavojam bērnu integrālai dzīvei. Viņš nebūs noslēgts, spēs viegli kontaktēties, nodibināt sakarus. Tādas spējas ir nepieciešamas visās profesijās, sabiedrībai tādi cilvēki ir vajadzīgi. Kad tādi cilvēki sāks pārvaldīt sabiedrību, pasaule mainīsies — tā kļūs harmoniska un droša kā daba.

— Kādā vecumā bērni sāk uztvert, ka saikne ir globāla? Līdz trijiem gadiem viņi uztver cits citu daļēji, bet pēc tam viņu uztvere paplašinās: ir pasaule un šai pasaulē esmu es.

— Tas ir atkarīgs no vides, kurā viņi atrodas. Ļoti svarīgs ir pamudinājums. Mazie bērni skatās uz tiem, kuri ir mazliet lielāki, un grib darīt to pašu.

— Tātad attīstība ir atkarīga no stimula?

— Attīstības pamatā ir skaudība, un mums vajag to izmantot. Vajag norādīt uz labiem piemēriem, lai bērnam rodas skaudība.

— Lai viņam ir skaudība un vēlēšanās būt tādam pašam?

— Jā. Mazulim nav cienījamāka cilvēka par vecāko brāli.

— Tagad mātes teic, ka bērni attīstās ātrāk...

— Tā patiešām ir. Dominē uzskats, ka tas ir saistīts ar ēdināšanu: mūsu pārtika apstrādē tiek bagātināta. Taču runa nav par to. Mēs dzīvojam procesā, kas mūs tuvina jaunai, pilnīgai esamībai. Šis process ir aizsācies pagājušā gadsimta vidū, tāpēc pašreizējā paaudze nav pārmaiņu pionieri, patiesībā mēs jau kavējamies ar iesaistīšanos šai procesā. Tāpēc bērniem, kuri dzimst tagad, jau piemīt jaunajai pasaulei atbilstošas īpašības. Viņu pasaules uztveri neierobežo klasiskā izpratne par laika, kustības un telpas kategorijām. Viņus piesaista parādības,

kas atrodas augstāk par mūsu dimensiju, un mums viņiem jāsniedz informācija par integrālās realitātes uztveri.
— No kāda vecuma to var sākt darīt?
— Pēc iespējas ātrāk. Ja mēs sākam viņiem par to stāstīt no sešu gadu vecuma, viņi to uztver dabiski. Viņiem sāk veidoties sajūtu un loģiskās saites, kuras atbilst integrālajai, augstākajai dimensijai. Tāpat kā no mazotnes vajag organizēt viņiem sociālo audzināšanu, tāpat no sešiem gadiem vajag viņiem mācīt par integrālo pasauli.
— Bet līdz sešiem gadiem jāiepazīstina ar apkārtējo dabu?
— Jā, īpaši neiedziļinoties.
— Psiholoģijas skatījumā tas ir ļoti bīstami, jo bērnam vēl nav šīs realitātes izpratnes, kā tad var runāt par kādiem papildinājumiem?
— Šī realitāte, egoistiskā individuālā realitāte, ir melīga. Labāk uzreiz ievadīt viņu attiecībās, kuras daba liek manīt mūsu sabiedrībā, lai gan mēs vēl nevēlamies atbilst šim integrālajam dabas principam.
— No kāda vecuma var šo uztveri attīstīt, lai bērnu nenobiedētu?
— Tur nav pamata bailēm — bērni to pieņem ar prieku tāpēc, ka tas viņos izraisa drošības un pārliecības sajūtu. Jo agrāk iepazīstinām bērnu ar integrālās uzvedības iemaņām, jo dabiskāk viņš tās uztver, adaptē sev un īsteno kopā ar citiem. Tāpēc viņam nav grūti saprast, sajust un apgūt integrālās uzvedības noteikumus kā dabiski pastāvošus. Kad mēs stāstām bērnam par pasauli, vai tad viņš saprot un zina to, ko zinām mēs? Vai mūsu stāstījums viņam ir realitāte?
— Šo sarunu mēs vēl turpināsim. Šodien mēs runājām par to, ka mazulis sajūt daudz vairāk, nekā mēs domājam. Viņš uztver mūs, novērtē dzīvi, viņam ir uztvere, kurai vēl jāattīstās, jānoformējas. Šīs uztveres īstenošanai nepieciešams organizēt spēles, kurās viņš mijiedarbojas un sadarbojas ar citiem bērniem un tikai sadarbībā un mijiedarbībā gūst panākumus. Tas nostiprina viņa apziņā nepieciešamību pēc saiknes ar citiem. Lai gan šai vecumā bērnam galvenokārt vajadzīga māte, ir vērts kopā ar viņu paplašināt bērna pasaules robežas un ievest viņu vienaudžu sabiedrībā. Tad vēl pirms egoistiskās iedabas attīstības viņš uztver, ka pareizākā pieeja realitātei ir sadarbība.

AUDZINĀŠANAS METODIKAS ĪSTENOŠANA NO MAZOTNES (TURPINĀJUMS)

— Iepriekšējā sarunā jūs teicāt, ka mēs audzinām bērnus maldīgā realitātē.

— Tas tāpēc, ka pasaule kļūst globāla un integrāla, bet mēs pa vecam esam individuālistiski egoisti. Ar tādiem dotumiem mēs sevi jaunajos sabiedrības eksistences apstākļos pazudināsim. Mēs nonāksim līdz karam un iesim bojā. Tāpēc vecākiem jādomā par to, lai viņu bērns būtu saistīts ar virtuālās integrālās audzināšanas centru, izmantojot televīzijas un interneta palīdzību. Tādi komunikācijas līdzekļi mūsdienās ir katrā mājā, un tāpēc ir viegli pieslēgties integrālās audzināšanas centram un iesaistīt to savu bērnu audzināšanā. Izskaidrojot integrālās realitātes uztveri, es balstos uz zinātnieku un psihologu pētījumiem. Uz tādām idejām kā nepieciešamība mainīt koncepciju par sabiedrību un sociālajām saiknēm, apvienošanās, galvojums, mijiedarbība un rēķināšanās ar visiem sabiedrības locekļiem. Tāpēc mums jārunā par integrālo audzināšanu.

— Vai integrālā audzināšana uzsver savstarpējās saiknes nozīmīgumu?

— Tā uzsver cilvēka saikni ar dabu. Cilvēks, kas pareizi saistīts ar dabu, atklāj to pilnīgākā veidā. Viņš iemanto citādu attieksmi pret parādībām un sajūtas, kuru mums nav. Tāpēc televīzijas raidījumos mēs runājam par attieksmi pret bērnu kā cilvēku, kurš visu uzsūc un no iekšienes skatās uz mums kā pieaugušais. Ķermenis aug saskaņā ar savu attīstības programmu, bet dvēselei vecuma nav. Tāpēc mums jāpadomā par to, ko tieši mēs gribam ieaudzināt un labot? Ķermenim nepieciešama aprūpe un atbalsts, tam jādod viss vajadzīgais. Taču būtībā cilvēks dzīvo daudz augstākai vajadzībai, tāpēc viņš jānodrošina ar iekšējās attīstības līdzekļiem. Tālab jau no pašas piedzimšanas mēs pret viņu izturamies kā pret būtni, kura sastāv no diviem slāņiem — iekšējā/sabiedriskā un ārējā/ķermeniskā slāņa. Attīstība nepieciešama abiem slāņiem.

— Tātad mūsdienu audzināšana, pat tā, kura mūsu izpratnē ir laba, nepavisam nenodarbojas ar iekšējo slāni?

— Bez šaubām. Ja līdztekus fiziskajai attīstībai, ar kuru mēs bērnu nodrošinām, sāksim viņu attīstīt integrāli, tad pārliecināsimies, ka viņš attīstās citādi. Saprotams, galvenais nav zināšanas. Pareiza audzināšana maina cilvēka iekšējo būtību, rada jaunas saiknes. Tad cilvēks sāk skatīties uz pasauli atšķirīgāk. Piemēram, mūsu pusaudzes žēlojās, ka grūti kontaktēties ar saviem klasesbiedriem, nespējot uzturēt sarunu pat par visnenozīmīgākajām tēmām, uzsākt attiecības, kur katrs spēlē kādu filmā noskatītu lomu. Patiesībā spēle ir piepildījusi visu. Protams, viņas neprasa, lai klasesbiedri mainītos, un tos nenosoda. Bet vaicā, ko lai dara; ja viņas uzvedīsies citādi, iespējams, tiks sauktas par lepnām un iedomīgām?

— Nepietiekami komunikablas?

— Jā. Es devu viņām vairākus padomus, taču situācija ir diezgan neparasta. Bet ir patīkami ar viņām sarunāties — viņas ir nobriedušas, saprotošas.

— Jūs sacījāt, ka tas viņas stiprina...

— Jā, stiprina un veido nobriedušu attieksmi pret dzīvi, pasauli, cilvēku uzvedību.

— Vai paaugstina arī apziņas līmeni?

— Bez šaubām. Mūsu tagadējā jaunatne saprot visu: realitātes uztveri, pasaules un sabiedrības uzbūvi, mūsu pasaules funkcionēšanu, mūsu iedabu.

— No kāda vecuma to mācās?

— Sešu gadu vecumā bērni jau pieprasa integrālās pasaules kopējo likumu mācīšanu. Šī ir viņu pasaule. Viņi saprot to labāk nekā pieaugušie — dabiskā veidā. Kad mazulis piedzimst, viņam taču nav izveidojusies pieeja šai pasaulei!

— Viņš to pēta.

— Tieši tāpat viņš pētīs jauno pasauli.

— Viņam integrālās pasaules uztvere ir tas pats, kas pāriet no "mono" uz "stereo"...

— It īpaši, ja sešgadīgam bērnam ir mācību stunda pie astoņus gadus veca biedra! Es apskaužu, kā viņi skatās uz saviem jaunajiem skolotājiem, — ja viņi tā skatītos uz mani!

— Redzu, ka viņi tiem gluži vienkārši tic. Mēs noorganizējām eksperimentu un ieguvām satriecošus rezultātus: sešgadīgi bērni sēž absolūtā klusumā un ar milzīgu interesi klausās 8–9 gadus veca skolotāja paskaidrojumus. Audzinātājiem atliek tikai no malas vērot un virzīt grupu. Bērniem tāda mācīšana ļoti patīk, bet audzinātāji pēkšņi ir sapratuši, kas tas ir — audzināšana. Viņu priekšā ir atvērusies bezgalīga perspektīva.

— Tā mēs audzinām arī jauno pedagogu paaudzi.

— Pat ja bērns nebūs profesionāls audzinātājs, viņš zina, ko nozīmē izskaidrot nesaprotamo. Tagad viņš par mācību materiālu domā citādi. Manas draudzenes dēls studē universitātē, un viņš teica — lai sagatavotos eksāmenam un labāk saprastu materiālu, viņam nepieciešams kāds, kas spēj šo priekšmetu iemācīt. Bet jūs sakāt, ka pāris gadus vecāki bērni jau spēj pasniegt tādas sarežģītas lietas?

— Jā, jo viņi paši jau ir tās tēmas apguvuši.

— Es biju 6–7 gadus vecu bērnu stundā un redzēju, ka viņi var izskaidrot tādus pasaules un sabiedrības jēdzienus, kurus es izskaidrot nespēju. Viņi ļoti dziļi izprot materiālu — tas nav pa spēkam daudziem pieaugušajiem. Viņi par to runā dabiski, vienkārši un brīvi.

— Viņi visu skaidro saviem vārdiem, un tas tiek uztverts ļoti dabiski.

— Vai viņi var mācīt bērniem arī par saikni ar citiem cilvēkiem? Vai viņi ir tik attīstīti, ka saprot visus savstarpējās saiknes līmeņus un tos gadījumus, kad cits var apvainoties?

— Mēs redzam, ka tādas audzināšanas ietekmē mainās ne tikai viņu uzvedība un savstarpējās attiecības, bet arī dzīves uztvere. Pārsteidzoši, kā viņi jau tagad plāno savu nākotni: es izaugšu, veidošu ģimeni, mācīšos, strādāšu, proti, viņi uz dzīvi raugās kā uz programmas īstenošanu.

— Vai tas viņus neierobežo?

— Nē, nē. Viņi redz attīstības, izaugsmes ceļu, lielisku perspektīvu.

— Ja bērns nesaprot tādus jēdzienus kā atdeve un mīlestība pret tuvāko, vai ir lietderīgi runāt ar viņu par to un vairākkārt izskaidrot?

— Protams, jo tādai mācīšanai ir īpašs papildinājums — augstāka attīstoša spēka iedarbība. Turklāt šie vārdi, tāpat kā jebkuri citi vārdi šai pasaulē, pakāpeniski iespiežas bērna apziņā un sasaista kopā dažādus iespaidus. Viņš dzird, kā runā citi, runā pats, un tad pēkšņi tas viss savienojas kādā sistēmā. Lai gan bērna maņu orgāni šo augstāko attīstošo spēku neuztver, zemapziņas un saprāta līmenī tas mūsu sistēmu papildina. Bērns sāk saistīt kopā lietas, kas agrāk nebija saistītas. Kad viņš konstatē šīs jaunās sakarības un visa savstarpējo saistību, pasaule viņam kļūst globāla, integrāla. Tad viņš redz, ka šī mācība ļauj uztvert pasauli kā tuvu, nevis tālu, milzīgu, sašķeltu un samudžinātu. Attieksme pret pasauli kļūst sistēmiska: katrai parādībai ir sava vieta, jēga. Te galvenais ir kopējā pieeja — tas ļoti palīdz un vienkāršo bērna pasaules apguvi.

— Vai jūs domājat sapratni?

— Drīzāk kārtību: bērns iemācās sakārtot visas parādības.

— Bērni patiešām grib zināt notiekošā kārtību. Taču šī domāšanas forma pamatos atšķiras no tās, kura pastāv patlaban. Tā paplašina vērojumu platformu.

— Protams. Ja mēs runājam par stāvokļiem līdz šīs pasaules radīšanai un par to, kā šī pasaule radusies, kā evolūcijas gaitā veidojāmies mēs un par to, ka tagad mums priekšā integrālās attīstības posms, tad bērns uz šiem posmiem un mūsu pasauli raugās kā uz vienu nepārtrauktu procesu.

— Kā rīkoties gadījumā, kad bērns neuztver šīs atziņas vai nespēj savienot tās ar to, ko redz parastajā skolā? Bērniem garastāvoklis bieži mainās: te viņiem patīk, te nepatīk, tad gribas, tad ne.

— Tāpat arī pieaugušajiem...
— Es gribu minēt piemēru. Novadot vairākas spēles un apspriedes, noskatoties televīzijas programmu, bērni bija apmierināti. Viņi smējās un runāja par apvienošanos, mīlestību un savstarpējām saitēm. Bija redzams, ka viņiem citam ar citu ir labi un patīkami. Pēc tam sākās maltīte. Pēkšņi viens sešus gadus vecs zēns piecēlās un paziņoja, ka nejūtot savstarpējo saikni.
— Lieliski!
— Arī mūs tas ietekmēja. Mēs teicām, ka tas ir grūti un prasa laiku un piepūli. Pēc tam bija tāda kā ķēdes reakcija — bērni viens pēc otra sāka atzīties, ka nejūtot vienotību.
— Tā jau ir mūsu iedabas atklāšana un apzināšanās. Mums jau nav izejas, mums tas iepriekš paredzēts — būt dabai līdzīgiem, tāpēc mēs atklājam savu savstarpējo atkarību.
— Jautājums tāds — cik bieži var ļaut viņiem šīs jūtas izpaust? Vai katrā tikšanās reizē?
— Kāpēc ne? Savas dzīves apzināšanās procesā bērns uzņem sevī dažādu materiālu: sadursmes, pretrunas, nesapratni, kas saistīta ar uzvedību mājās, ar vecākiem, skolā, sabiedrībā kopumā. Mēs gribam visus šos iespaidus apkopot vienā sistēmā un tajā izgaismot parādības, kuras nedarbosies mūsu egoisma dēļ. Tas bērnam palīdz veidot labu attieksmi pret visu pasauli, izņemot egoismu — viņš pārliecinās, ka tieši egoisms kaitē. Tā dēļ viņš nejūt saikni ar citiem, jo egoisms viņu attur.
— Ko tad bērnam atbildēt?
— Atbildēt, ka viņš nejūt saikni ar citiem tāpēc, ka pašam šīs saiknes nav. Lai pamēģina to izveidot, lai padomā par to, kā viņam pietrūkst? Nepieciešama darbību sērija, lai apzinātos problēmu, un tas ir egoisma kā ļaunuma apzināšanās ceļš.
— Turklāt jūs uzliekat viņam zināmu atbildību, lai viņš gluži vienkārši nevarētu teikt: es nejūtu vienotību, un tur nekas nav maināms.
— Tas lieliski saistīts ar audzināšanu. Parasti audzinātāji mēģina

bērnus "dresēt": tā nedari, tur neej, tas aizliegts, izdarīji slikti, — saņem sodu, apsaucienu. Bērns atrodas attīstību ierobežojošos ietvaros kā cietumā — apkārt viss ir aizliegts. Šai gadījumā viņš pats sāk saprast, ir vai nav vērts tā rīkoties: ne jau aizlieguma dēļ, bet izdevīguma dēļ, ko gūst no apkārtnes, kurā viņš attīstās. Tā ir pilnīgi cita analīze. Bērnam neuzspiež policejisku režīmu un ierobežojumus, kurus viņš neizprot. Viņam paskaidro, kāpēc tā nevajag rīkoties, jo mēs arī piedalāmies šai procesā, mēs ar viņu esam partneri. Lai izdzīvotu, mums nepieciešams būt draudzīgiem.

— Vai tas nozīmē, ka mēs varam atzīt, ka arī paši ne vienmēr jūtam vienotību ar sabiedrību un tāpēc savu saikni pilnveidojam?

— Mēs to mācāmies kopā — ja viņam tā saka vecākie bērni, tad tā ir atslēga veiksmīgai audzināšanai. Viņš redz, ka visi nodarbojas ar saiknes apgūšanu. Turklāt neko citu viņš neredz. Šī pieeja dzīvei viņam kļūst par dzīvi.

— Vai tāpēc ka viņš grib līdzināties vecākajiem bērniem?

— Jaunākajiem bērniem vecāko teiktais ir likums. Pieaugušo vārdus viņi uztver kā pamācības.

— Tātad pusaudžiem ir jādod iespēja izskaidrot mazajiem integrālo attieksmi pret apkārtējiem?

— Protams. Būtībā mēs veidojam savu audzināšanas programmu tā, lai tikai bērni audzinātu bērnus. Instruktori vadīs (virzīs) šo procesu no malas, līdz šie bērni-audzinātāji paši attīstīs savas programmas, spēles, darbības. Pienāks laiks, kad pieaugušie atdos audzinātāju vietas bērniem.

— Mēs saņemam daudz jautājumu par to, ciktāl bērnu var ierobežot ar aizliegumiem. Vecāki jūt, ka zaudē autoritāti.

— Bērni pārbauda mūsu reakciju uz to, ko drīkst un ko nedrīkst. Ja bērns dara kaut ko aizliegtu, viņš tādējādi izmēra mūsu atļauto un mēģina paplašināt tā ietvarus.

— Kā jāreaģē, ja viņš rīkojas par spīti?

— Vajag parādīt, kā jūs viens otram spītējat un kādas tam ir sekas, — jūsu egoisms priecājas par jūsu karošanu. Parādīt, kāds būs savstarpējais ieguvums, ja ceļā vairs nestāsies sānsensība. Savukārt sacensība ir laba tad, kad sacenšaties kopā, lai sasniegtu labāku rezultātu, un nav svarīgi, kurš uzvar, bet svarīgs ir kopējais guvums, kas panākts ar sacensības palīdzību. Tāds ir guvums no konkurences.

— Lai sasniegtu ko?

— Visam darbam jānorit tādā garā. Savas neapmierinātības demonstrēšana ir slikta prakse, jo tā nav pierādījums, ka viņš ir rīkojies nepareizi. Tieši pretēji, viņš jūs uzskatīs par valdnieku, kurš balstās uz varu, bet ne taisnīgumu. Vai gribat, lai viņš tā domā? Es sekoju bērna reakcijām un atkarībā no tām izlemju, kā man jāreaģē. Es taču gribu radīt par sevi labu iespaidu, lai viņš uzskata mani par labu, tiešu, taisnīgu.

— Tomēr jūs taču nedarāt visu, ko viņš grib?

— Nē, bet tāpat es nevaru darīt arī visu, ko gribētu. Man viņam jārada sapratne par to.

— Tātad bērni audzina vecākus?

— Arī tā.

— Šodien mēs runājām par to, ka, audzinot bērnu, viņš jau no mazotnes jāsaista ar dabu. Tā iemācīs integrālo pasaules uztveri, kas bērnam paver plašu dzīves perspektīvu, kuras patlaban bērniem ļoti pietrūkst, bet kura atrisina daudzas problēmas. Mēs runājām par jaunu audzinātāju paaudzi, ka paši bērni būs audzinātāji, par to, ka bērni labāk uztver vecākos bērnus nekā pieaugušos audzinātājus. Vēl par to, ka nedrīkst audzināt bērnus ar dresūru, bet vajag palīdzēt viņam veidot pareizu attieksmi pret dzīvi jau agrā bērnībā. Par to, ka vecākiem vajag pacelties pāri savai dabiski egoistiskajai reakcijai, kas izpaužas attiecībā uz bērnu, un reaģēt citādi.

— Bet galvenā secinājuma būtība ir tāda, ka vecākajiem bērniem jāaudzina jaunākie.

TIESA (SĀKUMS)

— Šodien mēs pārrunāsim jautājumu, kuram pieskārāmies agrāk, minot to kā galveno audzināšanas principu. Runa ir par iespēju bērnam kļūt par psihologu pašam sev, izmantojot apspriešanas metodi, kas ir līdzīga tiesai. Bērni kopā apspriež viņu dzīvē notikušus gadījumus, mēģina tos analizēt, pētīt un izdarīt secinājumus. Vienu tādu apspriešanas paraugu mēs ierakstījām videofilmā, paņēmām no tās pašus interesantākos momentus, lai par tiem parunātu un vēl dziļāk saprastu piedāvāto metodiku. Iepriekšējās sarunās jūs skaidrojāt, ka audzināšanas metodikas galvenais princips izvirza prasību organizēt apspriešanu. Es gribētu saprast, ar ko šī apspriešana atšķiras no citām, jo skolotāji un vecāki rīko daudz apspriešanu, pārrunu un diskusiju. Kas īpašs ir šajā apspriešanā?

— Ir daudz metodiku par apspriešanas organizēšanu. Skolotājam šai jomā dota zināma brīvība salīdzinājumā ar to, kas bija pirms dažiem gadiem. Ja mēs gribam izveidot bērnam kādu īpašību, tad mums vispirms jāzina, kādam viņam jābūt, kādai jābūt sabiedrībai, kā šī īpašība izpaudīsies bērnā kā sabiedrības elementā. Mums jāzina, kādu palīdzību mēs izmantosim: apkārtējās sabiedriskās vides ietekmi un papildspēkus, kurus iedarbināsim grupā. Tos sauc par augstākajiem spēkiem, jo tie ir ietverti arī cilvēka dabā. Tie ir augstāki spēki nekā citi, jo pastāv gradācija, piemēram, mūsu pasaulē ir lielākas un mazākas nozīmes metodikas un vērtības. Bērni vienmēr mācās no paraugiem, nevis no tā, ko viņiem saka. Viņi vārdus nedzird, mācīšanās notiek, tikai balstoties uz sajūtām, ko bērniem izraisa apkārtne.

— Šeit izpaužas princips, kas būtiski atšķiras no parastās audzināšanas. Mēs taču cenšamies bērniem nodrošināt labu audzināšanu — nemelot, neapmānīt, bet dzīvē...

— Bet paši?

— Tieši tā: mēs dzīvē reizēm paši tā rīkojamies. Taču uz šo neatbilstību bērni reaģē ļoti asi: jūs teicāt — tā nedrīkst darīt, bet kāpēc paši tā darāt? Viņi ļoti ātri saprot, ka pastāv plaisa starp mūsu veikto audzināšanu un dzīvi. Bet jūs uzsverat, ka jau pašā sākumā jābūt pilnīgai atbilstībai starp to, ko cilvēks zina, dara un saskaņā ar ko viņš dzīvo.

— Cilvēkam jāzina, ko viņš dara. Ja viņš melo un apmāna, tad nevar prasīt no bērna kaut ko citu.

— Ja viņš pats ievēro šos noteikumus, vai tad viņš var mācīt, balstoties uz savu pieredzi, iespaidiem?

— Viņš nemāca. Ja bērns ir sabiedrībā, viņš visu pārņem no tās. Nevar būt, ka viņš iemācīsies kaut ko tādu, kā nav apkārtējā lokā. Bet, tā kā visi esam egoisti, tad viņš no apkārtējiem iemācīsies visu to sliktāko — to, kas viņam ērts un ir piemērots, bet ne pašu vislabāko. Tāpēc mums nemitīgi jāpaaugstina apkārtējo nozīme un vērtība, jāpaaugstina tālab, lai palīdzētu bērnam gūt labu mācību pat no ne visai labām parādībām.

— Vai jūs gribat teikt, ka bērns uztver un, dabiskas tendences vadīts, sekos sliktākajiem paraugiem, lai arī mēs viņu mācām, norādām uz atdarināšanas cienīgiem paraugiem un apkārt ir daudz labu piemēru?

— Viņš uztver vissliktāko piemēru, un tā ir visas mūsdienu sabiedrības problēma, ne tikai mūsu. Es spriežu pēc mūsu skolēniem — gan bērniem, gan pieaugušajiem —, ka pasaule izdzīvo dažādus stāvokļus pacēlumu un kritumu veidā; tas agrāk bija raksturīgs tikai radošo profesiju pārstāvjiem, filozofiem, zinātniekiem. Šodien visi sāk izjust svārstības "augšup–lejup".

— Satricinājumus?

— Jā. Vajag saprast, ka tas ir tālab, lai mūs izsistu no rutīnas un liktu beidzot apjēgt, kāpēc un kādēļ tas ar mums notiek, ka mēs neesam tādi paši kā dzīvnieki un zvēri, mēs esam — cilvēki, un tāds stāvoklis ir raksturīgs cilvēkiem. Kritiena laikā mūsos izpaužas vissliktākās īpašības, bet pacēluma laikā mēs tās izlabojam — tā ir ikvienam arī viņa personīgajā dzīvē, mēs redzam, kādas iekšējas pretrunas un satricinājumi plosa cilvēkus.

— Process ir paralēls: tas, ko cilvēks izdzīvo iekšēji, notiek arī visā sabiedrībā.

— Taisnība. Bet bērni pārņem mūsu krišanu daudz ātrāk nekā pacēlumus. Viņi redz mūsu nesavaldību, aizkaitinātību, nespēju vienoties un piekāpties — to, kas notiek ar cilvēku, kad viņš ir stresa un krituma apstākļos. Šīs reakcijas vairāk izpaužas, vairāk ir saprotamas bērnam nekā iekšējie un apslēptie stāvokļi, kad cilvēks ir harmonisks.

— Ļaunums izpaužas spilgtāk, un to ir vieglāk tiražēt. Mēs to arī labāk atceramies — likumsakarīgi, ka mūsu atmiņa vairāk ir saistīta ar negatīviem iespaidiem.

— Bez šaubām, tas jāņem vērā. Mēs jau teicām — ja bērniem precīzi neparādīsim, kas ir tiesa (apspriešana) un kā to organizēt kopā ar audzinātājiem, kuriem tajā arī jāpiedalās, tā jāorganizē un jāvada, bērni paši nezinās, ko darīt. Ja nav piemēra, viņi, cilvēciskās iedabas vadīti, sarīkos linča tiesu, bet ne taisnīgu notikušā izvērtēšanu un apspriešanu.

— Tātad prasme pareizi novadīt apspriešanu ir līdzeklis, grupas aizsardzība? Es domāju — no mūsu pozīcijām.

— Jā. Lai cilvēkā izveidotu izvērtēšanas mehānismu, mums tāda apspriešana jāveic pieaugušo vidē, klātesot arī bērniem.

— Viņi no tās mācīsies.

— Viņi mācās un aktīvi iesaistās: tiesas laikā uzdod jautājumus, noskaidro cēloņus, izsaka savas domas. Mēs arī viņiem jautājam, padarot bērnus par aktīviem norises dalībniekiem — sauksim to nevis par tiesu, bet par apspriešanu vai noskaidrošanu.

— Tātad apspriešana. Kas, jūsuprāt, viņam jāiemācās?

— Šādā apspriešanā pieaugušajiem un bērniem jādarbojas kopā. Mums viss jāizpēta, jāuzaicina dažādu speciālitāšu juristi...

— Vienu mirklīti, es gribu saprast: vai bērni piedalās apspriešanā, kurā strīdas pieaugušie vai tikai bērni?
— Gan bērni, gan pieaugušie. Vai vēlies minēt kādu piemēru? Piemēram, jābūt aktīvam.
— Iespējams, ka viņi var aktīvi piedalīties apspriedēs tikai pēc zināma sagatavošanas darba, kad viņiem ir zināms, ko teikt, lai netraucētu.
— Viņiem tas jāsaņem no dzīves. Noskaidrošana ir dzīves daļa, un tāpat kā bērni ir mūsu dzīves daļa, tāpat viņiem jābūt šā procesa sastāvdaļai. Nepadariet bērnu par mazuli — viņš nav maziņš, mēs par to jau runājām.
— Nepadarīt bērnu par mazuli.
— Mēs izturamies pret bērnu kā pret pieaugušu cilvēku ar mazām fiziskām iespējām — ne vairāk.
— Jūs kaut kad teicāt, ka vajag vērsties pie viņa dvēseles, viņa iekšējās daļiņas.
— Jā. Pavisam nesen es šo tēmu skāru, runājot ar sievu par mazdēla audzināšanu. Viņa nevarēja atrisināt bērna uzvedības problēmu — viņš bija kaprīzs, spītējās. Es teicu, ka vajag pret viņu izturēties kā pret pieaugušu, runāt tāpat kā ar pieaugušu cilvēku, prasīt un sagaidīt vēlamās reakcijas. Viņš uzreiz mainījās — to viņa man pastāstīja pēc kāda laika.
— Es varu runāt ar bērnu kā ar pieaugušo, bet, ja viņš nespēj saprast, tad neko nevar padarīt.
— Nevar būt. Daudzas lietas viņi uztver labi un pareizi, bet, ja ne, tad tas neattiecas uz audzināšanu. Ja mēs runājam par sešus gadus vecu bērnu, tas nozīmē, ka viņš zināmā mērā (par 6% vai 26%) var pieņemt to, kas ir man, un pielāgot to sev. Es nekad uz viņu neraugos kā uz bērnu — es viņā saskatu cilvēku, kurš mācās: viņš no manis mācās, kā dzīvot, ne vairāk.
— Dzīves saiknes?
— Jā. Es nekad nesaku, ka viņš ir mazs un aprobežots. Vajag izraudzīt kādu notikumu, kurā iesaistīti pieaugušie un bērni, pat vesela

ģimene, un to izvirzīt atklātai apspriešanai. Bērniem tajā jāpiedalās brīvi, kā daudz svarīgākiem par pieaugušajiem. Lai izsaka pretenzijas, bet mēs ar viņu palīdzību noskaidrosim vājās vietas audzināšanā.

— Tā mums būs laba mācība.

— Tad, kad saka "audzini pusaudzi atbilstoši viņa ceļam", viņa ceļš ir jāzina. Tas nozīmē, ka vispirms man viņš jāizpēta un atbilstoši tam jāveido audzināšana. Bērnam ar saviem jautājumiem un atbildēm man jāparāda šis ceļš, lai gan pats viņš to nezina.

— Ir sacīts — "es mācījos no visiem saviem skolēniem".

— Pilnīgi pareizi. Audzināšanas procesā es, galu galā, veidoju sistēmu.

— Mēs sagatavojām vairākus klipus. Pirmā epizode parāda klasisku situāciju: jebkurā apspriešanā bērniem un arī pieaugušajiem ir grūti uztaustīt problēmas būtību. Viņi pārlec no jautājuma uz jautājumu, līdz nonāk pie īstās problēmas. Turklāt viņi sāk aizstāvēt savu viedokli, nostiprināt savas pozīcijas.

— Tad jāiejaucas tam, kurš vada apspriešanu un virza to. Mēs sapulcējāmies uz noteiktu laiku — uz stundu vai divām. Ir apspriešana, kura ilgst visu dienu, līdz bērni nogurst. Vajag pamanīt noguruma pazīmes, brīdi, kad viņi vairs nespēj analizēt. Tad nepieciešams pārtraukums. Analīzei jāparedz daudz laika, jo tā cilvēks kļūst pieaudzis. Viņš pēta dzīvi vislabākajā, ātrākajā un lietderīgākajā veidā.

— Vai bērni gribēs tādas garas apspriešanas?

— Protams. Viņiem tās patīk. Mēs viņus sapulcinām, paziņojam apspriežamo jautājumu vai problēmu un no tās nenovirzāmies. Ja kāds novirzās, novērotājs apspriešanu aptur, lai varētu atgriezties pie tēmas.

— Mēs redzēsim arī tādu piemēru. Mēs novadījām stundu garu sarunu, no kuras izvēlējāmies dažus fragmentus. Sākumā bija pieteikta problēma: konflikts starp divām grupām. Pie galda sēdēja tiesneši, kuri noskaidroja, kas noticis, tienešu vidū bija arī pieaugušais, pēc profesijas jurists. Viņš vadīja apspriešanu, un kopā ar viņu strādāja divi zēni un divas meitenes. Nedaudz vecākas. Mēs speciāli uzaicinājām līdzīga vecuma bērnus — 9–12 gadus vecus pusaudžus, lai būtu plašs forums. Divas meiteņu grupas pēc kārtas sēdās pie liecinieku galda un paskaidroja situāciju. Bet tiesnešiem, kuri vadīja noskaidrošanu, bija jāpalīdz viņām noskaidrot un saprast, kas tieši noticis, jo sākumā meitenēm bija grūti koncentrēties. Pakāpeniski noskaidrošanas procesa gaitā meitenes atstāja pozīcijas "es apvainojos" vai "es sadusmojos" un sāka runāt par savas uzvedības motīviem. Kaut kas izdevās labāk, kaut kas — sliktāk, iepazīsimies ar fragmentu un turpināsim apspriešanu. Viss sākas ar "jucekļa" posmu.

"**Pirmā meitene.** Viņas mūs apsaukā, sit, apceļ, māna.
Tiesnesis. Pastāsti, kas notika. Kāpēc viņas sāka jūs apcelt un sist?
Otrā meitene. Piemēram, mēs braucām autobusā, un viena no mums apsēdās, bet viņas sāka kliegt, lai viņa ceļas augšā. Vai cits gadījums: mēs spēlējāmies istabā un negribējām, ka viņas nāk pie mums.
Trešā meitene. Mēs negribējām, ka viņas ir kopā ar mums, jo sākās strīds par lomām. Mēs sadalījām lomas, bet viņām nepatika, viņas negribēja tās spēlēt.
Pirmā meitene. Mēs jau iepriekš zinām — ja viņas pievienosies mums kaut uz dažām minūtēm, notiks kaut kas nepatīkams. Mēs jau daudzas reizes viņām devām iespēju būt kopā ar mums. Dienu, divas bija labi, bet pēc tam viņas aiziet, jo nevar iekļauties mūsu grupā."

— Tas ir pirmais fragments, kurā mēs saskatījām centienus noskaidrot problēmu. Bija nepieciešams laiks, lai to iezīmētu pietiekami skaidri. Tas izdevās tikai ar vadītāja palīdzību, kurš ar jautājumiem noskaidroja, kas tad patiesībā viņām traucēja un radīja problēmu. Pievērsīsimies otrajam fragmentam.

"**Vadītājs.** Es gribu būt pārliecināts, ka visi saprot, par ko ir runa. Jūs sadalījāt lomas, bet divām meitenēm tās nepatika, lai gan jūs domājāt, ka tās ir ļoti labas lomas, un pašas gribējāt tās spēlēt. Viņas mēģināja lomas spēlēt, bet pēc divām minūtēm pateica, ka viņām tās nav piemērotas.

Pirmā meitene. Viņas neko neteica, tikai negaidot aizgāja.

Vadītājs. Vai jūs sapratāt, ka viņas nav ar lomām apmierinātas?

Otrā meitene. Mēs sapratām tikai tad, kad atnāca audzinātāja. Mēs lomas samainījām, bet viņas sāka uz mums kliegt.

Vadītājs. Vai viņas domāja, ka jūs paņēmāt viņu lomas? Pirms "apsūdzēto" noklausīšanās es gribu, lai jūs padomājat un pasakāt, vai jums nebija nekādas iespējas izdarīt to citādi? Lai būtu mazāk strīdu, sadursmju, apvainošanās?

Pirmā meitene. Vajadzēja ļaut viņām pašām izvēlēties lomas. Tad viņas būtu apmierinātas.

Trešā meitene. Bet mēs neko sliktu neizdarījām, tikai pieklājīgi palūdzām iziet ārā.

Vadītājs. Iztēlosimies, ka jūs sēžat manā vietā un runa ir ne par jums, bet par kādiem citiem skolēniem no citas skolas. Ko jūs viņiem ieteiktu?

Otrā meitene. Es ieteiktu šīm divām meitenēm...

Vadītājs. Ne viņām, bet jums!

Otrā meitene. Mums?

Vadītājs. Padomājiet un pēc tam parunāsim."

— Tas ir otrais fragments. Cik grūti ir mainīt savas domas! Viņas pēc tam par to runāja, un tam mēs pievērsīsimies vēlāk. Vai tagad jau varat kaut ko par to pateikt?

— Es, protams, mainītu visu šo procesu. Vispirms jau vadītājs — jurists. Viņš apspriedi pārvērš tiesā — trūkst tikai tiesai raksturīgo atribūtu.

— Vecāki un skolotāji vairumā gadījumu rīkojas tieši tāpat: ne tik profesionāli kā viņš, bet viņi meklē vainīgo.

— Kāpēc bērnu grupas sēž viena pretī otrai? Kāpēc vadītājs sēž vidū un sadala strīdniekus? Kāpēc tad, kad vieni runā, citiem jāklusē?

Vajag dot iespēju izteikties, bet pēc tam sākt apspriešanu! Vispirms vajag atbrīvoties no dusmām.

— Izgāzt dusmas sabiedrībā? Tas var turpināties stundām! Dusmu izgāšana aizņem daudz laika. Tādas sarunas tikai nogurdina un ne pie kā neved. Kad ļauj bērniem izteikties, viņi savās pozīcijās nostiprinās un cenšas pārliecināt par savu taisnību. Tad viņi nevienu nedzird.

— Tādā gadījumā var piedāvāt viņiem izteikt savas jūtas rakstveidā.

— Mēs to veicām sagatavošanas posmā, un viņas uzrakstīja, ko vēlas pateikt. Sarunas otrajā daļā mēs kārtību mainījām un visus sapulcinājām aplī. Mēs piedāvājām atvirzīties no lomām un paraudzīties, kā viņas uzvedušās.

— Ja situāciju ir grūti uztvert, tad apspriešanas gaitai jābūt citādai. Galvenā problēma taču ir tā, ka viņas nespēj uz sevi paraudzīties no malas un spriest objektīvi.

— Taisnība. Bet to ir grūti izdarīt pat pieaugušajiem! Mēs taču runājam par refleksiju — spēju paraudzīties uz sevi no malas.

— Protams. Ja mēs gribam viņiem iemācīt būt kaut mazliet objektīviem, teiksim par 10% no viņu egoistiskās pieejas, tad šajā gadījumā jārīkojas citādi — jāizmanto teatrāls uzvedums. Divas meiteņu grupas — "apsūdzētās" un "apsūdzētājas" — kļūst par skatītājām, bet viņu lomās darbojas "aktieri".

— Jūs samaināt lomas?

— Nē, es meiteņu lomas nemainu. Viņas gluži vienkārši tagad vēro to, kas ar viņām notika, bet no malas, jo tas noris uz skatuves. Tas viņas atbrīvo no savas "es": tas, kas ir uz skatuves, neesmu es, tas uz mani neattiecas. Pamēģināsim nākamreiz tāpat rīkoties.

— Kā būtu, ja meitenēm parādītu, kā viņas izskatās tad, kad viņās pamostas dzīvnieks? Vai tas būtu labi vai ne? Tas jau tieši aizskar cilvēka "es".

— Tas jau ir cits temats, nākamais audzināšanas posms. Vispirms nofilmēt vairākas tādas situācijas, bet pēc tam parādīt.

— Es gribu saprast: ir divi apsūdzētie...

— Nav apsūdzēto! Visiem ir jāatrodas aplī. "Apsūdzētais" nozīmē, ka kāds jau viņu novērtējis kā negatīvu un ielicis kaktā. Bet kakta nav, ir aplis — jūsu pasākumā viņi sēž nepareizi. Klipā redzams, ka sienas drūmas kā pagrabā... Tā ir dzīves pētīšana, un nekas nav svarīgāks par to. Viss pārējais ir otršķirīgs. Ja apspriedē cilvēkam nebūs iespēju izteikties, izdarīt izvēli, analizēt un saprast, tad mūsu audzināšana nav nekā vērta.

— Pati iespēja ar to nodarboties ir brīnišķīga. Bet, kad tu mēģini darīt, tad redzi, cik tas ir grūti.

— Būtu labi ar tādu apspriešanu nodarboties no rīta līdz vakaram un sēdēt kopā ar visiem aplī, nevis būt tur vienam pašam un ar juristu.

— Apspriešana jāvada psihologam. Aizsteidzoties uz priekšu, pateikšu, ka apspriešanas turpmākajā gaitā situācija pilnībā mainījās. Bērni, kuri runāja kā liecinieki, izteicās gluži citādi, it īpaši tie, kuri it kā bija "apsūdzētie". Viņi uz situāciju raudzījās no malas.

— Tas nozīmē, ka viņiem jau bija pieredze.

— Viss iznāca ļoti labi.

— Tad, kad tu sevi dzirdi no malas, tas izskatās ne tā, kā biji domājis.

— Tieši par to mēs pārliecināsimies nākamajā sarunā. Mūs gaida ļoti interesants notikumu pavērsiens.

TIESA (TURPINĀJUMS)

— Mēs turpinām sarunu par to, kā pareizi organizēt un vadīt apspriešanu ar bērniem. Tālab mēs uzņēmām videofilmā vienas tādas apspriešanas paraugu un iepriekšējā sarunā pievērsāmies pirmajai epizodei, kur viena bērnu grupa pastāstīja par konfliktu ar otru grupu. Apspriežot šo fragmentu, mēs secinājām, ka bērnam ir grūti pastāstīt par to, kas ar viņu noticis, jo runa ir par emocionālu sarunu grupas ietvaros, kura noritējusi par visai grupai nozīmīgiem jautājumiem. Mēs speciāli izvēlējāmies strīda epizodi, kas visus satrauca un sarīdīja. No šīs apspriešanas mēs pamēģināsim izdarīt augstāka līmeņa secinājumus, neaprobežojoties tikai ar sīka, nenozīmīga strīda konstatēšanu. Kad bērns stāsta par to, kas viņu satraucis vai aizvainojis, turklāt pats nav uzvedies labākajā veidā, tad viņš nerunā par to, ar ko tas sācies, kā attīstījies un ar ko beidzies, bet sāk ar pašu sāpīgāko punktu: man darīja pāri, iesita, apsaukāja un tā joprojām.

— Tieši tas jau viņā ir palicis!

— Jā, tieši to viņš jūt. Kad mutuļo emocijas, ir grūti paskaidrot, ar ko strīds sākās. Tāpēc pieaugušais, pie kura viņš vēršas, vispār nesaprot, kas noticis, un ir vajadzīgs laiks, līdz bērns nomierinās un saprotami apraksta mirkli pirms konflikta. Bērniem, tāpat kā pieaugušajiem, nepatīk runāt par to, ko darījuši paši. Bet, ja runā, tad kā kino — uzskaita ārējas darbības.

— Tieši tas jau arī jādara! Uzņemsim filmu, lai katrs neattaisnojas par savu rīcību, it kā sniegtu liecību tiesā. Tad katrs distancēsies no sevis un kaut kādā mērā būs objektīvs.

— Viņam jābūt dabiski objektīvam un jāpaskaidro sava rīcība. Tad viņš spēs arī izdarīt secinājumus un ieraudzīt situāciju no malas. Tātad citi bērni nospēlē notikušo?

— Jā, citādi bērnam grūti kaut ko uztvert, jo viņš ir iegrimis situācijā.

— Parasti viņš ir savu pārdzīvojumu un izjūtu varā. Vai viņš neizturēsies pret situāciju, ko redzēs uz skatuves, tāpat kā pret teātri, spēli? Vai viņam ir loma un precīzi jāpaskaidro aktierim sava rīcība? Tādā gadījumā bērnam vajadzēs atcerēties, kas bija vispirms un kas pēc tam, jo viņš to visu tagad pārceļ uz skatuves...

— Neraizējieties par bērniem. Viņi prot ieiet jebkurā situācijā un no tās iziet, jo ir daudz elastīgāki par mums. Ja bērni iztur mūsu "audzināšanas" pastāvīgo spiedienu, tad viņiem un viņu izturībai gods un slava. Tāpēc es dotu viņiem spēlēt visas lomas: gan pašam sevi, gan savu pāridarītāju, gan tiesnesi, gan aizstāvi. Viņš var būt arī vērotājs no malas. Tātad viņam jāredz situācija no visām pusēm. Jūs kaut ko līdzīgu veicāt un redzējāt pārmaiņas: kā negaidot bērniem rodas sapratne, ka pastāv pilnīgi cits šā notikuma redzējums. Sākumā viņiem šķiet, ka figurē tikai viņu viedoklis. Tad pēkšņi viņi sāk sadzirdēt vēl kādus citus faktus, to, ka kāds domā citādi. Kāpēc viņš domā citādi? Jautājums ir nevis par to — pareizi vai nepareizi —, bet gan par to, ka ir patiesība, kura nesaskan ar manējo. Un tā arī ir patiesība.

— Un te viņi saskaras ar izskaidrošanas problēmu: ko cits sajuta un kā to izskaidroja. Epizodē, kurai mēs tūlīt pievērsīsimies, bērns pēta sevi. Viņš sevis izpētē lieto refleksiju: pēkšņi es saprotu, ka manī kaut kas ir, bet nezinu, kā ar to tikt galā.

— Bērns redz sevi no malas un sāk saprast, ka tas ir viņš. Redzētais tēls viņam nepatīk, un tad, bezizejas spiests, viņš sāk sevi tiesāt.

— Tiesāt, bet ne apsūdzēt, vai ne?

— Protams, ne. Viņš ir izspēlējis visus tēlus un sapratis, ka katram dzīvē ir sava vieta. Tagad mēs tikai mācām, ko ar to iesākt.

— Tātad mūsu loma — izskaidrot šos posmus? Mums vēl daudz kas jāiemācās. Tagad pievērsīsimies nākamajam fragmentam. Pirmajā fragmentā norisa saruna ar vienu grupu, bet otra grupa tai laikā sēdēja malā un visu vēroja. Tad pienāca kārta otrai grupai, un tagad sekos vienas šīs it kā "apsūdzētō" grupas meitenes paskaidrojumi.

"**Meitene.** Mums neļāva ienākt istabā. Vai tad tā ir viņu istaba? Mani tas ļoti aizskāra. Es negribēju strīdēties, bet, ja es nervozēju, tad nespēju savaldīties.

Vadītājs. Tava doma ir skaidra: tu nevēlējies, bet, ja nervi "uzvilkti", tu pār sevi nevaldi.

Meitene. Kad sākas vulkāna izvirdums, tas nav apturams. Tāpat ir ar mani. Ja es aizsvilstos, tad to uguni apdzēst nespēju, man vajadzīgs laiks, lai nomierinātos. Bet viņas vairākas dienas turpināja mani kaitināt. Es centos sevi savaldīt, taču viņas turpināja darīt man pāri. Mana draudzene sāka mani aizstāvēt, bet viņas teica, ka tā man vajagot.

Vadītājs. Kāpēc viņu vārdi tevi aizskāra?

Meitene. Tāpēc ka gribu būt līdzvērtīga viņām, bet ne zemāks radījums. Nav nozīmes, ka es esmu par viņām jaunāka — es gribu būt līdztiesīga ar viņām, bet viņas man tādu iespēju nedod. Es mēģināju viņas pārliecināt, bet viņas tikai mani kaitināja. Man ir grūti!

Vadītājs. Vai tu gribi teikt, ka jūties slikti tāpēc, ka viņas liek tev izjust, ka neesi viņām līdzvērtīga?

Meitene. Jā."

— Sarunas sākumā, kas nav iekļauts minētajā fragmentā, meitene teica, ka tad, kad meitenēm no pirmās grupas vaicāja, ko tās pašas sev ieteiktu, ja uz notikušo neieinteresēti paraudzītos no malas, arī viņa par to domājusi, un sapratusi, ka viņā ir kaut kas tāds nevaldāms, un to izskaidrojusi. Pēc tam tas tika skaidrots kopējā apspriešanā. Lielisks apraksts, vai nav tiesa?

— Jā. Tas jau sākas kā ļaunā apzināšanās. Viņa lieliski pastāstīja, kā viņā uzliesmo dusmas un ka nespēj sevi apvaldīt.

— Te izpaužas arī izpratne par procesu: viņa to zina un reizēm nomierinās pati, bet reizēm, kā viņa saka, tas turpinās un turpinās! Es domāju, ka viņai izdevās ar šiem vārdiem izskaidrot to, kas notiek ar daudziem bērniem, it īpaši zēniem. Cik labi, ka cilvēkam ir spēja paraudzīties uz sevi no malas un konstatēt, ka viņam ir problēma, ar ko viņš nespēj tikt galā! Pēc tam var organizēt grupas apspriešanu par to, kādā veidā mēs visi kopā varam viņai palīdzēt. "Skats no malas" ir ļoti svarīgs.

— Ja mēs ierakstīsim videofilmā daudzus tādus "skatus no malas", tad tos ir lietderīgi noskatīties arī bez tālākiem secinājumiem, lai bērni redzētu, kā viņi runā, kā uzvedas, kā vienkārši aiz spītības, aizkaitinājuma vai vēlēšanās panākt taisnīgumu turas pie saviem uzskatiem. Pēc tam viņi ieraudzīs, ka ne vienmēr jābūt taisnīgam. Paraudzīties uz sevi no malas ir ļoti grūti, bet pamācoši. Tāpēc to darīt ir ieteicams, un es domāju, ka filmēšana un teatrāli uzvedumi ir nozīmīga mācību sastāvdaļa.

— Vai ir vērts filmēt tādu programmu vēlreiz?

— Protams. Tu uzņem veselu programmu un dod viņiem materiālu uz mājām — lai skatās. Bet nākamajā dienā — pēc tam, kad viņi videomateriālā sevi ir gana atskatījušies, — tu viņus uzņem vēlreiz. Tad, salīdzinot divus uzvedības variantus, var redzēt, ko esam sasnieguši tikai ar filmētā materiāla noskatīšanos vien. Pēc tam var sarīkot apspriešanu: parādīt abus materiālus un pajautāt, ko viņi domā par notikušo, kāpēc tā notika, kā cilvēks reaģē, ko viņi izjuta mājās, pirmoreiz skatoties materiālu. Būs tādi, kuri teiks, ka neko nav jutuši! Viņi paši redzēs, ka uzvedas citādi.

— Tāda apspriešana aizņems visu mācību dienu!

— Tikai tā, nekas cits dzīvē nav jāmācās. Audzināšana ir viss.

— Principā tā ir sociālā audzināšana.

— Pareizi. Ja turklāt mēs stundu divas veltīsim dabas pētīšanai, tad ir pilnīgi pietiekami. Pēc 10–12 gadu ilgām mācībām cilvēks parasti aiziet no skolas bez zināšanām, bet šai gadījumā viņš vismaz būs audzināts un nodrošināts ar zināšanu pamatiem dažādās jomās. Ticiet man, šie bērni 13–14 gadu vecumā spēs iestāties augstskolā. Viņu intelekta koeficients būs augstāks nekā visiem pārējiem. Uztvere, analītiskā pieeja, spēja saistīt lietas, redzēt sevi no malas sniegs viņiem tādu iekšējo attīstību, ka viņi iestāsies jebkurā fakultātē un apgūs jebkuru specialitāti.

— Citiem vārdiem, apspriešanai nepieciešamas daudzas prasmes.

— Tā ir augstākās pakāpes attīstība cilvēkā — "Cilvēks cilvēkā".

— Spēja raksturot problēmu, domāt, analizēt — bērni iemācās daudz ko. Par laimi, viņi tāpat var pētīt, kā uzvesties un līdz ar to attīstīties.

— Līdztekus šai formai es šad tad radītu situācijas, kurās pieaugušie darbojas kopā ar bērniem. Redzot, ka pieaugušie un pusaudži arī saskaras ar dažādām problēmām, viņi sapratīs, ka viņu nodarbības ir nopietnas un palīdz izaugt lieliem. Tas piešķirs vērtību un cieņu tam, ko mēs tagad viņiem mācām. Viņi redzēs, ka tādējādi attīra savu dzīvi un personību no nevajadzīgām čaulām. Atliks tikai augt, pacelties pāri cilvēka līmenim. Kad pēc vairākiem mūsu skolā pavadītiem gadiem meitenes aizies dzīvē, viņas būs izaudzinātas. Viņas viegli apgūs specialitāti tāpēc, ka zinās, kādas pieejas piemērotas parādībām. Atliek tikai būt Cilvēkam šā vārda augstākajā izpratnē. Redzat, kā neliela ainiņa, kas ilgst stundu pusotru, veicina bērnu iekļaušanos šai procesā.

— Es tikai gribu saprast, ar ko šī apspriešana atšķiras no sakaru nodibināšanas procesiem, kas tiek izmantoti parastajās skolās. Arī tajās saprata, ka bērni neprot cits ar citu sarunāties, un nosauca šo problēmu par sakaru veidošanu. Bērniem piedāvā sarunāties vienam ar otru un pēc tam pastāstīt, kādu vienošanos viņi panākuši. Viņiem ir ļoti grūti to izdarīt.

— Protams, viņiem taču to nemāca. Bērniem tur jāsēž kopā ar pieaugušajiem, un pieaugušajiem jānorāda bērniem uz viņu trūkumiem. Taču ar bērniem vajag atrasties vienā līmenī: pusaudžiem jābūt kopā ar mazajiem, jauniešiem — ar pusaudžiem, bet pieaugušajiem — ar jauniešiem. Taču pats galvenais ir jautājums "kāpēc mēs to darām?". Te ir papildu vērtība, kura viņiem jāsaņem no mums: mums, pieaugušajiem, tas ir ārkārtīgi svarīgi. Ja runājam par 8–10 gadus veciem bērniem, tad atvediet uz viņu grupu dažus 13–14 gadus vecus pusaudžus, lai tie ar viņiem nodarbojas. Redzēsit, ka mazie klausās viņos atvērtām mutēm.

— Viņi tos ietekmē vairāk nekā mēs.

— Protams, jo mēs viņiem esam gluži vienkārši "mēbeles".

— Tāpēc viņi piekritīs arī padomāt.
— Tā ir. Mums viņi jānodrošina ar dažādiem līdzekļiem un stimuliem, lai maksimāli ietekmētu bērnus. Nezinu, vai parastajās skolās praktizē lomu maiņas un filmēšanu, taču mēs runājam arī par globālo audzināšanu. Mēs gribam bērniem visās situācijās parādīt — it īpaši, ja to dara vecāki bērni, — ka zemeslode ir apaļa, pasaule ir savstarpēji saistīta, ne tāda, kādu mēs to redzam. Visi ir kopā, visi ir atkarīgi cits no cita, tāpēc mums tāpat jāizturas pret sevi un pasauli. Ja to teiks vecākie bērni, tad jaunākie vismaz to dzirdēs un pakāpeniski, pa pilītei vien uzņems. Šī pieeja būtībā ir augstāka par viņiem. Tā ir augstāka par mums, taču to sauc par apkārtnes iedarbību: apkārtne iesakņo cilvēkā kādu faktu.
— Vai tādējādi, ka visu laiku atkārto?
— Gan tādējādi, ka atkārto, gan tādējādi, ka augstu vērtē. Cilvēks kā faktu pieņem parādību, ko ciena apkārtējie.
— Mēs zinām, ka tā notiek arī ar pieaugušajiem. Viņi pieņem idejas, kuras tiek atkārtotas, pat ja tās ir aplamas.
— Tiesa. Tāpēc tādā veidā mums jāpieradina bērni pie domas, ka pasaule ir globāla.
— Vai jūs domājat, ka 10–12 gadus veci bērni var izjust saikni ar saviem vienaudžiem, kuri dzīvo citās zemēs un runā dažādās valodās, tikai tāpēc, ka redz viņus monitorā?
— Protams! Es redzēju, kā manas meitas uztvēra stāstus, ko parādīja televīzijā vai teātrī. Ja jūs parādīsit šos piemērus internetā vai televīzijā, viņi būs pilnībā solidāri ar to, kas notiek uz ekrāna.
— Patīkami redzēt, ka visur notiek tas pats neatkarīgi no valodas un ārējiem apstākļiem.
— Par to var noorganizēt apspriedi pasaules mērogā: kāds būs solidārs ar vienu grupu, kāds — ar otru. Un spriest pēc kopējā balsojuma rezultāta. Tūkstoši atsūtīs savas atsauksmes.
— Atsauksmes jau ir tāda kā aptauja! Var pat sarīkot sacensības! Lai visa pasaule atsūta risinājuma priekšlikumus. Tagad pievērsīsimies vēl vienam fragmentam.

"**Vadītājs.** Tagad katrs pamēģinās iziet no savas lomas un paraudzīties uz situāciju no malas. Tā, it kā tas nebūtu noticis ar jums, nav tiesnešu, un mēs nevienu netiesājam. Mēs gluži vienkārši gribam saprast, ko šādā apspriešanā var gūt. Es gribētu, lai jūs padomājat par lomu sadali: kas tas ir, ko jūs vadījāt, vai visiem bija pietiekami saprotams, kas viņiem jādara un kāpēc. Un otrais: kas tas ir — dusmu uzliesmojums, ko grūti kontrolēt? Varbūt mēs varam kaut ko darīt, lai tādu uzliesmojumu būtu mazāk? Ko mēs visi izdarījām nepareizi?

Pirmā meitene. Katra no mums gribēja vadīt projektu.

Vadītājs. Kas mūsos ir tāds, kas liek mums vadīt, valdīt?

Otrā meitene. Sajūta, ka es esmu labāka par citām. Tā ir vēlme, kas mīt cilvēkā.

Vadītājs. Vai tā ir laba vēlme?

Meitene. Nē.

Vadītājs. Vai tā ir tā pati vēlme, kas lika tev zaudēt savaldīšanos? Padomā par to.

Trešā meitene. Man šķiet, ka — jā. Mēs nepievērsām uzmanību draudzenes ātrajai dabai un viņu aizvainojām.

Vadītājs. Kas mums jādara, lai tas neatkārtotos?

Pirmā meitene. Mums vairāk jāsadarbojas un lomas jāsadala, ņemot vērā arī citu vēlmes.

Vadītājs. Vai savstarpējā sadarbība būs stiprāka par jūsu rakstura iezīmēm?

Otrā meitene. Jā. Mēs neņēmām vērā draudzeņu vēlmes."

— Šī apspriede turpinājās, un viens skolēns ierosināja mainīties lomām, kā mēs te pieminējām. Patīkami redzēt, ka apspriedes atmosfēra pamatos mainījās.

— Tagad viņi sēž citādi — aplī.

— Jā, šī forma, bez šaubām, palīdz: visi ir vienlīdzīgi, bet ne tā kā tad, kad sēž solā. Līdzko paraugies uz sevi no malas, tā saproti otru. Izrādās, ka abiem ir taisnība, ne tikai vienam. Kad bērns apraksta savas iekšējās izjūtas, gribas viņam palīdzēt. Tad atmosfēra kļūst ļoti patīkama, bet viss sākās ar savstarpējiem apvainojumiem.

— Vai atmosfēras mainīšanos veicina tas, ka viņi sēž aplī? Ja viņi jau pašā sākumā tā sēdētu, vai tad arī būtu tāds efekts?

— Nē, ir vērts tomēr akcentēt šo momentu, jo mēs gribam iepazīt cilvēka dabu un to labot. Tāpēc galējie punkti jāizceļ, no kā tad mācīsimies? Pamēģiniet viņus pēc tam dabūt atpakaļ solos, kā tas bija apspriešanas sākumā! Viņi no visa spēka pretosies! To būtu vērts redzēt! Ja jūs to neesat pamēģinājuši, izmēģiniet.

— Izvirzīsim to par uzdevumu nākamajām apspriedēm. Šodien mēs runājām par to, kā apspriedes padarīt maksimāli efektīvas. Vajag dot bērniem iespēju paraudzīties uz sevi no malas. Tas ir ļoti svarīgs process, un tas ir jāiemācās. Mums jārunā par to, kāpēc mēs to darām, un jāiesaista sadarbībā vecākie bērni, lai palīdzētu jaunākajiem izprast kopējo pasaules ainu, kurā viņi atrodas. Bērniem jāzina, ka viņi nodarbojas ar svarīgu lietu, jo analīzes un apspriešanas spēja dzīvē ļoti nepieciešama. Mēs saņēmām daudz lietderīgu padomu un tādu apspriežu norises variantus un pacentīsimies tos izmantot.

VECĀKIE AUDZINA JAUNĀKOS

— Tagad mēs visi kopā pamēģināsim noskaidrot jautājumus, kas mūs satrauc, doties jaunā virzienā, jaunā ceļā un iepazīties ar jaunām vēsmām it visā, kas attiecas uz mūsu bērnu audzināšanu. Šodien mēs uzmanību pievērsīsim jaunam virzienam, kas ieguvis nosaukumu "Vecākie audzina jaunākos" tāpēc, ka būtībā tajā ir meklējams arī problēmas risinājums — kā mums no vecāko skolēnu vidus sagatavot audzinātājus jaunākajiem skolēniem. Iepriekšējās sarunās jūs runājāt par to, ka jādod iespēja vieniem bērniem mācīt citus, taču šo jautājumu detalizēti neskatījāt. Man tas nedaudz atgādināja programmas, kuras zināmā mērā ir iekļautas arī tradicionālajā audzināšanas sistēmā. Piemēram, sestās klases bērni (bērnus no jaunākajām klasēm neuzskata par pietiekami pieaugušiem) skolā mazliet palīdz citiem bērniem mācībās (vienu stundu nedēļā) vai parotaļājas ar mazākajiem bērniem. Es pievēršu uzmanību, ka jūs patiešām īstenojat ļoti neparastu programmu, kurā vecākie bērni vada apspriedes ar jaunākajiem. Pēc savas iniciatīvas vecākie var piedāvāt dažādas idejas, tā viņi runā ar jaunākajiem par dzīvi, nevis vienkārši spēlējas, un palīdz tiem mācībās. Šobrīd tāds darbs jau reāli noris, un tas ir pilnīgi kaut kas cits.

— Mums vēl jāatrod pareizā proporcija, lai sadalītu bērna laiku — ne skolā (es pat nevaru to nosaukt par skolu), bet tad, kad viņš ir grupā un iekļauts mūsu audzināšanas sistēmā. Daļa laika būs veltīta informācijas saņemšanai, mācībām, kādu daļu laika viņš atradīsies viņam piemērotā vidē un vēl kādu daļu — kopā ar vecākiem bērniem.

— Tātad bērns dienas laikā atrodas dažādās grupās.

— Iespējams. Jebkurā gadījumā viņam jāmācās. Pēc iespējas vairāk nodarbību jāorganizē brīvā dabā, uzņēmumos, muzejos — bērniem nav jāsēž klasē.

— Mācībām jābūt nevis pasīvām, bet iespaidīgām un dinamiskām.
— Tieši tādām, manuprāt, jābūt mācībām. Tās aizņems trešo daļu visa laika. Vēl vienu trešdaļu aizņems bērnu apspriedes, kurās piedalīsies instruktors, kuram būs nedaudz jāatkāpjas otrajā plānā, lai bērni varētu patstāvīgi izanalizēt savas problēmas.
— Viņiem jāmāca arī, kā to darīt.
— Vai bērniem tas jādara pilnīgi patstāvīgi?
— Nē, instruktoram tur ir jābūt klāt, bet viņam jāatrodas bērnu līmenī, un tā patiešām ir māksla. Viņam jāzina, kā slēptā veidā ieviest apspriedēs korektīvas, lai bērni to nesajustu un nenojaustu, kā neļaut bērnu diskusijai novirzīties no tēmas un nonākt strupceļā. Savukārt trešo daļu jeb 20% laika ar bērnu audzināšanu jānodarbojas vecākajiem bērniem. Vecumu starpībai jābūt 2–3 gadi. Ja mēs piedāvāsim kādam no vecākajiem bērniem izskaidrot mazajiem kādu tēmu fizikā, — zināt, kāds tam būs efekts?! Kā tas stimulēs bērnu iemācīties materiālu, lai to pasniegtu jaunākajiem! Un ar kādu sajūsmu uz viņu skatīsies jaunāko klašu bērni — cik viņš liels un pieaudzis! Tāpēc es uzskatu, ka viņu tikšanās reizēm jāparedz 20–30% laika. Tātad ar šādu stundu palīdzību mēs vecākiem bērniem mācām būt ietekmīgiem un pieaugušiem. Tai pašā laikā mazākajiem viņi ir lielisks paraugs un atdarināšanas cienīgs. Bet viņi tam jāsagatavo. Pateicoties tam, mēs pieredzēsim gan vecāko, gan jaunāko skolēnu visefektīvāko audzināšanas veidu.
— Kāpēc jums tas šķiet tik svarīgi?
— Vecākie skolēni gribēs būt ietekmīgi un nozīmīgi, tāpēc viņi runās par pareizām lietām. Ir taču teikts, ka ceļš ved no "priekš sevis" uz "priekš citiem". Kad jaunākie bērni redz vecākos, viņi tos patiešām uzskata par pieaugušiem (tāpēc ka instruktors viņiem gluži vienkārši ir automāts). Bet tas, kurš par viņiem 2–3 gadus vecāks, ir vecākais brālis un autoritāte jebkurā jautājumā, viņi tam seko, kā mēdz teikt, "aizvērtām acīm". Lieliski, ja jaunākie bērni seko vecākam skolēnam, kurš viņiem ir labs paraugs.

— Mēs ierosinājām, lai 11–12 gadus veci zēni noorganizē jaunākajiem skolēniem apspriedi. Man nebija laika, lai pietiekami palīdzētu viņiem sagatavoties, un viņi visu sagatavoja paši. Vispirms jaunākajiem bērniem lika pacelt milzīgu kastroli, piepildītu ar ūdeni, un balva bija viņu mīļākais kārums — šokolāde. Vienatnē neviens no viņiem katlu pacelt nespēja, tad viņi vienprātīgi nolēma to izdarīt visi kopā. Kad smagais katls bija pacelts, viņi dalījās iespaidos, kā katrs no viņiem šo pārbaudījumu izturējis.

— Ļoti interesants un labs piemērs. Šai testā jūs devāt bērniem iespēju parādīt ļoti svarīgas īpašības.

— Tātad 7–8 gadu vecumā bērns jau var saprast, kad viņš kaut ko grib sev un kad — citiem.

— Viņi jau var analizēt: "Kāpēc es gribēju pacelt smagumu pats? — Lai saņemtu šokolādi."

— Lai dabūtu tikai es, bet neviens cits.

— Bet tagad es zinu, ka viens pats to izdarīt nespēju un man šokolāde jādala ar pārējiem. Kā es rīkošos līdzīgā situācijā citreiz? Vai es izvēlēšos dalīt šokolādi ar visiem vai mēģināšu tikt galā pats? Teiksim, es varu pacelt smagu priekšmetu pats un par to saņemšu šokolādi. Vai man to darīt vienam pašam vai kopā ar citiem?

— Vai jūs dotu viņam izvēles iespēju?

— Mēs varam likt viņiem saprast, ka tāda iespēja pastāv.

— Vai tas nevar bērnam nodarīt kaut kādu ļaunumu? Vai tas viņam neatņems izvēles iespējas? Kad jaunāks bērns redz vecāku bērnu, viņam gribas būt tādam pašam kā vecākais. Un, ja viņš tāds kļūs, tad viņam zudīs izvēles iespēja kļūt vēl kādam citam.

— Izvēles būtība jau tieši tāda ir: mācīties no pareizas vides. Citas izvēles mums nav. Mēs nevaram dzīvot tukšumā. Ko nozīmē, ka es attīstos patstāvīgi? Vai tas balstās uz to, kas ir manī? Tur ir tikai mans *ego* un tieksmes pēc dažādām baudām. Es nezinu, kas es esmu un kāds esmu. Es esmu kā Mauglis no džungļiem. Kas no manis izveidosies? Mēs vienmēr attīstāmies atbilstoši apkārtējai videi, bet te mums dod vidi, kas ir labs paraugs.

— Bet, ja mēs viņus iesaistīsim sliktā vidē, tad bērni var izvēlēties to.

— Nav izvēles: kādā vidē cilvēks iegājis, par tādu kļūst — kā detaļa no konveijera.

— Tagad ir milzīga izvēle, un mūsdienu audzināšanas sistēmā ļoti lielas cerības saistītas, lūk, ar ko: ja bērniem viss būs atvērts, tad viņš pats iemācīsies izdarīt izvēli.

— Bērns iemācīsies izvēlēties?

— Tieši tā. Bērniem tiek dota izvēles iespēja, un mēs redzam, ka viņi ir ļoti apjukuši.

— Kas ir pamatā jūsu uzskatam, ka bērns prot izvēlēties? Es to nesaprotu. Vai tad cilvēks var izvēlēties? Pieaugušie cilvēki to neprot, ko tad runāt par bērniem?

— Mēs redzam, cik daudz laika pieaugušajiem prasa lēmuma pieņemšana attiecībā uz to, ko viņi grib no dzīves.

— Pat lielveikalā izvēloties kukurūzas pārslas, nepieciešams laiks...

— Tieši tā!

— Saskaņā ar integrālo audzināšanu bērns atrodas pieaugušo ietekmē līdz 20 gadu vecumam tikai tāpēc, ka tieši pieaugušais var viņam nodrošināt labu audzināšanas vidi. Es kā tēvs nemitīgi uztraucos, kādā vidē atradīsies mans bērns. Tikai tas man ir svarīgi. Es raizējos par saviem bērniem. Tā paša iemesla dēļ mēs rūpējamies par šiem bērniem.

— Kā jūs domājat, kādā formā vajadzētu notikt apspriedēm?

— Tas nav svarīgi. Viņi izsaka savas domas un "vārās šai katlā" — jau tas ir labi. Viņu smadzenes jau darbojas pareizā virzienā: vai mums apvienoties vai ne? Vai ir vērts tikt pie šokolādes? Kāpēc tas jādara un kālab? Vai es to varētu paveikt viens pats? — Nē. Bet kopā ar citiem? — Jā. Ko darīt: vai to paveikt visiem kopā un dabūt tikai gabaliņu šokolādes vai rīkoties vienam un iegūt saldo balvu? Pat pieaugušais nedomā par tādām lietām, viņš domā automātiski, viņa domāšana ir šauri egoistiska. Taču šai gadījumā bērns savu domāšanu paplašina un veidojas plaša, lieliska komunikācija ar visu vidi. Tas ir ļoti svarīgi un veicina cilvēka iekšējo attīstību. Tā ir mūsu iekšienē esoša cilvēka būtība, jo viņš ir sabiedriska būtne. Tādā veidā tu ievadi viņu pareizā saiknē ar apkārtni. Ja viņš izaugs tādā vidē, tad pēc tam spēs visur iedzīvoties. Turklāt apkārtējiem ar viņu būs viegli.

— Jūs sakāt, ka bērns ir sabiedriska būtne.

— Daba mūs par tādām radījusi. Katrai sugai dabā ir savs bars, sava ģimene, vismaz uz kādu laiku. Izņēmums ir daži putni un vilki, kam ir pastāvīgs partneris uz visu mūžu. Visi pārējie dzīvnieki pārojas tikai vairošanās periodā. Cilvēki ir sabiedriskas būtnes, kurām sabiedriskā dzīve ir nepieciešama, jo tā nodrošina katram no mums savu dzīvi un iztikas līdzekļus saskaņā ar principu: es — visiem un visi — man. Mēs nevaram eksistēt mūsdienu pasaulē pēc cita principa. Mēs visā esam atkarīgi cits no cita.

— Bet jūs runājat, ka prasmi apspriest bērnam var attīstīt ļoti agrā vecumā.

— Var attīstīt atkarību, līdzdalību, prasmi piekāpties un pārbaudīt attiecības ar visiem. Ja mēs visi, kas esam viena mehānisma sastāvdaļas, nespējam labi iekārtoties dzīvē bez šā mehānisma iekšējās harmonijas, tad, pateicoties tādam darbam ar bērniem, mēs gatavojam labus ļaudis cilvēces nākotnei.

— Tātad bērna prasme nākotnē iekārtoties dzīvē ir atkarīga no viņa prasmes veidot labas attiecības ar apkārtni, kurā viņš atrodas.

— Tas atkarīgs no viņa prasmes būt labās attiecībās ar apkārtni, tāpēc ka gala rezultātā visai cilvēcei būs jāpieņem vienots modelis, jo mēs atrodamies integrālā sistēmā.

— Vai bez šā modeļa viņam nākotnes nav?

— Nav.

— Uz jautājumu "Kāpēc mums jābūt biedriem?" bērni sniedz ļoti dabiskas atbildes: ja tu saskaries ar grūtībām, biedrs tev var palīdzēt, vai ja tu esi kopā ar draugiem, tev ne no kā nav jābaidās un tu jūti viņu atbalstu. Bērni jau vairs nevar iedomāties, kā var būt, ka viņi nebūs kopā. Tagad bērni nevar vairs iedomāties citu realitāti, viņi jau šai modelī ir ieauguši.

— Bērni ir aptvēruši, ka ir labi visu darīt kopā.

— Tas patiešām ir labi, un uz tādu modeli jāorientējas.

— Pirmkārt, — tas ir patiess, tas ir dabisks un obligāts visiem. Otrkārt, bērns dabiskā veidā saskata, kāds ir viņa ieguvums un kas viņam dod pārliecību, un viņš meklē sev piemērotu sabiedrību. Jautājums tikai tāds: kāda tipa sabiedrību viņš meklē?

— Vienā nodarbībā mēs instruktoriem izvirzījām uzdevumu noskaidrot bērnu viedokli par to, kāpēc ir vērts apvienoties. Ja kāds nevēlas to darīt, kā viņu lai pārliecina? Bērni atbildēja, ka vajag tam bērnam ieteikt pievienoties grupai, kura kopā spēlējas, un tad viņš gūs tūkstošreiz lielāku prieku nekā tad, ja spēlētos viens pats. Bet, kā teica viens no viņiem, ar vārdiem to izskaidrot nevar, tāpēc ka tas ir jāizjūt pašam. Es gribētu noskaidrot, ja mudina bērnus domāt un nonākt līdz tādam skaidrojumam un ja it kā "iedzen stūrī", — vai tas viņiem ir labi? Man rodas šaubas, vai tāda pieeja ir pareiza, vai bērns "nesalūzīs"?

— Dialogam jābūt iespējami atklātam. Turklāt bērniem jānoskatās stundas ieraksts filmā, lai viņi ierauga, kā atbildējuši uz jautājumiem iepriekš. Bet pēc tam apspriešana jāturpina, lai viņiem pavērtos iespēja sevi labot. Tad, kad cilvēks redz sevi no malas, viņš gan sevi, gan citus novērtē citādi. Pēc tam vajag atgriezties pie iepriekšējās apspriešanas un atkal parādīt videoierakstu, un tā ar katru reizi viņi paaugstinās apspriešanas līmeni un sasniegs tādus augstumus, ko pat grūti iedomāties.

— Vai vajag viņiem kaut ko paskaidrot vai gluži vienkārši jāļauj noskatīties ierakstu?

— Nevajag paskaidrojumus, jāļauj viņiem patstāvīgi attīstīties. Vienīgi jāatgādina, ar ko sākās saruna, tāpēc ka reizēm viņi to vairs neatceras.

— Faktiski noskaidrošana notiek iekšēji — gan jaunākajiem bērniem, gan arī vecākajiem, jo apspriešana norit sevī kā iekšējs dialogs.

— Pats par sevi saprotams.

— Sagatavošanās laikā instruktori pārdomā, kā to izskaidrot bērnam. Tāpat viņi satiekas ar šiem bērniem pirms apspriešanas un viņus gatavo. Man šķiet, ka instruktori palūdza, lai bērni necenšas pacelt to katlu, — citādi nesanāks noskaidrošana.

— Katram vajadzēja pamēģināt pacelt smago katlu un izjust to, ka vienam tas nav pa spēkam, vai ne?

— Taisnība.

— Lietas būtība ir tā, ka tā ir arī jutekliskā uztvere, jo daudz tiek runāts par sajūtām: ko es jūtu, kā tas būs, ja jutīšos citādi?

— Audzināšanai jārisinās tikai jūtu līmenī. Bērnam tās jāizdzīvo.

— Nav pieņemts runāt par tādām lietām. Izņēmums ir īsas sarunas ar vecākiem. Tas ir jauki, ja var parunāt ar bērnu grupu par to, kā viņi jūtas!

— Ja uztvere neiekļauj jūtas, visu cilvēka būtību, tad tā vairs nav audzināšana, no īstas audzināšanas vairs nekas nav pāri palicis.

— Ja mācības nerada bērnā iespaidus, tad viss paliek zināšanu līmenī?

— Man no tām jāgūst tādi iespaidi, kas iegulst atmiņā, un, balstoties uz tiem, es rīkojos tālāk.

— Es reiz dzirdēju, kā jūs runājāt par zināšanu un atklāšanas pretstatu. Kāda ir atšķirība starp to, ko es jutīšu pati, un zināšanām, kuras man ir un paliek teorētiskas?

— Vienkāršu zināšanu nemēdz būt. Mēs nerunājam par to, kā mācīt fiziku, matemātiku un citas precīzās zinātnes, kuras arī vajag virzīt uz apspriešanu un iekšējo, jutekliskot uztveri.

— Tas taču ir abstrakti.

— Problēma tā, ka tas nav abstrakti. Kāpēc gan tas ir abstrakti? Mēs novērojam dabas parādības un, ja es, teiksim, skābi savienoju ar citu reaktīvu vai paceļu gaisā divus kilogramus lielu smagumu, vai sajaucu kopā kādas gāzes, — jebkuru parādību var padarīt jutekliski uztveramu. Un tad, kad tā ir jutekliski uztverama, tā ierakstās cilvēkā, un visas dabas attīstības formas — nedzīvā, augu, dzīvnieku un cilvēks —, dažādie optikā, mehānikā, bioloģijā, zooloģijā vai botānikā notiekošie procesi viņam rada jutekliskus iespaidus. Cilvēkam jāsajūt, jāpārdzīvo, kā tas viņā notiek. Ja viņš ieiet šai procesā, tad kļūst savā pasaulē par cilvēku.

— Vai tas viņu sasaista ar pasauli? Vai viņam veidojas cita izpratne?

— Jā, viņš saprot, ka pieņem un sajūt visus šos likumus un to iedarbībai pakļauts arī viņš.

— Tas nozīmē, ka pēc tam cilvēks mazāk postīs pasauli?

— Jā, turklāt viņš iegūs vienotu visas dabas uztveri, kas atspoguļo visas pasaules vienotību un nesadalās fizikā, ķīmijā, bioloģijā un zooloģijā. Mēs jau esam tie, kas dabu tā sadala, bet būtībā tā ir viengabalaina, monolīta, mēs sagriežam dabu gabalos tāpēc, ka tā ir ērtāk to uztvert. Mēs nevaram būt universāli zinātnieki, lai gūtu pilnīgu uztvērumu, bet mūsu pieeja virza uz integrālu pasaules uzskatu.

— Bet ko lai iesāk, ja pēc pirmajiem skaidrojumiem veidojas situācija, ka bērns sarunā lieto tādus kā saukļus, atbild ar tiem pašiem vārdiem, kuri bija skaidrojumā, jo pagaidām vēl šo iespaidu nepārdzīvo? Teiksim, viņam sacīja, ka tad, kad ko dari kopā ar citiem, — tas ir daudz labāk, nekā darboties vienam. Un viņš atbild, ka kopā — labāk.

— Tad sāc ar viņiem vingrināties. Un savu šķietami sauso un bezjēdzīgo frāzi pamēģini paust, radot dažādus iespaidus un uztvērumus, lai stundas beigās viņš saprot, ka tu viņam māci īpašu likumu, kas pastāv gan dabā, gan sabiedrībā. Un saskaņā ar šo likumu, savienojot daļas kopā (1+1+1+...), tiek iegūta liela, spēcīga masa.

— Un tad rodas jautājums, ko parasti uzdod vecāki un audzinātāji saistībā ar to, ka tu audzini bērnu noslēgtā pasaulē un māci, ka būt kopā ir daudz labāk un ka tāds ir dabas likums, bet pēc tam bērns iziet uz ielas un nonāk mūsu sabiedrības "džungļos". Kā viņam sasaistīt kopā šīs divas pasaules?

— Tādam bērnam nekad ļaunums netiks nodarīts. Mums šķiet, ka cilvēks, kas saprot, kā daba visu pārvalda un kā viņam pašam jāizturas pret dabu un sabiedrību, būs nelaimīgs un visi to izmantos un gūs no tā sev labumu. Tā tas nav.

— Bet viņš mācās piekāpties un tā sāks uzvesties uz ielas, kur neviens tā nerīkojas.

— Nē, mēs nemācām piekāpties vienkārši tāpat vien. Mēs taču runājam par trijām līnijām.

— Kas tās par trijām līnijām?

— Mūsu uzvedībai jābūt līdzsvarotai ar labsirdību un stingrību, ar dāsnumu, labu sirdi un tai pašā laikā ar ierobežojumiem un likumiem. Mēs to varam novērot arī dabā: tev vienmēr ir divas sviras. Cilvēks, kas nonācis tādā situācijā, tieši panāk līdzsvaru ar sabiedrību. Līdzsvaram nepieciešami divi spēki, tāpēc ka ar vienu vien tu neko nepanāksi. Mēs paši redzam, ka dabā ir divi spēki: saņemšanas spēks un atdeves spēks, pozitīvā iedarbība un negatīvā, karstums un aukstums, spiediens un tā trūkums. Tāpēc mums cilvēkam jāmāca, kā vienmēr līdzsvarot šos spēkus un kā ar to palīdzību izturēties pret sabiedrību. Ja bērns mijiedarbosies ar sabiedrību, izmantos šo divu spēku palīdzību, viņam nekad neviens nenodarīs ļaunu. Arī sabiedrība viņu uztver pareizi un sajūt kā savu pozitīvo daļu.

— Kāda darbība ir pretēja piekāpībai? Ja, no vienas puses, man jāpiekāpjas, kādai reakcijai jābūt no otras puses?

— Es piekāpjos tikai ar nosacījumu, ka otra puse mani saprot tieši tāpat, kā es to. Citādi, iespējams, man nemaz nevajag piekāpties, bet būs nepieciešams izdarīt spiedienu, turklāt lielu. Mēs redzam, ka tāds spiediens var novest līdz karam. Taču arī tas tiek saukts par zināmu piekāpšanos, jo es atsakos no savas labās attieksmes, lai radītu līdzsvarotu pretdarbību spēkam, kas stāv manā priekšā.

— Labi, te ir informācija pārdomām. Parasti es pats izdaru sarunas kopsavilkumu, bet šoreiz mēs tādu iespēju devām bērniem. Lūk, viņu secinājumi.

1. Tikai kopā var gūt panākumus.
2. Ja tu esi kopā ar biedriem, tu jūti, ka tas ir lieliski!
3. Kopā ar biedriem tu izjūti vairāk prieka.

SODS (SĀKUMS)

— Mūsu šodienas sarunas tēma ir ārkārtīgi interesanta un vienlīdz sasāpējusi visās audzināšanas sistēmās: robežu noteikšana un sods. Mēs šo tēmu pārspriedām ar bērniem un pat izveidojām atsevišķu televīzijas pārraidi, kurā viņi izteica savas domas par to, ko jūt, kad viņus soda, un kā, pēc viņu domām, tam vajadzētu notikt. Iespējams, ka šodien mēs uzzināsim kaut ko jaunu un spēsim palīdzēt visiem labāk saprast šo ļoti sarežģīto audzināšanas aspektu. Sāksim ar to, ka jūs paskaidrosit, kur slēpjas šā jautājuma sarežģītība. Iepriekšējās sarunās jūs teicāt, ka principā esat pret sodīšanu.
— Nē, tā gluži nav.
— Ir ļoti daudz jautājumu un šaubu saistībā ar to, kā noteikt bērnam robežas, viņam nekaitējot. Katrs audzinātājs un vecāki meklē iespēju laikus apturēt un virzīt bērnu, radīt viņam drošus ietvarus, kuri saglabāsies ilgu laiku. Bieži rodas sajūta, ka sodi bērnu aizvaino, bet ietekmē tikai ļoti īsu brīdi. Turklāt mēs visbiežāk sodus izmantojam tad, kad esam uzbudināti, nelīdzsvaroti vai gluži vienkārši noguruši. Protams, tādos gadījumos sodīt ir bezjēdzīgi un pat kaitīgi. Pat tādā gadījumā, ja tā ir pārdomāta rīcība un vecāki ir konsultējušies ar psihologu, pie manis vēršas daudz tādu vecāku, šķiet, ka sods nedod vēlamo rezultātu. Vecākiem pastāvīgi jāpastiprina sods, un nav skaidrs, kāpēc tas iedarbojas tikai īsu brīdi.
— Tāpēc ka dabā soda nav. Arī mums tā nav. Tas, ko mēs saucam par sodu, ir tikai mūsu izkropļotās dabas likumu izpratnes rezultāts. Varat to saukt par dabu vai Augstāko varu, tam nav nozīmes. Katrs no mums sajūt, ka viņš to ir pelnījis par savu attieksmi pret dabu, pret apkārtējo vidi. Visās savās nelaimēs vainīgi esam mēs paši

un mūsu vide. Mēs šai pasaulē nemitīgi jūtamies kā sodu vai balvu saņemoši. Patiesībā neviens mūs nesoda, bet pastāv dabas likums, kas prasa, lai cilvēks pareizi attiektos pret vidi. Ja mēs esam harmonijā ar apkārtējo pasauli, tad jūtamies ērti, mierīgi un to uztveram kā balvu. Un pretēji — ja šīs harmonijas nav, mēs jutīsimies kā sodu saņēmuši. Bet kāds gan tas sods? Tas ir tas, ko mēs paši sev esam sagatavojuši, esot disharmonijā ar dabu.

— Vai aplams ir mūsu pasaules uzskats, ka mēs esam Visuma centrs un ka mūs kāds soda?

— Protams. Cilvēks savu pasauli būvē pats. Bet attiecībā uz bērniem, kuri pilnībā atrodas pieaugušo ietekmes varā, par kādu sodu var runāt? Ja mēs viņus audzinām nepareizi un tāpēc viņi uzvedas agresīvi un izjauc līdzsvaru ar apkārtējo vidi, tā ir mūsu vaina. Bet mēs viņus vēl par to sodām? Tādējādi mēs gluži vienkārši atzīstam savas audzināšanas bezspēcību.

— Tātad katru reizi, kad bērns kaut ko dara nepareizi, vainīgi ir pieaugušie, jo nav pareizi viņu audzinājuši?

— Bet kurš tad vēl? Bērns taču ir pilnīgi atkarīgs no viņiem. Nav neviena cita ko vainot, izņemot sevi.

— Bet vecāki taču grib pirmām kārtām iemācīt bērnam nedarīt to, kas var būt bīstams vai slikts, bet pēc tam iemācīt to, kas viņam noderīgs.

— Bērns ir absolūtā pieaugušo ietekmē, tāpēc viņa neveiksme ir pieaugušo kļūdas. Bērnu nav par ko vainot, jo viņš ir tikai maza būtne ar zināmu īpašību un instinktu komplektu, kas attīstās pieaugušo cilvēku ietekmē. Tāpēc tikai no pieaugušā mēs varam prasīt, lai viņš meklē un pilnveido savu pieeju bērnam, ja grib gūt panākumus. Vai par to, ka tas neizdodas, var viņu apsūdzēt? Tāpēc sodīt vajag nevis bērnu, bet gan pieaugušo.

— Kā rīkoties, ja bērnam parādās negatīvas dziņas, tieksmes, izlēcieni?

— Tev, pieaugušais, tam jāatrod zāles, bet nav jāprasa, lai bērns apvalda to, ko viņš nespēj.

— Vai es pareizi sapratu, ka vajag kopā ar bērnu noteikt nemainīgus uzvedības noteikumus un atbilstošus sodus?

— Nē, ne jau mēs iedibinām likumus, bet gan daba.

— Pieņemsim, ka bērns lietojis rupjus vārdus. Kā daba uz to reaģēs?

— Tātad tāda ir viņa iedaba — būt rupjam. Tev jāatrod tādas audzināšanas metodes, lai šo rupjību un aizkaitināmību aizstātu ar citām, daudz pareizākām uzvedības formām. Starp citu, kas ir pareiza audzināšana, — tas vēl jānoskaidro, balstoties uz dabas likumiem, nevis mūsu saprašanu.

— Kas ir pareiza audzināšana?

— Tas jāpēta. Bet piekrītiet, ka tas ir aplami, ja pieaugušais, kurš pats ir nepareizi audzināts, tādā pašā garā audzina jauno paaudzi.

— Tātad arī vecāki nav vainīgi, jo paši nav pareizi audzināti.

— Tieši tā. Bet tas nedod mums tiesības ietekmēt bērnu ar spēku un viņu sodīt. Vecākiem jāmeklē bērnam piemēroti audzināšanas līdzekļi, turklāt ņemot vērā paaudžu atšķirības, kuras ir milzīgas.

— Mirklīti, man nav skaidrs, ko jūs saucat par sodu: kad vecāki kaut ko neatļauj vai kad pārtrauc necienīgu uzvedību?

— Nav svarīgi.

— Vai es pareizi jūs sapratu, ka nevajag noteikt rāmjus?

— Sods ir jebkura darbība, kura uzliek par pienākumu bērnam kaut ko darīt ierobežojuma un spiediena ietvaros bez viņa sapratnes un piekrišanas.

— Tātad tas, ko viņam uzspiež?

— Jā. Saprotams, es nerunāju par fizisko sodu, tas ir skaidrs.

— Jā, ir kopējs viedoklis par fiziskajiem sodiem, ka tie nodara bērnam lielu ļaunumu un tā ir nervozitātes uzliesmojuma izpausme, nevis audzināšana.

— Es to sauktu par "pērtiķu audzināšanu".

— Labi. Tomēr bērnā jau no mazotnes ir tiekšanās uz turieni, kur viņam ir labi, un bēgšana prom no turienes, kur slikti. Mums šī tieksme jāizmanto audzināšanas mērķiem.

— Protams, audzināšanā to var izmantot, bet tikai pēc tam, kad bērnam paskaidro un viņš saprot un apzinās, kas ar viņu notiek. Bez sevis un savas uzvedības apzināšanās, kā arī neapzinoties savas attiecības ar vidi nav patiesas audzināšanas, bet ir režīms, ko viņam uzspieduši pieaugušie.
— Dresūra?
— Pat ne dresūra. Ar dresūru var dzīvniekam iemācīt kādu jaunu izturēšanās veidu, un tas kļūs tam par otro dabu, bet darbā ar cilvēku tas nav pieļaujams.
— Pievērsīsimies fragmentam, kurā bērni runā par to, kādu sodu viņi uzskata par lietderīgu un kādu — ne.

"**D.** Kad bērnus klasē soda, tas ne pārāk palīdz.
Vadītājs. Kāpēc?
D. Pieņemsim, ka es stundas laikā traucēju skolotājam. Ja skolotājs mani soda, es uz viņu dusmojos.
Vadītājs. Vai tu runā par sevi? Tu dusmojies uz skolotāju?
D. Jā.
Vadītājs. Bet tu taču pārstāji traucēt stundu? Tikai saki patiesību.
D. Nē.
Vadītājs. Kāpēc? Ir taču skaidrs — ja vēlreiz traucēsi, tevi atkal sodīs.
D. Bet es jau arī saskaišos un reizēm daru par spīti skolotājam. Jebkurā gadījumā sodi daudz nepalīdz, bet tikai biedē.
N. Reizēm saņemt sodu ir pat patīkami. Piemēram, ja mani izdzen no klases, esmu priecīga, jo varu parotaļāties.
Vadītājs. Aā, tas nozīmē, ka sods dod pretēju rezultātu?"

— Mūsu audzināšana attīstījās industrializācijas laikmetā, kad bija nepieciešams apmācīt strādniekus fabrikām un rūpnīcām. Sāka izglītot lauku bērnus. Tad arī attīstījās skolu sistēma ar iedalījumu klasēs pēc vecuma sistēmas, kas sāka "uzpildīt" jauniešus ar minimālo nepieciešamo zināšanu daudzumu darbam rūpnīcās. Līdz 20. gadsimta vidum šī sistēma vēl darbojās. Bet pasaule ir mainījusies, nav vairs nepieciešams tāds strādnieku skaits, pietiek ar 10% cilvēces, lai apkalpotu visu rūpniecību.

— Cilvēkus nomainījuši mehānismi.

— Jā, pasaule kļuvusi citāda, un arī cilvēks ir mainījies. Mēs vairs nevaram bērnus audzināt par vienkāršiem izpildītājiem, viņi veidoti no cita materiāla. Bet tā vietā, lai audzinātu progresīvus, domājošus, sevi un visu cilvēka iedabu saprotošus cilvēkus, mēs skološanu turpinām pa vecam un neizdarām pareizus secinājumus. Audzināšanas attīstība atpaliek salīdzinājumā ar visām citām strauji augošām jomām, kā psiholoģija, psihiatrija, socioloģija, politoloģija. Skolotāji uz viņu fona izskatās arhaiski kā dinozauri. Tie ir cilvēki, kuri strādā ar bērniem!

— Viņiem jāveido jaunā paaudze!

— Kur nu! Tieši otrādi! Viņi pieder pie aizgājušās paaudzes, bet ne pie pašreizējās! Kad runāju ar skolotājiem, reizēm savā priekšā redzu cilvēkus, kuri dzīvo ar izpratni, kāda bija pirms piecdesmit gadiem.

— Šodien viss attīstās pārāk strauji.

— Jā, bet vecāki, ar kuriem kopā bērni dzīvo, ir daudz laikmetīgāki par skolotājiem, tāpēc viņi saskata skolotājā vairāk uzraugu un direktoru nekā audzinātāju. Visa pašreizējā audzināšanas sistēma ir novecojusi un neatbilst mūsdienu sabiedrības vajadzībām.

— Novecojusi gan struktūras, gan satura ziņā?

— Par saturu es vispār nerunāju. Tagad mēs runājam par skolotāju sagatavošanu, par viņu pieeju audzināšanai. Skola ar tās tradicionālo uzbūvi patlaban nevar apmierināt bērnu un sabiedrības prasības. Cik tagad ir hiperaktīvu bērnu?

— Apmēram līdz 10%. Tie ir tikai tie bērni, kas par tādiem atzīti un saņem zāles, dažādus iespējamos atvieglojumus eksāmenos un citur. Vērojama tādu bērnu skaita pieauguma tendence.

— Mums jāsaprot, ka tā nav slimība un nav parādība, bet ir

kopēja tendence, un atbilstoši tai mums jāmaina mācīšanas metodes. Ko mēs darīsim, ja puse bērnu būs hiperaktīvi?

— Kā tas iespējams?

— Hiperaktīvi bērni nav anomālija. Tie ir normāli mūsdienu bērni.

— Jūs sakāt, ka tā ir jaunā norma?

— Jā. Ko tad tagad darīt? Mums jāmaina absolūti viss: klašu plānojums, mācīšanas metodikas, pašai stundai jāaiziet pagātnē. Tātad absolūti visam jāmainās.

— Tad nebūs uzvedības problēmu un zudīs nepieciešamība sodīt un ierobežot?

— Audzināšanai jāatbilst bērnam, bet nav jābūt ērtai skolotājam vai izglītības sistēmai.

— Kas tad ir mūsdienu bērnam atbilstošs? Es redzu gandrīz bezpalīdzīgus skolotājus, bez jebkādiem līdzekļiem darbam ar jauno, daudz attīstītāko paaudzi, ar hiperaktīviem bērniem. Viņš gluži vienkārši nezina, kā ar to visu tikt galā.

— Es domāju, ka mācībām un audzināšanai jābūt ļoti dinamiskai. Lielai daļai mācību vispār jānotiek nevis skolā, bet gan muzejos, parkos, rūpnīcās, slimnīcās, tipogrāfijās... Bērniem jāredz un jāpēta dzīve visās tās izpausmēs. Visās šais vietās nepieciešams viņiem pastāstīt un paskaidrot, kā viss darbojas. Mums viņiem jārada iespēja izjust dzīvi. Tieši šie iespaidi viņus nomierinās, bet ne jau skolas sienas, kuras tiek uztvertas kā cietuma restes. Klases, skolotāji un vispār visa skolas sistēma vairs nespēj bērniem sniegt gandarījumu.

— Tātad jūs uzskatāt, ka mums nevajag ieslodzīt bērnus stingros skolas sienu un disciplīnas ietvaros un prasīt, lai viņi visu laiku sevi apvalda, jo tas ir pretēji viņu iedabai. Tā vietā ir jābūt iespējai saņemt daudzveidīgos iespaidus, kuri strauji mainās un kurus izmantojot viņi mācīsies.

— Viņiem jāiesaistās dzīvē.

— Jāredz dzīve visās tās izpausmēs un aktīvi tajā jāiesaistās jau no pašas mazotnes?

— Jā.
— Bet tomēr — kā pareizi bērnus ierobežot? Ar ko aizstāt šodien esošos sodus? Varbūt vajag izvirzīt nosacījumus, piemēram, ja bērns kaut ko dara, tad saņem balvu, bet, ja nedara, tad — nesaņem?
— Nē, bērnam pašam jāsajūt savas rīcības rezultāti, bet ne pieaugušo reakcija. Reakciju viņš saņem no dzīves, un tā viņu māca.
— Kā to panākt?
— Sakiet, vai desmitgadīgs bērns lēks no vairāku metru augstuma? Viņš baidīsies, jo sapratīs, ka saņems sodu. Tā viņam jāzina, ka saņems sodu par katru sliktu rīcību.
— Kā tas notiks apspriešanā? Piemēram, attiecības kolektīvā: kā bērns zinās, ka viņam par kādu rīcību draud sods, ja mēs iepriekš neesam noskaidrojuši likumus, kas ir arī visas dabas likumi?
— Šo sapratni viņam dos kolektīvs. Kāpēc mums tajā iejaukties? Tieši paši bērni lai izsaka nosodījumu.
— Vai tas nozīmē, ka bērnu kolektīvam pašam jānosaka likumi, kurus visi ievēros?
— Jā, protams. Bērniem jāizlemj, kas viņiem ērti un kas ne.
— Vai bērniem pašiem jāpieņem lēmums?
— Jā.
— No kāda vecuma viņi spēj pieņemt tādus lēmumus?
— No visjaunākā. Kad bērni sāk spēlēt kolektīvās spēles, piemēram, ar bumbu? No šā vecuma viņi jau saprot, kas ir kolektīvs.
— Man šķiet, ka tas ir 6–7 gadu vecums. Tad viņi jau spēj sevi redzēt kā grupas sastāvdaļu, proti, viņi atkāpjas no sava egocentrisma.
— Tas nozīmē, ka viņi gatavi audzināšanai.
— Mēs sagatavojām vēl vienu fragmentu no tās pārraides, kurā bērni atbildēja uz jautājumu, par ko, pēc viņu domām, sods ir jāsaņem. Viņi nonāca pie ļoti interesanta secinājuma. Paskatīsimies!

"**Vadītājs.** Mums vajag ieviest kaut kādus savstarpējo attiecību noteikumus? Kāpēc mums tādi noteikumi vajadzīgi? Ja jums tagad būtu iespēja ieviest tādus noteikumus, kas ir pats galvenais, kas tajos jāietver?

— Noteikumiem jābūt tādiem, kas nevienam bērnam neļauj nodarīt ļaunumu. Piemēram, skolā nedrīkst zagt — tas kādam radīs kaitējumu, jo tu uz viņa rēķina iegūsti.

— Nedrīkst bez vajadzības tērēt ūdeni, jo tas radīs kaitējumu visiem.

Vadītājs. Tātad pat tāds jautājums kā ūdens saprātīga izmantošana, kas, šķiet, ne ar kādām attiecībām nav saistīts, arī ir svarīgs, jo nepieciešams rēķināties ar visiem. Interesanti. Tas nozīmē, ka galu galā visi likumi tiecas tieši pēc tā."

— Mēs redzam, ka bērni tomēr pie tāda secinājuma nonāca, bet patiesībā nav vienkārši izveidot bērniem sapratni, ka likumiem jārunā par attiecībām pret tuvāko.

— Nē, es domāju, ka ar apspriešanas palīdzību to ir iespējams panākt. Sarunājoties par bērniem tuvām tēmām, tas ir īstenojams. Izmantojot par piemēru ūdeni, to izdarīt ir sarežģītāk, jo šī tēma bērnu pasaulei tomēr ir samērā tāla. Taču, ja mēs runājam par to, kas bērniem tuvs, un iesaistām sarunā visus, ne tikai aktīvos, iesaistām viņu jūtas, ieinteresējam viņus, tad var panākt visu. Tikai noteikti jāparūpējas, lai būtu interesanti un visi bērni noteikti piedalītos. Piemēram, ja apspriež labā un ļaunā tēmu, sarunai jābūt tādai, lai neatstātu bērnu vienaldzīgu. Tai jāmudina analizēt un jāskar bērna jūtas. Tad var būt pārliecināts, ka tāda apspriešana radīs viņā dziļus iekšējus iespaidus un ietekmēs turpmāko uzvedību.

— Vai jūs runājat par bērnu spēļu iespaidiem?

— Visi bērnu iespaidi ir spēļu iespaidi. Visa mūsu dzīve ir spēle.

— Patiesībā bērnu spēļu iespaidi ir diezgan ierobežoti.

— Tas nozīmē, ka mums viņiem jārada jauni modeļi, animācijas.

— Tātad vajag speciāli radīt situācijas un pēc tam tās apspriest.

— Jā.

— Arī negatīvos modeļus? Man šķiet, jūs reiz sacījāt, ka mums bērniem jāmin tikai pozitīvi piemēri.

— Ko nozīmē "negatīvi modeļi"?

— Nu, teiksim, kāds piemērs, kā bērns traucē apkārtējiem vai tos izmanto, un bērniem jānonāk pie secinājuma par tādas uzvedības kaitīgumu.

— Pie tāda secinājuma viņiem jānonāk apspriešanas rezultātā.

— Es jautāju par bērna iespaidiem. Vai mēs varam izmantot negatīvos iespaidus vai tikai pozitīvos? Vai iespējams tāds ceļš, ka bērns dara kaut ko, kas negatīvi ietekmē apkārtējos, gūst negatīvu rezultātu un no šīs pieredzes mācās, ka nav vērts tā rīkoties?

— Protams. Ja nav kolektīva reakcijas, kā tad viņš mācīsies?

— Tas nozīmē, ka var atļaut kādu izdarību, kas kaitēs citiem, bet no šīs pieredzes bērns mācīsies turpmāk tā vairs nerīkoties?

— Nē, tā es nebiju domājis.

— Nedrīkst atļaut mērķtiecīgi darīt ļaunu. Bet vai iespējams, piemēram, atļaut bērniem sākt kādu spēli, ja iepriekš nav apspriesti uzvedības noteikumi? Kad katrs sāks darīt to, ko grib, bērni cits citam vienkārši traucēs. Šos traucēkļus viņi sajutīs vēl pirms īstā ļaunuma. Viņi sapratīs, ka tā viņiem nekas neizdosies, ka nepieciešams apspriest noteikumus. Tas ir tāds sākotnējais cilvēku sabiedrības modelis, un bērni spēs no tā mācīties, kā visu akceptēti noteikumi un ierobežojumi var novērst pretrunas un sakārtot cilvēku savstarpējās attiecības.

— Jā, bet svarīgi, lai šos noteikumus ievieš viņi paši.

— Tādās grupās parasti tikai daļa bērnu piedalās apspriešanā.

— Tas ir nepietiekamas izskaidrošanas un analīzes rezultāts.

— Vai jūs uzskatāt, ka nevajag orientēties uz aktīvajiem bērniem?

— Jāpiedalās visiem. Protams, aktīvākie bērni reaģēs ātrāk, bet gala rezultātā notiekošais jāsaprot pilnīgi visiem.

— Parasti ir bērni līderi, kuri ātrāk par citiem nonāk līdz secinājumiem.

— Nē, mūsu pienākums ir "nonākt" līdz katram bērnam grupā, un katram atbilstoši savam sapratnes līmenim jāpiekrīt secinājumiem.

— Tātad iesaistei jābūt pilnīgai.

— Noteikti.

— Tas atšķiras no pieņemtās pieejas.

— Citādi mēs nekad nesasniegsim jaunu, izlaboto sabiedrības stāvokli. Ja paliek kāda daļa bērnu, kuri nav sapratuši mūsu principus, tad viņi kļūs par tādiem, kas neatzīst likumus, — par zagļiem un noziedzniekiem.

— Kā noteikt, cik lielā mērā visi piedalās?

— Tas nosakāms tikai ar apspriešanu un bērnu reaģēšanu uz to, kas ar viņiem notiek. Ikvienā mūsu apspriešanā katram bērnam jāizjūt visas tās daudzveidīgās situācijas, kuras mēs viņam piedāvājam. Pēc tam viņš pastāsta, kā tās izpratis, un dzird, kā citi bērni reaģē. Mums nav jābaidās tam tērēt daudz laika, jo ar tādas apspriešanas palīdzību veidojas pareizas bērna saiknes ar apkārtējiem, un tas ir pats svarīgākais. Ikvienā šādā apspriešanā bērns sāk sajust, kas ir labi un kas ir slikti, ko vairāk izjūt un ko — mazāk. Te veidojas pavedieni, kuri viņu saista ar pasauli. Tāda pieredze bērnu bagātina, padara komunikablu. Viņam zūd bailes no pasaules, veidojas saskarsmes spējas, mērķa sasniegšanas spējas. Pēc tam šie bērni sapratīs, kāpēc ārējā pasaule veidota pēc noteiktiem likumiem, un varēs veidot savu attieksmi pret tiem. Bet bez tādas atklātas un mērķtiecīgas apspriešanas savā mazajā sabiedrībā mēs nevarēsim veidot pieaugušu cilvēku.

— Ja es pareizi saprotu, jūs tomēr runājat par ļoti iekšējiem procesiem. Bet mūsu sarunas sākumā mēs domājām kaut ko ārēju. Sodi taču nāk no ārienes, un bērnam tikai jāiemācās atbilst šiem ārējiem nosacījumiem.

— Es vispār par sodiem nerunāju. Nesaprotu, kāpēc jūs visu laiku minat šo vārdu. Bērnam pašam jāizjūt sods, un šī izjūta uzreiz viņu pārorientē pareizi. Zināt, ir tāds putekļsūcējs-robots, kurā iemontēti fotoelementi, un tas automātiski maina virzienu, kad uzduras mēbelēm vai kādam priekšmetam.

— Jā, tas ieslēdz atpakaļgaitu un atrod vajadzīgo virzienu, bet cilvēks tā darbības laikā var doties pastaigā.

— To sauc par sodu: uzgrūdās, redz, ka tas nav labi, un maina virzienu. Bet, ja bērns nav pareizi audzināts, tad, uzgrūdies šķērslim, mēģinās to ieņemt ar spēku. Jo katra tāda sadursme ir konflikts ar ārējo vidi, un viņam tas jāsaprot.

— Vai saprast nozīmē veikt iekšēju analīzi?

— Jā, viņam tas jāsalīdzina ar tiem piemēriem, kuri viņā saglabājušies no apspriedēm grupā (es tīšuprāt saku nevis klasē, bet tieši grupā).

— Patiesībā tā ir sabiedriskā audzināšana.

— Lūk, viņam, balstoties uz šiem iekšējiem piemēriem, situācija jāizprot un jānoregulē.

— Jāveido sevī iekšējās regulācijas centrs.

— Jā.

— Un tad pēc ilga procesa, kuru izies katrs bērns, viņš spēs sevi un savu uzvedību regulēt no iekšienes, un tas būtiski atšķiras no tagadējās lietu kārtības, kad mēs uzliekam ārējus ierobežojumus, bet bērni tiem visādi pretojas.

— Sarunās mums bērniem jāiemāca iekšējais dialogs pašam ar sevi.

— Tas ir tas, par ko jūs daudzkārt runājāt, — refleksijas spēja, spēja vērot sevi no malas, analīze. Tas ir ļoti sarežģīti.

— Bet mēs turpināsim šīs svarīgās tēmas apspriešanu nākamajā sarunā. Šodien mēs runājām par to, ka sodu nav, bet ir likumi, kuri darbojas pasaulē un bērna saskarsmes vidē, un šiem likumiem jābūt saprotamiem. Dabiskā reakcija uz šiem likumiem rada pozitīvas un negatīvas izjūtas. No tām bērns mācās. Mācībām jābalstās uz jūtām un bērna iespaidiem.

SODS (TURPINĀJUMS)

— Mēs turpinām apspriest tādus audzināšanas jēdzienus kā robežu noteikšana un sods, refleksija un pareiza saskarsme ar bērnu. Iepriekšējā reizē jūs izteicāt savas domas par pieeju, ko tagad sauc par aprobežotu. Mūs interesēja, kā bērnu var ārēji ierobežot, bet jūsu vārdos, ja es pareizi sapratu, bija cits akcents: bērnam pašam iekšēji jāprot sevi ierobežot.

— Mēs taču vēlamies, lai bērns izaug?

— Mēs ļoti vēlamies, lai viņš aug pareizi, ir laimīgs un jautrs.

— Augt pareizi, būt laimīgam un jautram nozīmē, ka viņš pats sevi ierobežos.

— Vai tāpēc jūs runājat, ka viņam tas jāprot?

— To nepieciešams viņam mācīt no bērnības, citādi — kas tad tā par audzināšanu?

— Mūsdienās lieto terminu "pašregulācija".

— Mums jāiemāca bērnam pareizas savstarpējās attiecības ar sabiedrību. Viņam jāzina, kā noteikt savu vietu sociumā un būt nosacītā līdzsvarā ar to. Tad jebkurā vidē, lai kur viņš atrastos, viņš spēs iekārtoties tā, ka tas būs lietderīgi gan viņam, gan apkārtējiem.

— Spēs sevi virzīt?

— Jā. Vai mēs šo spēju veidojam audzināšanas procesā? Vai tas ir mūsu katras dienas mērķis tai periodā, kurā bērns pie mums mācās?

— Tātad audzinātāji un vecāki par audzināšanas mērķi uzskata tādas prasmes izveidošanu, lai bērns varētu sevi virzīt audzināšanas vai jebkurā citā vidē?

— Viņam jāzina, kā pareizi jāuzvedas jebkurā sabiedrībā, kā ar to nodibināt sakarus, iekļauties savstarpējā komunikācijā un justies komfortabli. Viņam jāsaprot, ko tieši sabiedrība no viņa prasa un ko viņš var saņemt no sabiedrības. Būt līdzsvarā ar apkārtējo vidi — vislabākais un vislabvēlīgākais stāvoklis.

— Parastajā audzināšanā to sauc par vērtību noteikšanu. Šai tēmai paredzēta viena stunda nedēļā, bet pārējā laikā bērnam pašam bez spriedelēšanas ar visu jātiek galā. Ja viņš uzvedas slikti, uz viņu dusmojas, ar viņu nesarunājas un sāk viņu apspriest. Vai iespējams aizsteigties priekšā tādiem gadījumiem?

— Ja tā notiek, tad bērni vispār nesaprot, ko no viņiem grib. Cilvēks ir radība un sabiedrības veidojums: šobrīd radība, bet pēc tam, iespējams, būs veidojums, jo viņš veido sevi pats.

— Vai nevēlaties paskaidrot atšķirību?

— Atšķirība ir tā, vai mēs viņu vadām tā, lai viņš kļūtu par apkārtējās sabiedriskās vides sastāvdaļu. Mēs runājam par apkārtējiem kā par organismu, kurš sastāv no savstarpēji saistītām šūnām un katra no tām funkcionē harmonijā ar citām. Mēs redzam, kā mūsu laikos tas izpaužas arvien vairāk un vairāk: cilvēce kļūst globāla un integrāla. Saprotams, ka tādā sabiedrībā noteicoša ir vienošanās, savstarpēja piekāpība un saikne. Vai mēs to mācām saviem bērniem? Bez tā cilvēku sabiedrība nespēs pastāvēt! Mēs jau saprotam, ka nevaram dot bērnam profesiju visam mūžam — profesijas pastāvīgi tiek mainītas.

— Pilnīgi pareizi.

— Taču, ja viņam izveidos pareizu pamatu mijiedarbībai ar sabiedrību, uzvedībai sabiedrībā, ja viņš tajā atradīs savu īsto vietu, tad tas būs cilvēka panākumu pamats dzīvē. Panākumi neatnāks uz tuvinieku palīdzības rēķina — integrālā sabiedrībā tas nav iespējams. Bet, ja ir pareiza saikne ar tuvāko, ja viņš atrod sevi, tad apgūs jebkuru specialitāti, it īpaši apstākļos, kad cilvēki nodarbošanās veidu maina vairākas reizes dzīvē.

— Tātad audzināšanā vajag apmainīt vietām galveno un otršķirīgo?

— Tieši audzinātāji savulaik nolēma vienu bērnu izmācīt par kurpnieku, otru — par atslēdznieku, trešo — par krāsotāju, nedomājot par to, kā viņi dzīvos.

— Viss pārējais jāpanāk pašam!

— Tieši tā: dzīve iemācīs! Citādi cilvēki ir bēdīgi, nospiesti, sirgst ar depresiju. Daļa kļūst par noziedzniekiem, citi vispār nevēlas iziet ārā no mājām, tāpēc ka nezina, kā pasaule veidota un kas tajā notiek. Sabiedrībā darbojas tādi noteikumi, ka ikkatrs izjūt spriedzi un mēģina ar spēku gūt labumu no tuvākā. Neviens pat nedomā par to, ka sabiedrībai jābūt vienotai un ka tai jāfunkcionē saskaņoti. Tās ir audzināšanas sekas. Tāpēc nav ko paust sašutumu un pretenzijas, kad tiek slēgta lidosta vai valdības iestāde. Es tajā saskatu audzināšanas rezultātu, ko šie cilvēki saņēmuši bērnībā.

— Ja mēs pieradinām bērnus domāt tikai par sevi un šai ziņā būt teicamniekiem, tad viņiem citu apspiešana nav problēma. Tā mēs graujam sabiedrību, un šis process tikai pastiprinās. Bet doma par piekāpšanos vai rēķināšanos ar citu cilvēku paliek ārpus audzināšanas.

— Cilvēki no bērnības nav mācījušies sarunāties cits ar citu — vai ar to nepietiek?! Vispirms apvienojiet bērnus grupā un iemāciet viņiem sarunāties citam ar citu, saprast, censties vienoties, lai panāktu vienlīdzību. Bet pēc tam dodieties ekskursijā uz parlamentu!

— Tas gan viņiem būs pārdzīvojums!

— Tā būs laba dzīves skola.

— Mācība — kā ir tad, kad cits citā neieklausās?

— Jā. Taču viņiem sevi jāgatavo citādai dzīvei.

— Tātad bērni jāaudzina ne tikai viņu iekšējiem pārdzīvojumiem, bet arī ar negatīvu piemēru no malas, ar diskusiju parlamentā?

— Jā. Televīzija nemitīgi rāda tādus piemērus dažādās jomās.

— Kas jādara, ja grupā ir bērns, kurš traucē apspriedi, novērš uzmanību?

— Nevar būt, ka grupa nespētu viņu nostrostēt.

— Ko grupa var padarīt?

— Pilnīgi visu!

— Varbūt izraidīt no apspriešanas, lai garlaikojas koridorā un rodas vēlme atgriezties?

— Nē, mēs to par sodu neuzskatām.
— Vai mēs gribam, lai viņš paliek kopā ar mums?
— Labošana notiek grupā, tāpēc ar izraidīšanu mēs atņemam bērnam iespēju mainīties. Tā mēs neko nepanāksim.
— Reizēm gadās tā, ka visa grupa aizrautīgi diskutē, bet viens sāk traucēt un vienā mirklī visu izposta.
— Tad ir nepieciešams pārtraukums. Parunājiet ar citiem bērniem. Kad visi atgriezīsies un ienāks arī viņš, lai visi pret viņu izturas nevērīgi: "Skat, kas atnācis!" Jūs taču zināt, cik spēcīgi tas iedarbojas uz bērniem.
— Tas ir ļoti grūti. Vai tāda attieksme nav bērnam bīstama? Vai viņš nezaudēs pārliecību par sevi? Vai tas viņu neaizvainos, nesalauzīs?
— Tas viņu salauzīs — lieliski! Ja necieņu izrāda nevis pieaugušie, bet grupa, to atcerēsies visu mūžu. Tas nav sods, bet grupas atbildes reakcija uz to, ko viņš izsauca — kā tas putekļsūcējs, par ko mēs runājām iepriekšējā reizē, kurš uzgrūžas sienai un pagriežas citā virzienā.
— Vajag bērnam to parādīt!
— Ja viņš to neizjutīs, tad nekad nemainīsies. Bet, ja viņu gluži vienkārši izdzīs ārā, tad viņš, nezinot iemeslu, ies pastaigāties un būs apmierināts. Pagalmā vēl uzsmēķēs un kopā ar citiem "izraidītajiem" dosies uz kino!
— Jā, pagalmos veidojas ļoti bīstamas kompānijas.
— Tāpēc — nedzīt ārā! Pilnīgi pietiek ar nelielu grupas nicinājumu.
— Tomēr gadās, ka bērns nespēj savaldīties. Tāds piemērs jau bija vērojams sarunā ar bērniem.
— Es runāju tikai par vienu iespēju. Cilvēku mainīt var tikai apkārtējie, izrādot savu piekrišanu vai nopēlumu.
— Apkārtējie ir ne tikai pieaugušie, bet arī bērni.
— Tikai bērni! Bērnam jājūt, ka grupa viņu atstumj: atstumj nevis fiziski, bet nevēlas samierināties ar tādu uzvedību.

— Pievērsīsimies nākamajam sižetam. Mēs runājām ar bērniem par to, ka pat tad, kad visi vienojas ievērot uzvedības noteikumus un netraucēt grupai, tik un tā gadās, ka kāds tomēr traucē. Kas tam par cēloni? Kāpēc tā notiek? Lūk, viņu viedokļi.

"**Vadītājs.** Mums ir uzvedības noteikumi, taču mēs ne vienmēr tos ievērojam. Iespējams, ka mēs negribam strīdēties, bet reizēm strīdi izceļas. Kāpēc?
S. Starp mums nav labas attiecības, jo tāda ir mūsu iedaba.
Vadītājs. Ko tu ar to domā?
S. Mēs esam egoisti, visu gribam tikai sev, pārējie mums vienaldzīgi. Mēs esam gatavi kādam iesist un kādu izsmiet. Ja mūsu iedaba būtu citāda un mēs visu negribētu tikai sev, mums nevajadzētu noteikumus un likumus, jo visi rūpētos cits par citu un būtu vienlīdzīgi. Neviens negribētu būt stiprāks vai lielāks par citiem.
Vadītājs. Vai ar kādu no jums ir gadījies, ka egoisms pēkšņi izlaužas?
M. Es nesen sakāvos ar klasesbiedru. Es jutu kā manī uzbango niknums, taču nespēju to apvaldīt. Tu it kā atrodies krītošā lidmašīnā un neko nevari mainīt — tev nav spārnu, nav pie kā pieķerties, tu krīti lejup līdz ar lidmašīnu, tev nekā nav."

— Cik tēlains apraksts! Bērns saka: "Es zaudēju vadību, redzu to, jūtu, ka nespēju notiekošo apturēt!" Cik bieži arī pieaugušie pārdzīvo tādus stāvokļus!

— Taču bērns to apzinās!

— Satriecoši! Viņš taču spēj sevi novērot!

— Jā, un tās ir audzināšanas sekas. Ar šiem bērniem nodarbojas pavisam neilgu laiku, un jau redzams rezultāts. Ko tad var darīt? Kādā veidā var apstāties? Vai tad, kad esi iekarsis, vispār var apstāties? Teiksim tā: pat ja viņš neapstāsies — nekas briesmīgs tas nav. Viņš izpētīs šo stāvokli vairākas reizes, jo pareizā pieeja viņam jau ir. Ja tagad viņš no "lidmašīnas kritiena" saņems triecienu, tad tā būs mācība, kā ar pareizas pieejas palīdzību nenonākt līdz tādam stāvoklim, kad lidojuma laikā pārstāj darboties bremzes.

— Runa ir par to, kāds tas trieciens būs? Viņš sakāvās ar biedru un tagad skolā notiek izmeklēšana: kurš sāka kautiņu, kurš vainīgs?

— Nē, nē! Mēs jau runājām, ka viņus atved, lai biedri tiesā, bet tā jau ir pavisam cita veida tiesa.

— Vai tā ir apspriešana, kā jūs teicāt?

— Protams. Katrs notikums, kas iziet ārpus pieņemtajiem ietvariem — un mēs tādus gadījumus meklējam —, tiek ierosināts kopējai apspriešanai.

— Vai būtībā tā nav drīzāk noskaidrošana, analīze?

— Bez šaubām. Šodien tas notika ar vienu, bet rīt var notikt ar kādu citu.

— Jēdziens "tiesa" asociējas ar sodu, bet mums tas ir pēdējais, ko mēs gribētu.

— Mēs vispār cilvēku netiesājam! Mēs tiesājam parādību — cilvēka iedabu. Mēs bērniem nejautājam: "Kurš kuram iesita?" Mums nav divu konkrētu bērnu, bet ir cilvēks, kurš iesita otram tāpēc, ka ir piedzimis ar egoistisku iedabu. Ko tad mēs darām, lai to savaldītu? Šodien viņš sakāvās ar klasesbiedru, bet rīt var iesist skolotājam, jo ne par velti ir sacīts: "Netici sev līdz pat savai nāves stundai." Mums ar viņiem jārunā pilnīgi atklāti jo vairāk tāpēc, ka pagaidām strīdus var novērot jebkurā vietā — mājās, uz ielas. Tāpēc mēs tādas situācijas apspriežam, nevienu neizlaižot.

— Vai tiesājam cilvēka iedabu?

— Jā. Apspriežam arī veidus, kā to iegrožot.

— Vai to var savaldīt?

— Var, bet ne jau ar spēku, važām un cietumu. Var sevi iegrožot ar apkārtējo palīdzību, taču tāda iegrožošana mani no iekšpuses "neaizkorķēs ciet", kā to dara ritalīns, bet pavērs ceļu jaunai attīstībai. Tu uz grupu neatnāc ideāls — droši vien tev ir adatas kā dzeloņcūkai. Tās apcirst ir ļoti sāpīgi: tev sevi jātur grožos, nav jāklaigā, nav jākaujas. Taču var rīkoties citādi: ar audzināšanas palīdzību gūt iespēju brīvi iziet no savas egoistiskās iedabas — to neierobežojot, bet pārvēršot atdevē citiem. Tad tu jutīsies brīvs.

— Bet kā tas izdarāms?

— Tur jau tas suns ir aprakts. Ja mēs sāksim izdarīt spiedienu uz bērniem, viņi kļūs par slimiem cilvēkiem, kuriem vajadzēs sev pastāvīgi sekot.

— Aizture vienā vietā noteikti izlaužas ārā citā.

— Pastāvīgi sevi savaldot un apspiežot, viņi galu galā tiks dziļi traumēti. Tam būs bēdīgas sekas: slimības, apslēpti uzliesmojumi, neadekvāta uzvedība, seksuālās anomālijas, cietsirdība.

— Skaidrs, ka apspiešana ir ļaunums.

— Daba vienmēr izlauzīsies uz āru, turklāt briesmīgās formās. Tāpēc mēs nekādā gadījumā bērnu neapspiežam. Mēs viņu virzām uz tādu saikni ar grupu, kura, pastāvot pareizai mijiedarbībai, ļauj izmantot savas sliktās īpašības labā interesēs. Un tad viņš savus ērkšķus sakārto kā zobrata zobiņus sazobē, lai veidotu saikni ar citiem bērniem.

— Tas pats notiek ar dzeloņcūkām: kad auksts, tās, par spīti dzeloņiem, piespiežas cita citai, lai būtu silti.

— Ja es būtu bērns, man vēl aizvien nebūtu skaidrs, kāpēc jāsaistās ar citiem?

— Bērnam tas nav jāsaprot. Viņš gluži vienkārši šo vingrinājumu rezultātā to iegūst. Vairāku gadu laikā mēs viņu virzām cauri vingrinājumu sērijai, un tā viņā veidojas otrā daba. Saprotams, mēs viņam nesniedzam teorētiskus izskaidrojumus un neizmantojam morāla rakstura sankcijas.

— Mūsdienu audzināšana tieši meklē veidus, kā ārējos ierobežojumus pārvērst iekšējos. Nav iepējams nepārtraukti iedarboties tikai no ārienes. Bērnam, kā jūs sakāt, pašam jāizdzīvo šie stāvokļi un pārdzīvojumi.

— Cilvēkam nekas nav jātur sevī. Viņam viss jāizpauž uz āru un tādējādi jāsaistās ar citiem.

— Tieši tāds ir to apspriešanu mērķis, par kurām mēs runājām:

pastāvīgi dalīties savos pārdzīvojumos, censties tos izpaust, bet ne slēpt, jo tas var radīt sprādzienu.

— Te savienoti vairāki principi: bērniem sevi jāizpauž, turklāt ne tikai vārdos, bet rīcībā un pastāvīgi jāapspriež sava uzvedība — pašreizējā un vēlamā.

— Citiem vārdiem, saikne ar citiem ir nevis mirklīgs akts, bet gan process, kam nepieciešams laiks.

— Bet bērniem tas norit samērā ātri. Pārsteidzoši, cik ātri viņi visu apgūst un mainās.

— Kāpēc gan lai viņi savus "dzeloņus" slēptu?

— Dzeloņus neslēpj, bet pārvērš pretējā parādībā — saiknē ar citiem.

— Bet, kad es aizsvilstos un vēlos pāridarītāju saplosīt gabalos, tad vis nejūtu, ka vēlos ar viņu būt saiknē. Es gribu no viņa tikt vaļā!

— Nu ko, eksplodē visu acu priekšā, bet, apzinoties, ka tā rīkoties liek tava iedaba. Kā teica S., rīkojies kā tas, kurš zaudē pašsavaldīšanos un zina, ka tūlīt sāks visu graut. Vienlaikus sauc: "Glābiet!" Un tad eksplodē.

— Bet vai šādā gadījumā var glābt? Vai ir iespēja to izdarīt paša notikuma karstumā?

— Ja viens otru saprot, tad ir lieliski: ikviens mācās no otra.

— Teiksim, es jūtu, ka tūlīt "uzsprāgšu", bet nevaru sevi apturēt...

— Šī sajūta vienā mirklī var apdzist, tikai sāc kliegt un tad redzēsi!

— Bet kā tas saistīts ar atdevi? Kā pārvērst ļaunumu tā pretstatā?

— Atdeve vislabāk mums palīdz noskaidrot ļaunumu — tā ir palīdzība, kas vērsta pret sevi. Bija "pret" un tad pēkšņi kļuva par palīdzību. Mums taču nav labu atdeves vēlmju/īpašību. Mūsu iedaba nav laba, arī uzvedība nav laba. Labais nenāk no mums pašiem, bet pilnībā veidojas tā, ka mēs to radām no tā pretstata.

— Kā sacīja M.: "Mūsu iedaba ir egoistiska." Viss ir ļoti vienkārši.

— Sarunas turpinājumā viņš vairākas reizes uzsvēra: tāda ir mana daba, to mainīt nav iespējams, tāpēc es neko tai nevaru līdzēt.

— Nu vismaz viņš nonāca līdz ļaunuma apjēgšanai — arī tas ir liels sasniegums.

— Nākamais fragments liecinās, cik soda jēdziens dziļi iesakņojies mūsos. S. jau spēj sevi novērot, bet M. jūt tikai savu iedabu. Tāpēc citu izeju nesaskata kā vien sodu.

"**Vadītājs.** Kāds visstiprākais un iedarbīgākais līdzeklis jums zināms, ar kura palīdzību mēs varam ierobežot mūsu *ego* uzliesmojumus?

S. Pirmām kārtām tā ir doma, kas notiek ar draugu. Ja es daru kaut ko sliktu biedram, tad iedomājos sevi viņa vietā, bet, ja viņš man dara sliktu, es jūtu, kas ar viņu notiek, iedziļinos viņa stāvoklī.

Vadītājs. Tātad es iedomājos sevi sava biedra stāvoklī. Bet kā slikto var uzvarēt?

M. Manuprāt, kā jau mēs runājām, vienīgā izeja — sods. Cita risinājuma nav. Ja man saka: "Nākamreiz tā nedari", — man tas ir sods. Katrs ierobežojums taču ir sods.

Vadītājs. Taču mēs arī redzam, ka sods vēl vairāk iekvēlina *ego*.

S. Es domāju, ka sods jāpiespriež atkarībā no notikušā — lai nekaitētu cilvēkam, neliktu viņam ciest, bet lai būtu mācība līdz nākamajai reizei."

— Patiešam, sarežģīts jautājums: ko iesākt? Viņi ir aplaimoti ar egoista iedabu un viņiem māca vērot savas izdarības. Un ko tad viņi redz? — Redz, ka visi pastāvīgi grib tikai sev un neviens nedomā par pārējiem.

— Bet ko jūs teiktu, ja visi bērni pasaulē sasniegtu tādu sapratnes līmeni?

— O, mēs tad būtu sasnieguši ievērojamu progresu!

— No tā mirkļa, kad bērns atzīst, ka neko nevar padarīt savai dabai, tāpēc viņam nepieciešams sods, līdz prasmei pareizi un apzināti ierobežot sevi saistībā ar apkārtējiem nav tāls ceļš. Bērns sāk pats sevi audzināt, ļoti augstā līmenī analizējot savu uzvedību.

— Interesanti, ka apspriešanas procesā visi bērni bija vienisprātis par to, ka egoisms rada viņiem problēmas, kuras jārisina. Bet katrs ar tām grib tikt galā pats: parādīt personīgo piemēru vai atrast kādu citu risināšanas veidu.

— Bērns taču grib izjust to, ka pats spēj tikt galā!

— Taisnība. Vai gribat atrisinājumu?

— Protams.

— Viņiem jāiemāca, kā sevi audzināt ar apkārtējo palīdzību. Katram jāvēršas pie biedriem ar lūgumu: "Draugi! Jums mani jāaptur, jāreaģē un jāizdara spiediens, ja es, teiksim, sāku kautiņu."

— Tieši tā arī palūgt?

— Jā. Tad, nākamajā reizē, kad es atvēzēšos sitienam, mani tūlīt satvers aiz rokas, apturēs un atgādinās, jo es pats par to aizmirstu.

— Vai līdz tādam secinājumam bērnam jānonāk pašam?

— Protams, pašam! Un jāpalūdz, lai grupa atgādina!

— Bet vispirms viņam sevī jāviļas?

— Protams. Bet viņš jau tagad saka, ka viņam vajadzīgs sods, citādi viņš nespēj sevi savaldīt! Citādi viņš avarē tāpat kā pikējoša lidmašīna. Tātad mums jau ir tādi bērni, kuri izprot savu stāvokli. Tagad jāseko nākamajam posmam — izvēles brīvības posmam: es izvēlos apkārtējo vidi, kura mani apbalvos un sodīs ar savu attieksmi pret mani.

— Neapsūdzot un nedusmojoties uz mani?

— Protams, jo visi ir tādi — viņi taču tā saka par sevi! Un katram ir skaidrs, ka viņu iedaba ir egoistiska, slikta.

— Un nav nekādas nozīmes, kam tā iedaba ir vēl sliktāka?

— Nē.

— Tātad galvenā atziņa ir tāda, ka ļaunums piemīt visiem?

— Jā, un tāpēc mums, sliktajiem, jāveido sev apkārtējā vide, kura mūsu uzvedībai sekos. Mēs it kā paši būvējam daudz augstāku līmeni, kas mūs sargās, — visi sargās katru. Tad mūsu attīstība virzīsies pa labu ceļu.

— Tā vietā, lai cīnītos ar ārējiem ierobežojumiem, bērns sāk saprast, ka tie viņam ir nepieciešami, tāpēc viņš tos ieviesīs pats.

— Katrs vēlēsies, lai apkārtējie viņu ietekmē un audzina.

— Skan ļoti pievilcīgi!

— Bet audzinātājam nebūs cita darba kā iedarboties uz viņiem ar apkārtējo palīdzību, veidojot izpratni par to, kādai jābūt grupai, kādi noteikumi tajā ir spēkā. Šos likumus mēs ņemam no dabas — tos neizdomā ne audzinātājs, ne Izglītības ministrija.

— Ar jautājumu par pareizas bērnus audzinošas apkārtējās vides veidošanas mēs šo sarunu beigsim. Ceru, ka visi guva bagātu vielu pārdomām.

FACEBOOK

— Iepriekšējās sarunās mēs daudz spriedām par pusaudža vajadzību veidot savu individualitāti. Viens no pusaudža uzdevumiem — saprast, kas viņš ir, pārbaudīt sevi un pašnoteikties. Vienlaikus mēs šodien novērojam pusaudžu vidē tādu vienaldzības tendenci, kura pāraug īstā narcismā. ES, ES un vēlreiz ES. Internetā bija publicēts ļoti interesants pētījums, kurā piedalījās 14 000 Amerikas koledžu studentu. Pētījums liecināja, ka spēja just līdzi citam cilvēkam pēdējo trīsdesmit gadu laikā pastāvīgi samazinās. Cilvēks aizvien vairāk ir pārņemts pats ar sevi. Jautājums tāds: kā rast pieeju mūsdienu pusaudžiem? Kādas ir viņu vajadzības? Kāda izglītība viņiem nepieciešama?

— Mēs esam vēsturiskās attīstības starpposmā. Miljoniem gadu ilgi dabas attīstības gaita ietvēra šādas pakāpes — no nedzīvās matērijas līdz augu un dzīvnieku un tad cilvēka pakāpei. Cilvēka attīstība uz Zemes, kas ilga simtiem tūkstošus gadu, ir egoistiska un vienvirziena attīstība: egoisms vēršas plašumā un nemitīgi dzen mūs uz priekšu. Ja es jūtu, ka man ir izdevīgi būt saistītam ar apkārtējiem cilvēkiem, darboties kā cilvēku sabiedrības komponentam, tad es to daru. Saskaņā ar šo vajadzību cilvēki veido savu kopdzīvi: rada dažādas organizācijas, kas nodrošina ar pensijām, apdrošināšanas un veselības aizsardzības pakalpojumiem, rada visdažādākos uzņēmumus, apvienības, klubus. Bet gala rezultātā mūsu egoisms ir tiktāl izaudzis, ka mēs vairs neesam spējīgi mijiedarboties tādās organizācijās. Ja es no tām varu gūt sev labumu, es tajās piedalos, bet, ja ne, tad tās man nav vajadzīgas.

— Vai mana vienaldzība pret citu cilvēku ir šā procesa blakusparādība?

— Jā, man gar citu cilvēku nav nekādas daļas. Bet jāsaprot, ka dabā nekas nenotiek nejauši, bez nepieciešamības. Tāpēc, izjūtot vienaldzību pret citu cilvēku, mēs sākam domāt: kā tas atspoguļojas manī, kurp tas ved? Tā es nonāku līdz ļaunuma apziņai: ja man ir vienaldzīgs otrs cilvēks, tad sabiedrība sabrūk. Cilvēki attālinās cits no cita, iepriekš izveidotās organizācijas un saiknes vairs nedarbojas. Mēs negribam būt tikai viena sabiedrība, viena valsts, piederēt pie kaut kādas konkrētas tautas, valsts. Cilvēks klīst pa pasauli un izvēlas sev vietu, kur viņam ērtāk. Paraugieties, kāds ir migrācijas līmenis pasaulē! Cilvēki vairs nejūt, ka būtu pie kaut kā piederīgi. Jebkurā vietā pasaulē ir apmēram viena valoda, viens un tas pats ēdiens, gandrīz vienāda sadzīves organizācija, izglītība, kultūra. Tas vienādi ir pieejams, un kad man gadās ceļot pa pasauli, es nejūtos no kaut kā atrauts.

— Cilvēki, kas pabijuši ārzemēs, atved sev līdzi jaunas lietas vai jaunu slengu un gūst no tā milzīgu baudu. Svešais viņiem ir tuvāks nekā savējais dzimtenē. Dzīvojot ārzemēs, viņi sarakstās ar saviem klasesbiedriem...

— Lai kur es būtu — ārzemēs vai mājās —, es jūtos vienlīdz cieši saistīts ar saviem draugiem un ģimeni. Tātad atrautības sajūtu un zemo vajadzību pēc fiziska kontakta ir radījis tehnoloģiskais progress, kas aptver visu pasauli. Bet šī parādība nāk līdz ar savdabīgu krīzi. Mēs sākam saprast, ka iespēja ierauties savā "čaulā" un mijiedarboties ar pasauli internetā ir ļoti pievilcīga: man neviens blakus nav vajadzīgs, sarakstoties ar kādu, man nav svarīgi, vai viņš atrodas man tuvu vai tālu. Bet tā ir tikai viena medaļas puse. Ja savrupība, kuru mēs tā meklējam, darītu mūs laimīgākus, mēs turpinātu iet šai virzienā. Bet daba izdara sitienus no citas puses, sakot: jūsu stāvoklis bez saiknes citam ar citu ir ļoti bīstams. Cilvēku sabiedrība nespēs nodrošināt sevi ar pašu nepieciešamāko. Naids, pilnīga atšķirtība, globālā krīze, ieskaitot ekoloģijas un klimata problēmas, sasniegs tādu līmeni, ka jūsu turpmākā eksistence būs neiespējama. Tātad, no vienas puses, mūsu egoisms un tehnoloģiju attīstība ļauj katram eksistēt autonomi, jūtoties ērti bez saiknes ar citiem cilvēkiem. No otras puses, daba ar to nav mierā. Tāpēc mēs atrodamies pārejas stāvoklī starp divām pakāpēm: noslēdzas attīstība iepriekšējā līmenī, un mums ir jāpaceļas nākamajā līmenī.

— Vai ar vārdu "mēs" jūs domājat visu cilvēci?
— Protams.
— Citiem vārdiem, vai pāreja, par ko jūs runājat, ir kaut kāda cilvēces brieduma sasniegšana?
— Jā. Un tieši tagadējie pusaudži veiks šo pāreju.
— Lai arī patlaban viņi pauž pilnīgu nicinājumu pret visiem sabiedriskajiem institūtiem un nevēlas tajos darboties.
— Ciešanas un triecieni liks viņiem meklēt kopēju saikni.
— Kādas ciešanas — iekšējas vai ārējas?
— Gan vienas, gan otras.
— Jūs runājat par sociālajiem tīkliem un par to, kā tie stimulē cilvēkus iesaistīties. Mūsdienās šajā jomā ir veikts daudz pētījumu. Piemēram, ir konstatēts: jo biežāk cilvēks atjauno savu profilu sociālajos tīklos, jo vairāk tendēts uz paštīksmināšanos, vērojama arī tieša saistība starp tīklā iesaistīšanās pakāpi un cilvēka egoisma pakāpi. Tātad, no vienas puses, sociālie tīkli ir kā cilvēku apvienošanas līdzeklis...
— "It kā" apvienošanas līdzeklis.
— Bet, no otras puses, tīkli virza cilvēku uz sevi pašu, stimulē narcismu. Tagad pievērsīsimies fragmentam, kurā pusaudži runā par sociālo tīklu *Facebook*.

"**Vadītājs.** Jūs runājat par *Facebook* kā par kaut ko virspusēju: iepazīstos ar meiteni tāpēc, ka viņai skaista fotogrāfija, atjaunoju savu statusu ar komentāru "esmu izgājis no mājām". Vai tas ir *Facebook* vai ir arī citi veidi, kā izmantot tā iespējas?
N. *Facebook* tīklā viss ir uzzināms. Vienmēr varu uzzināt, kas notiek. Pieņemsim, draugi nolēmuši doties uz parku, un *Facebook* pavēsta man visas detaļas — pasākuma laiku, vietu...
L. Aizgājis jau tiktāl, ka draugi atgriežas no ballītes, visus moka briesmīgas paģiras, un viņi raksta par to, kā nu kuram sāp galva. Viņi dzīvo *Facebook* tīklā un bez tā nespēj. Cilvēki izliek savu dzīvi visu apskatei: es gribu ēst, es gribu dzert, es aizeju, esmu atgriezies, dodos gulēt...

Vadītājs. Mēs pamanām, ka *Facebook* tīklā izpaužas tendence, izmantojot *Facebook*, savas fotogrāfijas, savu dzīvi, ģimeni padarīt par publikas īpašumu, demonstrēt, kas ar ko pašreizējā brīdī nodarbojas. Jebkurš var ienākt un ieraudzīt manu dzīvi kā uz delnas. Kāpēc mums ir tik svarīgi citus cilvēkus padarīt par lieciniekiem jebkuram notikumam mūsu dzīvē? Tajā ir kaut kas līdzīgs lūrēšanai pa atslēgas caurumu...

M. Mana draudzene izdzēsa savu kontu no *Facebook*, jo aptvēra, ka visu dienu atjaunina savu statusu un gaida reakciju "Man patīk". Ja neviens neatbildēja, ka viņam tas patīk, viņa izjuta neapmierinātību ar sevi, bet, ja atsauksmju bija daudz, tad viņa jutās labi. Domāju, ka cēlonis tam, ka mēs izliekam fotogrāfijas un savu dzīvi apskatei, ir tāds: mēs gaidām cilvēku reakciju. Ar tās palīdzību mēs konstatējam, vai esam ko vērti apkārtējo acīs.

Vadītājs. Citiem vārdiem, *Facebook* sniedz man savas esamības sajūtu.

N. Es domāju, ka ar *Facebook* palīdzību var saprast, ko mums diktē sabiedrība. Tu nekad neievietosi tajā fotogrāfijas, kurās izskaties slikti, nekad par sevi neuzrakstīsi neko sliktu. Šo centienu dēļ tu neesi īsts. Un viss tāpēc, ka mums teica, ka tajā visam jāizskatās vislabākajā veidā."

— Tas bija fragments no manas sarunas ar pusaudžiem. Bija ļoti interesanti tāpēc, ka šie bērni ir īpaši: viņi spēj uz sevi un savu rīcību paraudzīties no malas. Tai pašā laikā viņi visi ar retiem izņēmumiem ir reģistrējušies *Facebook* tīklā, dzīvo saskaņā ar tā noteikumiem un izjūt tā nepieciešamību.

— Vai tā ir kāda visiem kopēja dienasgrāmata?

— Jā. Cilvēks grib, lai visi zina, kas ar viņu notiek. Viss galvenokārt notiek, izmantojot fotogrāfijas un sarakstī. Taču šī dienasgrāmata nevienu nekādi neierobežo — var rakstīt visu, kas tīk.

— Katrs var pateikt, ko vēlas, un tas ir pieejams visiem. Būtībā cilvēki izmanto *Facebook* tīklu, lai paaugstinātu savu pašvērtējumu: ja mani atbalsta, man pievienojas, tas nozīmē, ka ar mani viss ir kārtībā.

— Taču šī tendence noved pie galējībām. Bija gadījums, kad pusaudži izdarīja pašnāvību tāpēc, ka viņu statusu *Facebook* tīklā neviens nenovērtēja ar "Man patīk".

— Vai viņi dzīvo sakaņā ar to, kā *Facebook* viņus novērtē?

— Tieši tā. Jautājums ir par to, kā tuvināties mūsdienu pusaudžiem, kuri dzīvo tādā vidē, un kā viņus mainīt, kā piesaistīt vērtībām, kuras vēlamies viņiem dot. Ar ko vajadzētu sākt?

— Vispirms jāsaprot, ka nevar sākt no pusceļa: pēkšņi pieiet klāt 13–14 gadus veciem pusaudžiem un sākt sarunu. No cik gadiem bērns ir pusaudzis?

— No 12–13 gadiem.

— Ja gribat zināt manas domas, tad 12–13 gados cilvēks jau ir pieaudzis, bet ne pusaudzis.

— Tad jau ir par vēlu?

— Pusaudzis viņš ir daudz agrāk: no deviņiem līdz 12–13 gadiem.

— Ko jūs ar to domājat?

— Es domāju, ka līdz 12–13 gadiem bērnā kaut ko vēl var mainīt, bet pēc tam tas faktiski nav iespējams. Turklāt ko tad mēs dodam vietā? Mums jārada sistēma, kura atbilst pusaudžu vajadzībām un balstās uz citām vērtībām.

— Vai sistēmai jābūt jaunai vai arī var izmantot to, kas ir tagad?

— Var izmantot to, kura jau ir, es ar to neesmu iepazinies.

— Pusaudži tajā ir ietverti.

— Labi. Droši vien var tajā iesprauktiesun sākt to gudri mainīt, lai pusaudži to nepamanītu un no mums neattālinātos. Jārīkojas secīgi ar tādu cilvēku, dažādu slavenību, palīdzību, kurus pusaudži uzskata par populāriem. Šajā procesā viņu lomai jābūt audzinošai — "dvēseļu glābšanas" interesēs. Lai viņi ir saskarsmē ar bērniem, sarakstās, skaidro, piedalās forumos. Tad būs skaidrs, ka šiem ļaudīm ir daudz augstākas vērtības nekā šiem pusaudžiem. Tā varēs šos bērnus "piepacelt", nodarbināt ar ko citu, organizēt interešu pulciņus. Vai *Facebook* tīklā ir tāds iedalījums vai arī tur viss ir juku jukām?

— Viss juku jukām.
— Tātad bez kādas jēgas?
— Katram ir savs profils. Ja kāds piesakās man par draugu, es viņu pievienoju draugu sarakstam, un mēs varam sarakstīties, skatīties viens otra fotogrāfijas.
— Vai tam seko arī fiziska saskarsme?
— Parasti — ne. Visbiežāk tā aizstāj tiešo saskarsmi. Aiziet tik tālu, ka puisis un meitene var šķirties, vienkārši uzrakstot ziņu. Mūsu sarunā viens pusaudzis sacīja: tā vietā, lai zvanītu un tērētu laiku telefona sarunai, var gluži vienkārši uzrakstīt, ka tu man esi apnicis, un viss.
— Un vienlaikus justies aizsargātam?
— Jā. Tomēr šī procedūra ir sāpīga. Daudzi vecāki ir nesaprašanā, kur pazudis bērnu sirds siltums, sirsnīgums, iekšējā saikne? Rezultāts ir tieši pretējs.
— Es nedomāju, ka *Facebook* tīklā kāds meklē sirds siltumu un sirsnīgumu. Šī saskarsme šķiet virspusēja un paviegla, kaut gan pusaudži man nepiekrīt.
— Viņiem ar to pietiek.
— Tur jau tā lieta: viss ir tikai ārišķība. Ja fotogrāfija, tad tikai skaista, ja vārdi, tad patīkami. Bet, ja es vēlos pateikt kaut ko nepatīkamu, tad *Facebook* ievērojami atvieglo manu uzdevumu. Viss noris it kā no āriēnes. Bet ir arī otrs aspekts, pilnīgi brīvi tiek likti lietā vissiltākie vārdi.
— Balstoties uz to, ka tamlīdzīga saskarsme ir mūsdienu pusaudžu realitāte, kādu papildu elementu var pievienot tādām sarunām, kādas man norisa ar jaunatni, lai sacītu: "Draugi! Izdarīsim ko citu!"?
— Mēs esam saskārušies ar pozitīvu parādību — es pat sacītu — retu. Patīkami dzirdēt, ka *Facebook* kļūst arvien populārāks.
— Pēc dalībnieku skaita tas ieņem otro vietu pasaulē aiz Ķīnas.
— Pasaule pasaulē.
— Tas nozīmē, ka starp cilvēkiem pastāv saikne — mākslīga, slikta, zem katras kritikas, tomēr saikne. Atbilstoši savai iedabai —

egoismam, kas viņos attīstās, šie jaunieši sajūt, ka tāda ir mūsu laiku cilvēku vienotības pareizā forma. Viņi nevēlas iepazīties personīgi: man ir sava "šūniņa" mājās, darbā, un es tā dzīvoju. Es nopērku produktus lielveikalā un atgriežos mājās. Man ir ledusskapis, kondicionētājs, veļas mazgājamā mašīna — viss, kas nepieciešams. Lielveikalā iegādātie produkti ir gandrīz gatavi lietošanai — ar mani viss ir kārtībā. Bet, ja mana iedaba prasa, lai man ir saskarme ar citiem cilvēkiem, tad es šo prasību apmierinu *Facebook* tīklā.

— "Ātrās pagatavošanas sakari"?

— Nav svarīgi. Jūs tā domājat, bet viņiem tā ir normāla saskarsme, un neko vairāk par to viņiem nevajag. Tik normāla saskarsme, ka puiši un meitenes lielākoties iepazīstas sarakstoties, bet pēc tam reizēm arī satiekas. Redzat, kā cilvēka egoistiskās vēlmes jaunajā paaudzē maina virzienu? Vajadzība pēc siltuma un apskāvieniem iegūst citu formu: cilvēki vairumā gadījumu var apmierināt cits cita vajadzības saskarsmē internetā. Tas viņus nomierina un sniedz piepildījumu. Neko nepadarīsi. Es par to spriežu pat pats pēc sevis: kad es zvanu savai mammai, kura dzīvo Kanādā, man pietiek ar īsu sarunu. Nav agrākā pievilkšanas spēka, kas tuvināja. Mēs acīmredzot pārejam pie cita veida tuvības — elektroniskie sakari saīsina attālumus.

— Šais sakaros ir dzīvības elpa.

— Taisnība. Lai gan es uz *Facebook* nevaru paraudzīties jauniešu acīm, man tas jāatzīst. Tāpēc mums jādomā, kā kopā ar šo jauno tīklu virzīties dabas mērķa virzienā. Pareiza *Facebook* tīkla izmantošana, bez šaubām, nodrošinās lielus panākumus. Es uzskatu, ka tā attīstības rezultātā mēs iegūsim varenu ideju izplatīšanas līdzekli.

— Sarunā ar pusaudžiem noskaidrojās, ka, pat būdami saistīti ar *Facebook* tīkla palīdzību, viņi asi izjūt tukšumu. Viņi paši atzīst, ka šī saskarsme nav īsta, ka tā ir virspusēja un ka tajā kaut kā trūkst.

— Tādā gadījumā ir iespēja iejaukties un aizpildīt šo tukšuma sajūtu. Izvēles nav — šis tīkls pastāv, un pusaudži vēlas tieši tāda veida saskarsmi. Tai pašā laikā viņi jūt, ka šo saskarsmi nepieciešams piepildīt ar kaut ko emocionālāku, kvēlojošu, dzīvi pulsējošu.

— Ar to arī ir saistīts mans jautājums. Vai mēs varam kaut ko pievienot, lai pusaudži sajūt šos sakarus kā īstus, kā tādus, kādus viņi gaida?

— Es jauniešiem pamestu — kā iesviež sērkociņus siena kaudzē — apspriešanai "viskarstākās" tēmas, lai viņus "iekustinātu". Izvēlētos desmit, piecpadsmit cilvēkus no dažādām jomām ar dažādiem uzskatiem un dažādu pieeju, dažādiem raksturiem, lai viņi tīklā ir "musinātāji" un "provokatori" un pat rupjā un asā formā ierosina dažādus jautājumus. Tām nepavisam nav jābūt kādām "augstām" tēmām, var runāt par visikdienišķākajām lietām. Tādā veidā es pusaudžus pamudinātu un iesaistītu diskusijās par tēmām, kas skar iespējas vienoties citam ar citu un apvienoties. Lai diskutē un kontaktējas tā, kā viņi to raduši, bet par tēmām, kuras tuvas vēlamajam saturam.

— Kādas tieši tēmas?

— Par dzīves jēgu, par cēloņiem visam pasaulē notiekošajam. Kāpēc viss tā notiek? Kāpēc tu kādu mīli, bet kādu ne? Kāpēc pret tevi uzturas ne tā, kā tu gribi? Tās var būt gan psiholoģijas, gan ekoloģijas, gan citas tēmas.Var pat pusaudžus pavērst pret pieaugušajiem.

— Tam gan lielas pūles nevajadzēs!

— Taču nepieciešams, lai kritika būtu konstruktīva.

— Pusaudžu vidē ļoti stipri izpaužas vēlme kritizēt pieaugušos, ko gan nevar sacīt par viņu spēju meklēt cēloni. Tieši tā viņos jāpamodina, lai apzinās, ka parādībām ir milzum daudz cēloņu visdažādākajos līmeņos. Ļoti bieži pusaudži, kritizēdami un noliegdami visu pēc kārtas, pievērš uzmanību tikai tam, ko redz. Viņi var paskaidrot, kāpēc negrib to vai šito, bet nespēj pateikt, ko viņi grib, kā to citādi sasniegt, ne arī norādīt cēloņus.

— Ir, pie kā strādāt. Es, protams, šim uzdevumam neesmu piemērots, bet jūtu, cik svarīgi ir izpētīt sociālo tīklu *Facebook* un tādā vai citādā mērā sajust, kā tas iedarbojas uz cilvēkiem, kuriem tīkls kļuvis par dzīves sastāvdaļu.

— Panākt, lai tas kļūst par šo cilvēku virzošo spēku?

— Jā.

— Es gribētu izprast mūsdienu pusaudžus un izdibināt, ar ko

mums ir darīšana? Kā nopratu, savstarpējā saiknē citam ar citu viņi nonākuši līdz robežai, kad pārāk daudz netiek prasīts. Pietiek ar to, ka es kādam uzrakstu pāris vārdu, mani tas apmierina, bet kaut ko vairāk — tad tā jau ir īsta saskarsme, daudz dziļāka, iekšēja. Vai pie tāda secinājuma jānonāk pusaudžiem?

— Jā. Mēs redzam to arī tehnoloģiju attīstībā. Viss virzās uz to, ka dažādas pasaules daļas ar interneta palīdzību būs saistītas bez kādiem ierobežojumiem sarakstē un sarunās. Tiks izmantots arī sinhronais tulkojums. Mēs jutīsimies savstarpēji saistīti, bet ko tas mums dod?

— Vai jūs uzskatāt, ka tāda attīstība ir vēlama?

— Protams. Atliek tikai šo saikni piepildīt ar saturu. Es uzskatu, ka tiem pusaudžiem, ar kuriem jūs strādājat, jāiemāca izmantot savas prasmes *Facebook* tīklā un citos sociālajos tīklos. Viņiem jāprot tuvināt cilvēci labām savstarpējām saiknēm.

— Ko tādā gadījumā gūst pusaudži? Kāpēc lai viņi ar to nodarbotos?

— Kā — kāpēc? Viņi vadīs pasaules integrālo attīstību! Tā taču ir pati lielākā egoistiskā vēlme. Viņi to vēlēsies, un kā vēl! Viņiem sekos miljoniem citu.

— Jūs teicāt, ka vecumposmā no trīspadsmit līdz divdesmit gadiem cilvēkus jau par vēlu audzināt. Pusaudzis to dzirdēs un sacīs: viss, esmu tāds, kāds esmu, un mani nekas vairs nespēj mainīt.

— Nē, nē, "nekas vairs nespēj mainīt" nenozīmē, ka ar viņiem nevajag strādāt. Bet, ja mēs vēlamies cilvēkus mainīt, tad to vajag darīt daudz agrāk — vēlams no pašas dzimšanas, no 2–4 gadu vecuma. Tas nozīmē neatlikt audzināšanu līdz pusaudža vecumam — tad tas būs ļoti grūti. Bet, tā kā sociālais tīkls *Facebook* pusaudžiem ir pieejams un ļoti tuvs, es domāju, ka viņi tiks galā. Strādāsim kopā.

— Pienācis laiks secinājumiem. Saskarsme *Facebook* tīklā ir pārejas posms. Ja mēs šo saskarsmi piepildīsim ar saturu, tad spēsim sasniegt nākamo, daudz dziļāko līmeni, sajust īstu iekšēju saikni. Šī mērķa sasniegšanā mēs varam iesaistīt tos pusaudžus, kuri jau tiecas pēc kaut kā augstāka. Nākamajās programmās mēs šo tēmu turpināsim.

CIEŅA UN NOVĒRTĒJUMS

— Mēs apspriežam jaunatnes audzināšanas jautājumus. Mēs jau runājām par virtuālo saikni un tādu jēdzienu kā narcisms, kurš izpaužas pusaudžu uzvedībā. Šodien apspriedīsim jautājumus, kas saistīti ar cieņu: ko pusaudži augstu vērtē un kā viņos attīstīt pareizus cienīšanas modeļus. Nedaudz parunāsim par cienīšanu, novērtēšanu un cieņas izrādīšanu. Mēs redzam, ka kādā attīstības posmā pusaudži vēlas paši izvēlēties sev piepildījumu. Viņiem ir arī jāveido sava iekšējā pasaule. Tālab viņi meklē paraugus, kuriem līdzināties. Un tad 12–14 gadu vecumā viņi negaidot sāk apjūsmot visvisādas personības, kas populāras plašsaziņas līdzekļos. Pasaulē šīm personībām tiek pievērsta liela uzmanība — ne vienmēr ir saprotams, kāpēc jaunatne tās padara par atdarināšanas paraugiem. Lai gan atdarināšana ir dabiskās attīstības sastāvdaļa, tomēr mūsdienās tā kļūst par sāpīgu problēmu; kā aizpildīt izveidojušos tukšumu? Ko piedāvāt jaunatnei?

— Vispirms mums jāpiekrīt, ka cilvēks attīstās, pateicoties tam, ka ņem no kāda piemēru. Viņam nav iekšēja parauga, kurš augtu viņā pats par sevi. Cilvēks neaug pats — viņu vada dažādi impulsi, pamudinājumi, viņam raksturīgas domas, vēlmes, rakstura iezīmes. Kā visu no dabas saņemto sakārtot, kādā veidā to organizēt, viņš nezina. Tāpēc viņam jāņem piemērs no malas. Tā māca zinātne par augstākajiem dabas likumiem, to pašu apstiprina psiholoģija.

— Tagad pat tiek runāts, ka šajā attīstības periodā cilvēks "izgudro pats sevi", ka tā ir lieliska iespēja...

— ...lieliska iespēja izvēlēties pareizu paraugu. Tāpēc mums jāseko šim procesam un nav jāpalaiž garām brīdis, kad nepieciešams bērnam sniegt patiesus piemērus, saskaņā ar kuriem viņš veidos sevi, izmantojot savā rīcībā esošos komponentus. Tāpat viņš jāpalabo, ja dara kaut ne īsti pareizi. Šai jautājumā jābūt iejūtīgam, taču, iespējams, ka vajadzēs rīkoties pat stingri.

— Šai periodā viņi parasti neklausa.

— Tas atkarīgs no mūsu meistarības. Mēs, demonstrējot pozitīvus, atdarināšanas cienīgus paraugus, varam darboties pa labam tā, ka pusaudzis pat nejutīs, ka viņš apslēpti tiek vadīts. Ja mēs redzam, ka apkārtējā vide ir tik nevēlama, ka bērns saņem no tās sliktus orientierus, veidojas negatīvas iezīmes, tad vajag izmantot spiedienu un sankcijas. Reizēm nav izvēles, jo nelāga vide viņu var ievilkt noziedzībā.

— Es arī jūtu, ka reizēm bērnu vajag izraut no vienas vides un pārvietot uz citu.

— To ir iespējams izdarīt. Es to zinu pēc savas pieredzes ar dažiem bērniem, kurus vārdu tiešā nozīmē izrāvu no policijas un sociālās aprūpes dienestu rokām. Bija jālieto spēks, bet pēc tam viss nokārtojās. Protams, bērniem ir vēlami pozitīvi piemēri, kurus sniedz apkārtējā vide, lai viņiem būtu nepatīkami un grūti sekot negatīviem piemēriem. Vēlreiz atkārtoju: piemērs, piemērs un vēlreiz piemērs — tas galu galā ir vienīgais audzināšanas līdzeklis. Es zinu, ka mūsu audzinātāji to izmanto. Jebkurā audzināšanā, ne tikai jaunatnes, nav nekā cita, izņemot piemēru, paraugu. Pusaudži gluži vienkārši ir daudz jūtīgāki tāpēc, ka tiecas pēc tā.

— Grib kaut ko citu?

— Viņi grib zināt, kas viņi būs — ne profesijas aspektā, bet kā personības, — un tā patiešām ir problēma. Taču arī citos dzīves posmos mēs neapzināti izvēlamies dažādus paraugus un piemērojam tos sev tāpēc, ka maināmies tikai šo paraugu ietekmē. Ja cilvēks dzīvē kaut ko dara, tad tāpēc, ka redzējis piemēru. Bez piemēra mēs neesam spējīgi paspert ne soli: mēs gluži vienkārši karājamies gaisā, jo mūsu iekšējā informācija nav ieguvusi formu. Tāpēc mums vienmēr jāzina, kā kustēties, sēdēt, runāt, ko pirkt, ko darīt. Mēs pastāvīgi meklējam atdarināšanas cienīgu paraugu starp daudzām prātā saglabātām fotogrāfijām.

— Vai var sacīt, ka mūsos ir potenciāla informācija, kuru nepieciešams realizēt, un mēs meklējam dažādas formas tās iemiesošanai?

— Vienmēr! Bez attiecīgas ainas atsaukšanas atmiņā un tās īstenošanas es neko nedaru. Ir pat slimības, kad cilvēks zaudē šīs spējas un nezina, ko iesākt. Tas notiek tāpēc, ka cilvēks vai nu nevar iegūt no atmiņas informāciju, vai arī tā ir izdzisusi, vai viņam nav saiknes ar atmiņā esošajiem tēliem.

— Tas novērojams braucienos uz ārzemēm: mēs tai vidē uzreiz jūtamies sveši! Ne tikai valodas dēļ — mēs varam runāt citā valodā. Bet sev visapkārt redzam citu kultūru un citas cilvēku attiecības, un tobrīd jau tām pielāgojamies, sākam tās atdarināt un uzvedamies tā, kā tajā vidē pieņemts, citādi izjūtam diskomfortu. Tas mūs ietekmē ļoti spēcīgi. Tai pašā laikā, lai gan jaunajai paaudzei jābūt daudz attīstītākai, modeļi, ko tā saņem, ir daudz zemāki un primitīvāki. Kāpēc tā notiek? Iekšējai informācijai vajadzētu virzīt viņus uz priekšu, attīstīt, bet viņi ir tādi kā sīkāki un zemāki salīdzinājumā ar iepriekšējo paaudzi.

— Es domāju, ka viņi ir gudrāki. Viņi saprot, ka iepriekšējais piepildījums viņus neapmierina. Ja cilvēks manas jaunības laikos nebija izlasījis 2–3 tūkstošus klasiskās literatūras grāmatu, ja nepazina vairākus simtus dažādu žanru mākslas darbu, neapmeklēja muzejus dažādās zemēs, proti, neuzņēma sevī cilvēces kultūru, viņš netika uzskatīts par kulturālu cilvēku. Mūsdienās tas neko neizsaka un nevienu nepiesaista! Pat ja kāds ar to aizrausies, par viņu tikai pasmiesies. Vērtības ir mainījušās, taču mums nevajag uzskatīt, ka uz slikto pusi. Jūs sakāt, ka jaunā paaudze ir palaidusies salīdzinājumā ar iepriekšējo. Tā ir palaidusies tāpēc, ka attīstības procesā mēs esam nonākuši pie analīzes, ļaunuma apzināšanās posma. Tāpēc vakardienas vērtības — šodien vairs nav vērtības. Es, ar klasisko vērtību paraugiem audzinātais, labi saprotu mūsdienu jaunatni.

— Bet ko tad vajag novērtēt? Futbolu? Naudu?

— Nav nozīmes. Gluži vienkārši jāpieņem, ka tāda ir pasaules virzība.

— Lai arī šīs vērtības ir virspusējas, sīkas?

— Tādas tās mums šķiet, bet mēs nezinām, kas būs aiz pagrieziena, aiz vēstures paugura, mēs pašreiz kāpjam augšā. Egoisms aug, vēlmes pastiprinās, savstarpējā saikne kļūst ciešāka, bet viss pārvēršas par tukšumu, lai šādu tukšumu piepildītu ar daudz augstākām vērtībām, kuras mēs pagaidām nesaskatām. Lai to panāktu, sevi jāiztukšo, jāatbrīvo no visa, kas bijis iepriekš. To sauc par ļaunuma apzināšanos: mēs esam sākuši aptvert, ka nekam, kas bijis agrāk, nav nekādas jēgas. Kāda jēga no tā, ka es pārzinu dažādas filozofijas, literatūru, mūziku? Ja egoisms attīstās tā, ka dabiskā veidā es sev negūstu piepildījumu ar iepriekšējiem "sasniegumiem", tas nozīmē, egoisms ir gatavs kādam jaunam piepildījumam.

— Bet šodien tas piepildījums ir tāds sīks un virspusīgs.

— Tas ir pārejas periods.

— Tomēr pat attīstīti un gudri pusaudži, ar kuriem es sarunājos, atrodas seklu lietu gūstā. No vienas puses, viņi redz lietu tukšumu, no otras puses, nespēj pārvarēt atkarību no tām. Pievērsīsimies fragmentam no sarunas par cieņu.

"**Vadītājs.** Pieņemsim, ka pie tevis ierodas slavens futbolists. Vai tu izrādīsi viņam cieņu?

— Izrādīšu.

Vadītājs. Bet ko jūs cienāt?

— To, kuru augstu vērtējam.

Vadītājs. Bet ko tagad pasaulē ciena?

— To, kam grib līdzināties, — stipro. To, kas kaut ko ir sasniedzis.

Vadītājs. Kādā jomā tieši?

— Futbolā, basketbolā. Tie ir cilvēki, ar kuriem mēs identificējam sevi, — nozīmīgi cilvēki, kam pieder vara.

Vadītājs. Bet dziedātāji, mūziķi?

— Tas atkarīgs no mūzikas veida.

Vadītājs. Bet ir jau dziedātāji žanros, kuri tev nepatīk, un visi viņus augstu vērtē.

— Citi vērtē augstu, bet es — ne.
Vadītājs. Vai jums patīk tas, ko šodien pasaulē augstu vērtē? Vai to ir vērts cienīt?
— Domāju, ka ne. Ja tu kādu augstu vērtē, bet viņš tevi ne, tad kāda tam jēga? Cieņai jābūt savstarpējai.
Vadītājs. Padomāsim visi kopā, kāpēc mums ir tik svarīgi, ka mūs ciena, novērtē?
— Cieņa mūs veido. Mums ir *ego*: mēs gribam, lai mūs novērtē un pieņem sabiedrībā. Ja mani kāds neciena, tad aizskar manu ES un man traucē."

— Ļoti interesanta saruna. Pēc atbildēm var secināt, ka viņiem ir savi cieņas modeļi: tas, kurš ciena mani, guvis panākumus un tā joprojām. Jautājums ir tāds: vai viņiem jānonāk pie totālas ļaunuma apzināšanās un pilnībā jāviļas šajos modeļos vai jau tagad pašreizējo vērtību vietā viņiem var piedāvāt alternatīvas vērtības?
— Audzināšana ir visas pasaules problēma. Ja mums izdotos izaudzināt vienu paaudzi, tad nebūtu nekādu problēmu ar visām nākamajām, kuras izaugs no šīs vienas paaudzes. Tas ir skaidrs. Jautājums: pēc kā mēs tiecamies? Tu nevari tagad ar spēku uzspiest iepriekšējās paaudzes vērtības — tas vairs neiedarbojas un neiedarbosies tāpēc, ka daba prasa savu. Tāpēc vērtības, kuras saistītas ar sportu un izklaides žanriem, pusaudžiem ir tuvākas un saprotamākas. Bet, ja mēs vēlam viņiem īstu attīstību, mums ar viņiem jāstrādā.
— Vispirms nepieciešams veidot apkārtējo sabiedrisko vidi, kura viņus tam iedvesmos. To, pēc kā nav vajadzības, cilvēks nepamana. Vajadzībai ir jābūt primārai, un to nosaka apkārtējā vide. Ja visi sāk runāt par kādu spēlētāju, humoristu vai pat zinātnieku — vienalga, par ko, — ja viņš kļūst svarīgs tai apkārtējai videi, kura ir svarīga man, tad viņš kļūst svarīgs arī man. Turklāt ne jau savu nopelnu dēļ, bet tāpēc, ka viņu augstu novērtē cilvēki, kurus es cienu. Ja mani biedri, ar kuriem esmu saistīts, sāk kādu cienīt, es viņu nedrīkstu kritizēt, jo tad attālinos no savējiem. Man arī viņš ir jāciena tāpēc, ka arī kopējā

cienīšanā esmu vienots ar saviem biedriem. Jo vairāk es viņu cienīšu, jo labāk pret mani izturēsies mani biedri — kopēja cienīšana mūs ciešāk saliedēs. Tā tas darbojas noslēgtā lokā. Tāpēc mums ir ļoti svarīgi pakāpeniski sākt veidot tādus tēlus un vērtības, kuras nomainīs iepriekšējās. Šiem tēliem jābūt pievilcīgiem un saprotamiem, proti, nav jābūt mākslīgi veidotiem. Šodien tie ir spēlētāji, sportisti, bet agrāk bija brīvības cīnītāji. Saprotams, ka arī tos apslēptā veidā ieviesa sabiedriskajā apziņā. Kā jau runājām, ar mūsu jaunatnes palīdzību mēs varam šādā virzienā strādāt ar plašu publiku. Jautājums tikai tāds — kādas vērtības mēs piedāvājam? Kādu cieņu, kādu varu? No kā viņi ir atkarīgi?

— Es arī to pašu jautāju. Vai šīs pārmaiņas notiks tās apkārtējās vides ietekmē, kura pieņems jaunās vērtības, vai arī jaunatne pati sapratīs un cienīs daudz augstāka līmeņa vērtības atbilstoši savai attīstībai? Tās vērtības, ko viņi saņem šodien, viņi netiesā, nekritizē. Vai viņiem vajag sevī attīstīt kritisku attieksmi pret to, ko ciena, vai pietiek ar to, ka apkārtējie kopumā pievērsīsies jaunām vērtībām?

— Lieta tā, ka jaunatne nedzīvo atsevišķā telpā, viņa barību saņem no mums, pieaugušajiem. Tas, ko ciena pieaugušie, pāriet pie viņiem, un viņi to pieņem. Tāpēc mūsu pienākums ir strādāt ar daudz plašāku iedzīvotāju slāni — daudz pieaugušāku, saprotošāku, līdzsvarotāku — un iedzīvinot tajā jaunās vērtības. Tad tās sasniegs arī jaunatni. Turklāt es ļoti ceru, ka notiks ļaunuma apzināšanās dažādās jomās, it īpaši sportā. Paraugieties, kas norisinās, kad notiek čempionāti! Kaut kas briesmīgs! Kas spēlēs? Kura valsts uzvarēs? It kā visas valstis būtu pārvērtušās par skatītāju komandām. Valstu vadītāji cīnās par tiesībām organizēt čempionātus!

— Tā ir ekonomiska ieinteresētība.

— Taču pati parādība pārvēršas par svarīgu simbolu. Protams, labāk spēlēt nekā karot. Bet valstis spēlē futbolu — lūk, kas šodien notiek. Tādā situācijā ir grūti kaut ko izdarīt.

— Taisnība, čempionātu laikā publikas garastāvoklis ievērojami uzlabojas. Mēs izjūtam patīkamu kopējo atmosfēru.

— Protams. Es atceros, ka populāra seriāla laikā policija ziņoja par zādzību skaita būtisku samazināšanos...

— Vai var teikt, ka jaunatne meklē futbolistu tipa modeļus, jo nesaskata pienācīgus piemērus savā apkārtnē?

— Nē. Ja tu spētu viņiem pavērt plašākus, pievilcīgus, mirdzošus horizontus, tad, bez šaubām, viņi par tiem sāktu interesēties. Jautājums ir par to, ciktāl tu viņus spēj ieinteresēt. Tā ir problēma, jo tu darbojies pretēji sabiedriskajam viedoklim.

— Jābūt kaut kam daudz spēcīgākam.

— Jā.

— Tad pajautāšu citādi. Teiksim, futbols tagad nav vienkārši spēle — tam visapkārt radīta vesela industrija: tiešās pārraides, futbolistu dzīve, speciālistu komentāri, liela nauda, azarts. Tas viss cilvēkus piesaista. Jautājums par to, vai mēs varam piedāvāt alternatīvu, kura būtu, kā jūs sakāt, spēcīgāka, bet nāktu no viņu dzīves?

— Šobrīd grūti pateikt. Es redzu pašreizējo periodu kā attīstības pakāpju starpposmu. Agrāk mums vajadzēja smagi strādāt, lai sagādātu sev iztiku, bet mūsdienās tas nav nepieciešams. Tagad 90% iedzīvotāju, pateicoties mehanizācijai un tehnoloģijām, var nestrādāt, bet tāpat visu saņemt. Mēs ieejam tādā tehnoloģiju laikmetā, kur cilvēkam nav ko darīt: 2–3% pasaules iedzīvotāju nodrošina cilvēci burtiski ar visu! Ko darīs pārējie? — Vai visu laiku spēlēs futbolu? Tieši tā, un tas nenotiek nejauši. Mums jāsaprot, ka esam saskārušies ar problēmu: vai nu iedzīvotāji jāiznīcina, vai arī tie jānodarbina. Runā par 10% bezdarbnieku. Kādi 10%?! Mēs lieliski saprotam, ka tā nav. Ja izturas pret iedzīvotājiem nopietni, tad 80–90% ir bezdarbnieku. Ir teikts: "Ejiet un pelniet cits pie cita." Tu kaut ko padari man, bet es — tev, taču ne viens, ne otrs mūsdienās sabiedrībai nav vajadzīgs. Tāpēc vieni zog, citi sēdina cietumā, trešie apsargā cietumus un tā joprojām.

— Jautājums ir tāds: vai var izveidot kritisku attieksmi pret pārejas posmu?

— Tas nav ne ar ko aizvietojams. Pašreiz mēs atrodamies īpašā procesā, kad viss mainās: tehnoloģijas, sadzīve, cilvēku savstarpējās attiecības, attieksme pret ekoloģiju, ģimeni, sevi. Agrāk mums piepildījumu deva pastāvīga aizņemtība darbā un ģimenē, bet tagad tā vairs nav. Mēs vēl arvien atrodamies šajā "vāveres ritenī", bet pakāpeniski pārejam uz to, ka tas vairs rūpes nesagādā. Ģimenes tikpat kā nav, arī darba tikpat kā nav. Ko darīt ar cilvēkiem? Nav nejaušība, ka nonākam līdz tādām situācijām, kad spēle kļūst par dzīvi.

— Bet šajā starpposmā ir paaudze, kas strādā. Pagaidām tā attīstās un pārdzīvo nopietnu krīzi visā, kas attiecas uz jaunatni. Ko tad darīt ar to? Upurēt?

— Sniegt atbildes uz visu pašreiz notiekošo nespēj neviens — par to liecina pētījumi. Bet mūsu atbilde nav tādā līmenī, lai tā būtu vienkārša, saprotama un visiem viegli uztverama. Tas vēl jāpanāk. Ja mēs strādāsim ar mūsu jauniešiem un pusaudžiem tā, kā to dara mūsu instruktori, tad gluži vienkārši parādīsim pasaulei, kā viņi gūst panākumus.

— Vai parādīt piemēru, kā grupa veido sev minividi, kura viņus sargā un attīsta?

— Jā. Jebkuri skaidrojumi taču ir tikai filozofija un teorija. Tās tikpat kā netiek uztvertas. Ja tu parādi, kā metodika tiek īstenota, tas iedarbojas.

— Kādu alternatīvu var piedāvāt tādai grupai, ja tā izjūt arī ārējās sabiedrības ietekmi? Kāds ir augstāks godināšanas un cieņas veids?

— Apspriešanas procesā, kuru tu vadi, maigi un nemanāmi tu aizved viņus līdz paškritikai un ļaunuma apjēgšanai. Nepieciešams, lai cilvēks apzinās egoismu kā ļaunumu. Tādas izpratnes mums pietrūkst. Nav svarīgi, ar ko aizrauties, — it kā neviens no iepriekšminētajiem aizraušanās veidiem nav slikts. Tie sagādā baudu un sniedz piepildījumu, bet vienlaikus aizraušanās man nozog mūžību, pilnību, bezgalīgo izpratni, neierobežoto dzīvi, kas pilna piedzīvojumiem. Tieši tas man viņiem jāparāda — un tad viņi aptvers patieso ļaunumu.

— Vai par to nepieciešams runāt ar viņiem?

— Tikai apspriešanu laikā.

— Mēs viņiem nejautājam, tieši neapspriežam, bet apspriešanas dēļ katrs tam pievērš uzmanību.

— Pareizi.

— Izdarīsim secinājumus. Es pateicos dalībniekiem par interesanto sarunu par starpposmu cilvēces attīstībā, kuram katrā ziņā sekos jauns stāvoklis. Pagaidām risinājums ir tāds — izveidot paraugrupu, kura ar paškritikas un ļaunuma apzināšanās palīdzību savā tagadējā stāvoklī parādīs cilvēcei, ka pastāv cita opcija, cits attīstības paraugs. Tieši ar to mēs vēlamies tagad nodarboties, to attīstīt un parādīt.

GRUPA

— Sarunājoties ar pusaudžiem, es bieži dzirdu viņus žēlojamies, ka pieaugušie viņus nesaprot.
— Vai viņi to jūt?
— Viņi to jūt, turklāt ļoti spēcīgi. Pieaugušo nesapratne viņos izraisa dusmas un attālina no vecākiem jau ļoti agri un uz ilgiem gadiem. Uzkrājoties šis process rada sacelšanās draudus un atraušanos no ģimenes. Tas izpaužas jaunatnes vēlmē aizbraukt prom pēc iespējas tālāk no mājām, turklāt uz ilgāku laiku. Šis periods ieilgst, bet ilgstoša prombūtne kļūst par procesu. Un nav svarīgi, ko viņi dara ceļojuma laikā, kur un par ko strādā. Ar laiku, pat ieguvuši prestižu profesiju, viņi sāk skumt pēc šiem laikiem un mēģina tos atgūt. Nemitīgie meklējumi liecina, ka viņi meklē ko citu.
— Ļoti sāpīgi uz viņiem skatīties.
— Nu ko, es viņus saprotu. Patiesību sakot, es savulaik pat uzstāju, lai mans dēls jaunībā pabraukā pa pasauli. Es viņam nopirku studenta biļeti transportam pa Eiropu, un viņš pabija vairāk nekā divdesmit valstīs. Pēc tam es aizsūtīju viņu uz Tālajiem Austrumiem. Tas viss bija tālab, lai atgriezies viņš justu, ka guvis piepildījumu. Tā arī bija. Atgriezies mājās, viņš teica: "Pietiek. Vairāk negribu."
— Viņi taču tur, ārzemēs, paliek, strādā, attīstās un neatgriežas.
— Acīmredzot jautājuma būtība saistīta ar to, vai tev piedāvā aizbraukt vai arī tu aizbēdz pats. Visādā ziņā jāatzīst, ka tāda parādība pastāv, un, tāpat kā visas pārējās parādības pasaulē, arī to izraisa pārmaiņas mūsu iedabā. Atšķirībā no dzīvniekiem cilvēks attīstās: viņam jāizzina pasaule, jāizjūt citi cilvēki. Šī vajadzība sagatavo nākamās korekcijas, kuras mums jāizdara. Gala rezultātā mūs gaida izaugsme. Es

tās lietas redzu pozitīvā gaismā. Jautājums ir tāds: kā to visu pārdzīvot, attīstoties ātrāk, lai nepiesaistītu sev triecienus un saprastu, kurp ved kopējā tendence. Ir teikts: "Gudrais skata nākotni." Tas nozīmē, ka mūsu pienākums ir saprast dabas dotās attīstības mērķi: uz ko tā mūs aicina. Saprast savu attieksmi pret dabu. Iespējams, mēs tagad neizprotam to pareizi, tāpēc kaitējam sev vai nu tagadnē, vai kaitēsim nākotnē.

— Kas tad viņiem ir vajadzīgs?

— Viņiem nekas nav vajadzīgs. Mēs nevaram viņiem izvirzīt prasības. Gala rezultātā viņi īsteno savas iekšējās noslieces un potences, ko viņos attīsta daba. Mums, pieaugušajiem, jāpalīdz viņiem un sev atklāt dabas izvirzīto mērķi, uz kuru tā mūs vada. Dabai ir programma, un nekas pasaulē nenotiek ārpus tās. Mūsdienu cilvēkam, atskatoties vēsturē, vienmēr ir taisnība, taču mēs redzam, ka daba cilvēci attīsta, izmantojot viņa egoisma pastiprināšanu. Tā mēs esam nogājuši visus attīstības posmus, visi tie bijuši nepieciešami un vainagojušies ar sasniegumiem. Acīmredzams, ka citādi mēs nebūtu varējuši attīstīties.

— Vai tad lielam egoistam nav nepieciešama ģimene, bērni, darbs?

— Nezinu, bet redzu, ka ne. Kāpēc gan man viņš būtu jāpiespiež? Mani taču audzināja, un es savu dzīvi esmu iekārtojis atbilstoši savam egoismam, vēlmēm un tieksmēm: izveidoju ģimeni, ieguvu specialitāti, iekārtojos darbā — viss noturīgs, drošs. Mana labklājība ir šāda: es pērku jaunu krēslu, mašīnu, plašāku dzīvokli. Es to saucu par materiālās labklājības progresu, bet viņiem tas ir kaut kas cits un viņus nav iespējams piespiest dzīvot tāpat. Viņi ir gatavi dzīvot vienā istabā, viņiem vajadzīgs internets un ledusskapis — vairāk nekas. Viss pārējais ir lielveikalā. Ja tāda ir kopējā tendence, tad atbilstoši tai jāizturas pret dzīvi. Mums jāiet kopā ar viņiem. Tas nepavisam nenozīmē, ka mums jābūt tādiem kā viņi, bet mums jāredz, kur šī tendence ved. Ja mēs to izpētīsim, iespējams, viņus sapratīsim, un viņi nebūs apbēdināti par to, ka viņus nesaprot. Nu kaut vai vēlēsimies saprast, kas ar viņiem notiek! Mums viņos jāredz kopējās dabas pati attīstītākā daļa. Ja viņi nav tādi kā mēs, kāpēc teikt, ka tas ir slikti? Tieši pretēji!

— Nav nemaz tik brīnišķīgi būt tādiem kā mēs, ja ņem vērā visu, ko tikai mēs neesam uzcēluši...

— Patiešām, ļoti grūti saprast, kas notiek ar pusaudzi. Pavisam nesen viņš vecākiem bija pieķēries vairāk nekā saviem biedriem. Nu viss ir mainījies, un viņš vairs negrib būt ar mums saistīts.

— Kāpēc pēkšņi notiek lūzums attiecībās ar vecākiem?

— Tāpēc ka vecāki viņu nesaprot, negrib un necenšas viņu saprast. Viņi pusaudzi nekad neattaisno.

— Tas patiešām ir ļoti svarīgi.

— Vispirms vecākiem viņš jāattaisno, jo jaunajā paaudzē izpaužas daba, un dabai vienmēr taisnība. Šis fakts, kā mēdz teikt, stāv augstāk par zināšanām un ir jāpieņem.

— Lai gan vecāki parasti sūrojas par pusaudzi, jūs tomēr uzstājat, ka viņu vajag attaisnot, par spīti visam?

— Kas par sūrošanos? Vai tad var iet pret dabu? Tās gluži vienkārši ir muļķības. Viss, kas viņos ir, man jāpieņem kā viņiem atbilstošs, piemērots. Tāda ir jaunā dzīves forma, kura mums ir sveša, neizzināta. Ja mēs gribam saviem bērniem, jaunajai paaudzei, palīdzēt, tad mums jābūt ar viņiem kopā un jācenšas atbalstīt tajās formās, kādās viņi izpaužas. Iespējams, kopā ar viņiem mēs spēsim ieraudzīt nākamo attīstības posmu. Tas attiecas uz visiem vecākiem.

— Jūsu vārdi mani pārsteidza. Pieaugšanas laikā pusaudžiem ir raksturīga tieksme saraut saikni ar ģimeni un meklēt kaut ko savu. To sauc par sevis meklēšanu. Bet jūs uzsverat — ja vecāki būtu vairāk attīstīti, bērni no viņiem prom nerautos. Jaunatne taču vēlas augt un attīstīties, un tas viņu saikni ar vecākiem nostiprinātu. No savas pieredzes zinu, ka jaunatne meklē kādu gudru un pieredzējušu personību, lai no tās varētu ko mācīties. Tieši šie meklējumi tuvākajā cilvēku vidē liek viņiem justies vientuļiem.

— Taisnība, bet es ceru, ka mēs šo loku paplašināsim.

— Vai šai saiknei jābūt ar tiem pieaugušajiem, kuri ir slavenības, vai arī tā var būt ar vienaudžiem, lai nevis bēgtu uz Indiju, bet ar tiem apvienotos?

— Tas atkarīgs no mūsu spējas veidot apkārtējo vidi, būvēt kempingus, radīt grupas dažādās zemēs. Tad mēs varēsim sūtīt savus bērnus uz mūsu grupām Amerikā, Krievijā, Eiropas valstīs, lai pavada kādu laiku tur. Ja ir tādas iespējas, kāpēc gan sūtīt viņus uz Indiju vai citām vietām?

— Mēs negaidām, līdz viņi aizbēg, bet esam gatavi viņus aizsūtīt paši. Vai vienmēr jāsūta grupā, nevis pa vienam?

— Jā, viena grupa pieņem otru grupu, un visi kopā izklaidējas un ceļo.

— Parunāsim par grupu kā modeli. Kāda nozīme grupai ir procesā, kurā veidojas noturīga pašnoteikšanās?

— Mēs izpētījām, ka grupai ir primāra nozīme. Cilvēkam nepieciešama sabiedrība, viņš nevar eksistēt viens pats. Apkārtējie cilvēki visu nosaka un sniedz viņam piemērus. Bez piemēriem mēs nezinām, ko darīt. Mēs esam materiāls, kura prasības pastāvīgi palielinās: "Es gribu vairāk!" — "Ko tu gribi?" — "Nezinu." Lai zinātu, ko es gribu, man jāpaskatās uz citiem cilvēkiem. Tad es ieraudzīšu piemērus tam, ko viņi grib, kā meklē un sasniedz vēlamo. Un tad jau atbilstoši savam raksturam es izraugos formu vai stāvokli, kādu vēlos sasniegt. Tad es izvēlos to vai citu apkārtējo vidi. Izdarījis izvēli, es no turienes saņemu visas vērtības, un tās man kļūst par vissvarīgākajām. Es gribu tās sasniegt un augt šajā sabiedrībā, lai iemantotu tajā godu, cieņu un pat izraisītu skaudību.

— Ja runā par grupu, tad, tikai sanākot kopā, jaunieši sevi vēl par grupu neuzskata. Starp viņiem vēl nav sirsnīgu saišu. Ar ko sākt? Kādi pirmie soļi sperami, lai pārvērstu parastās attiecības par draugu attiecībām grupā?

— Tu viņus uztver kā gadījuma pēc sanākušus grupā?

— Viņi cits citu pazīst, bet nejūtas kā grupa — viņi vienkārši ir

uzaicināti. Kā viņi apvienojami? Kā izvirzāmi mērķi? Vai pastāstīt, cik labi ir būt grupā?
— Pirmais solis — nenoslēgt viņus citu no cita. Vislabāk ir doties pārgājienā, ekskursijā, uz muzeju, uz stadionu, lai viņi satuvinās, sajūt sevi kā grupu attiecībā pret kādu ārējo faktoru. Tas ir pirmais. Viņiem nav jāsēž un kaut kas jāapspriež, nē. Vispirms ar ārējā faktora palīdzību — pikniku vai ceļojumu — starp viņiem jāizveido saikne, jārada grupas iespaidi: "mēs" attiecībā pret dabu vai citiem cilvēkiem. Pēc tam ir lietderīgi visiem kopā kaut ko radīt.
— Kopējs projekts?
— Jā.
— Teiksim, mācību korpusam, kurā viņi darbojas, nepieciešams remonts.
— Teicama doma! Pasaki, ka beigās viņi saņems balvu!
— ... ka kopā varēs sagatavot televīzijas programmu[1].
— Īsi sakot, viņiem vajadzīgs kopīgs mērķis, jāveic kopējs darbs un jāpieliek kopējas pūles tāpat kā armijā vai citās apvienībās. Tādas lietas izmanto ļoti bieži. Tādā veidā tu viņus veido par grupu. Kad starp viņiem jau ir izveidota kaut kāda saikne, tad pienāk laiks šo saikni pārbaudīt: kāpēc un kālab mēs apvienojāmies, kurš tikai piedalās, ko katrs no dzīves gaida, kā raugās uz biedriem, uz dažādiem paradumiem un tā joprojām. Pakāpeniski sāk iezīmēties atkarība citam no cita, par spīti atšķirībām, kuras ir parādījušās. Tad sākas darbs ne vienkārši ar apvienību, bet tiek noskaidrots, cik lielā mērā katrs ir saistīts ar citu. Šī saistība, apvienība kļūst iekšēja: tā ne tikai skar grupas dalībniekus, bet savstarpēji saslēdz citu ar citu.
— Tātad notiek pāreja no ārējās saiknes pie iekšējās?
— Jā. Lai viņus apvienotu, nepieciešams ārējs faktors, bet, lai viņi justos cits citam piesaistīti, ir vajadzīgas apspriedes grupas ietvaros.

---

[1] Sarunas dalībnieki kopā ar saviem audzēkņiem veido starptautiskas televīzijas programmas un raidījumus par integrālās audzināšanas jautājumiem. Tās var noskatīties internetā. *(Tulk. piez.)*

Ļoti noderīga ir filmu, izrāžu apspriešana. Lai apmeklē tiesu, slimnīcu, cietumu — tādas vietas izraisa asu reakciju pret mūsu dzīvi.

— Ko tādās apspriešanās noskaidro? Kādas atziņas no viņiem var gaidīt?

— Tu analizē visasākos, īpašos jautājumus: dzīve un nāve, vai vērts dzīvot tā vai citādi. Viņiem šīs tēmas ir ļoti svarīgas, jo viņi tikai sāk atklāt pasauli, atrodas ceļa sākumā.

— Vai ir vērts, atklājot un apspriežot ārējo pasauli, pakavēties pie problēmām, kuras attiecas uz viņiem kā grupu: kas ar viņiem notiek, ko mēs esam paveikuši, ko mēs gribam?

— Tam visam jābūt kopā. Reizēm nav vērts sevī iedziļināties un nodarboties ar sevis šaustīšanu, labāk noskaidrot savstarpējās attiecības ar kādu trešo komponentu. Tas ir vieglāk. Turklāt ir jau arī citas formas.

— Kāds ir grupas mērķis? Kā mēs viņiem definējam mērķi: sagatavoties dzīvei, sagatavot viņus dzīvei, iepazīt dzīvi?

— Nē. Grupas mērķis ir tāds: ja mēs noskaidrošanas rezultātā nosakām kādu augstāku vērtību — tā var būt, kas vien ienāk prātā, piemēram, slavens futbolists vai gluži vienkārši futbols, — tad šī vērtība kļūst svarīga visiem. Katrs redz, uz ko tiekties, izpaužas vēlme, tiek izteikts izraudzītās parādības novērtējums saskaņā ar visas grupas kritērijiem — pēc lieluma, līmeņa un spēka. Tādējādi palielinās cilvēka vēlme un spēks mērķa sasniegšanā. Grupa viņam piešķir nozīmīgumu, spēku, varu, izdzīvošanas spēju, lai sasniegtu mērķi. Tas palīdz cilvēkam gūt dzīvē panākumus. Tajā ietverts milzīgs ieguvums, ko mēs no grupas saņemam. Tas ir kā *comandos* — katrs iemanto visu pārējo spēku.

— Daudz spēka!

— Tas ir galvenais, jo mēs taču negribam, lai mūsu bērni pielūdz futbola bumbu vai slavenu futbolistu! Mēs gribam, lai viņiem ir patiesas, mūžīgas vērtības. Tāpēc zinātnei par augstākajiem dabas likumiem jākļūst par apspriežu sastāvdaļu. Pēc tam, kad viņi pilnveidosies, no viņiem var izveidot komandu darbam interneta sociālajos tīklos.

— Tas ir nākamais posms: pēc apspriedēm un noskaidrošanas viņi dodas pasaulē.

— Viņi dodas pasaulē un sāk strādāt. Apspriešanu procesā viņi ir apguvuši dažādus paņēmienus un darbības, uzkrājuši pieredzi psiholoģijas jomā. Viņi zina, kā uzrunāt un ko darīt, lai grupa būtu tik spēcīga, ka spēj katru, ko sastop šajos tīklos, neuzbāzīgi, viegli un ātri padarīt par savu draugu. Šai ziņā viņi var sacensties: kam izdosies labāk? Kā mums kopā tas izdodas? Iespējas ir neierobežotas, bet galvenais — saglabāt augsto mērķi. Tā mēs viņiem mācām pētīt sevi, mācām metodiku, tā visa augsto vērtību, ar ko viņi nodarbojas, kā arī prasmi to nodot tālāk citiem cilvēkiem.

— Jo pusaudzis apkopo savas īpašības un tieksmes un izmantot lietderīgi — tas gluži vienkārši ir lieliski!

— Protams. Nav lielāka gandarījuma kā tas, ko gūsti no atdeves citiem cilvēkiem, kad viņi tev piekrīt un sāk pievienoties. Mēs jau runājām, ka jaunatne vēlas cieņu un atzinību — tieši to viņi arī saņem. Tāpēc tādu grupu veidošana, kuras pēc tam darbosies sociālajos tīklos, ir gan nopietns uzdevums, gan mērķis, gan cildens darbs. — Jūs esat uzsākuši sarunu par jaunu un diezgan plašu tēmu. Par darbu grupā sarunu vēl vajadzēs turpināt. Visas grupu darba formas jāizanalizē, katrai no tām ir sava vieta, bet galvenais mērķis tiek sasniegts ar apspriešanas palīdzību. Taču frontālā mācīšanas forma, kad skolotājs stāv pie tāfeles un skaidro, pusaudzim nav pieņemama.

— Pat mācību kursos, kuros apgūst jaunās pasaules pamatus?

— Mācību kursi jauniešiem nav piemēroti, tā ir sausa akadēmiska apmācība.

— Bet zināšanas viņus interesē!

— Taisnība. Taču zināšanas jaunā paaudze apgūst tikai ar nosacījumu, ka tās norit ar apspriešanas izmantošanu un ietver personīgu iekšēju pārdzīvojumu.

— Bet viņiem nepatīk gara apspriešana.

— Nav svarīgi — citādi zināšanas netiek apgūtas. Paskaidrojumu sadzird viens no divdesmit, bet vai būs tādi, kas iegaumēs un spēs izmantot, — tas nav zināms. Savukārt apspriešanas procesā mēs parādību "sagremojam" tādā pakāpē, ka tā kļūst visiem kopēja: visi zina, kā ar to strādāt, kas notiek.

— Pat ja daļa grupas apspriešanā nepiedalās?

— Nē, piedalīties ir katra pienākums, un visa grupa to prasa.

— Mēs runājām par četriem grupas attīstības posmiem: pirmais — apvienošanās attiecībā pret ārēju faktoru, otrais — kopējs projekts. Kā šajā posmā — pirms viņi ir iekšēji saistīti — jaunatnei attīstāma atbildība par kopējo lietu? Parasti grupā ir daži cilvēki, kuri visu dara, bet pārējie slēpjas aiz viņiem.

— Jebkura grupa tiek veidota kā piramīda: vieni dara, citi domā, trešie zina, ceturtie palīdz — katram ir sava vieta. Galvenais — lai katram būtu iespēja piedalīties, bet amatam nav nozīmes.

— Bet kas viņiem iemācīs būt atbildīgiem par savu darbu?

— Apkārtējo cilvēku viedokļa svarīgums.

— Visas grupas?

— Jā.

— Pat ja tā ir mākslīgi konstruēta?

— Protams, jo viss tiek tā veidots, kamēr viņi nesaskata, ka viņiem viss ir mākslīgi konstruēts. Šis mākslīgums viņiem jāveido pašiem, lai no tā paceltos nopietnā līmenī.

— Tas nozīmē, ka viņi saprot, ka viņu iedabai mākslīgums ir nepieciešams, tāpēc ar tā palīdzību viņi veido sevi?

— Pareizi.

— Vai jaunajiem cilvēkiem jāsaprot, kādiem attīstības posmiem viņi iziet cauri?

— Pilnībā! Viņiem jābūt psihologiem pašiem sev, lai ar grupas palīdzību veiktu pašaudzināšanu: "Es zinu, ka es esmu egoistiska matērija, kura domā tikai par sevi. Bet man ir grupa, ar kuras palīdzību es varu sevi mainīt. Tad es būšu dižens un lielisks!"

— Vajag iedziļināties notiekošajā.

— Tāpēc visiem grupa jāvērtē augstu, jo no tās atkarīgs mans nākamais stāvoklis.

— Vai grupai pašai jānosaka nākamie soļi savā attīstībā?
— Kopā ar audzinātāju!
— Pie tā arī paliksim. Šodien bija ļoti produktīva saruna. Mēs apspriedām dažus svarīgus audzināšanas metodikas aspektus un praktiskos soļus grupu veidošanā un attīstīšanā. Izglītības sistēma ievedusi jauniešus strupceļā — viņus nesaprot. Mēs vispirms runājām par kopēju piedzīvojumu attiecībā pret ārēju faktoru, kas viņus apvieno, pēc tam seko otrais solis — kopējs projekts. Trešais solis — savstarpējās iekšējās saiknes noskaidrošana, spēja vērot sevi no malas, būt sev par psihologu. Augstāk attīstītā līmenī tiek izprasti grupas mērķi un sākas darbs ar ārējo pasauli. Tātad pēc tam, kad viņi sevi un savu iedabu iepazinuši, iemācījušies būt sev par psihologiem, zina visas jauniešu vēlmes un domas, viņi sāk darboties sociālajos tīklos, lai piesaistītu savus vienaudžus procesam, ko paši jau izgājuši.

www.ingramcontent.com/pod-product-compliance
Lightning Source LLC
Chambersburg PA
CBHW070054110526
44587CB00013BB/1473